Architectuur in Nederland

Jaarboek

2015/2016

Architecture in the Netherlands

Yearbook

Samengesteld door/
Edited by
Tom Avermaete
Kirsten Hannema
Hans van der Heijden
Edwin Oostmeijer

nai010 uitgevers/publishers

Omslagfoto's/Cover photos
Bas Princen, Studio Anne Holtrop,
Museum Fort Vechten/Fort Vechten Museum, Bunnik
Stijn Bollaert, Monadnock, Landmark, Nieuw Bergen (L)

Deze uitgave wordt mede gefinancierd door
advertenties van de volgende bedrijven
This publication was partly financed through
advertisements by the following companies

Metaglas (omslag/cover)
Reynaers (omslag/cover)
Van Rossum (177)
Renaissance (178)
ABT (179)
Cembrit (180)
DGMR (181)
Vink Bouw (182)
DeIngenieursgroep (183)
De Nijs en zonen (184)

Het speelveld en de media van de architectuur

Tom Avermaete
Kirsten Hannema
Hans van der Heijden
Edwin Oostmeijer

'Ik las dat je toegetreden bent tot de redactie van het Jaarboek. Daar ben ik blij om. Ik vind het jaarboek een belangrijk medium, ook vanwege het tegenwoordige gebrek aan beter, dus doe je best.' Met deze aanmoedigende e-mail aan een van onze redacteuren ging vier jaar geleden onze Jaarboekredactie van start. Het bericht veroorzaakte discussie, want de afzender, Bernard Colenbrander, hoogleraar architectuurgeschiedenis en -theorie en ex-Jaarboekredacteur, staat niet bekend als liefhebber van koffietafelboeken. Het verraste ons dat hij zo'n gewicht toekende aan het *Jaarboek Architectuur in Nederland*. Wij stelden ons de vraag hoe wij positie zouden kiezen.

Onze opdracht was om ieder jaar verslag te doen van 'best practice' en die te illustreren met precies dertig in Nederland gerealiseerde gebouwen die wij daarvoor representatief vonden. Het Jaarboek heeft natuurlijk alles van een feestboek. We kwamen er al snel achter dat architecten groot belang hechten aan de opname van hun bouwwerken. Blijkbaar draagt het Jaarboek bij aan de afbakening van het speelveld van de Nederlandse architecten. Alleen daarom al zou je het Jaarboek een medium van belang kunnen noemen. Blijft over dat het Jaarboek per definitie terugkijkt. Het medium biedt beperkte ruimte voor agenderende beschouwingen.

Wij besloten positie te kiezen door zo dicht mogelijk bij het gebouwde object te blijven en de verklaringen, de ontwerptoelichtingen, de diagrammen en de reputaties te laten voor wat ze waren. Wij lieten het gebouw het werk doen. Kleine gebouwen met een hoog rendement moesten in de selectie kunnen winnen van grote gebouwen met een relatief lage opbrengst. Wij stelden vast dat het speelveld van de Nederlandse architectuur op zeer uiteenlopende manieren bespeeld wordt en daarvan moesten onze Jaarboeken getuigen. De verantwoording voor onze keuze hebben wij afgelegd in een reeks heel verschillende essays. Daarbij stond de reflectie over het architectonische werk binnen de huidige omstandigheden voorop. Als wij geen toekomstvisioenen zouden agenderen, dan konden wij op zijn minst proberen om als fellow travellers tendensen op te sporen, vast te leggen en van een eerste duiding te voorzien.

The Architectural Playing Field and Media

'I've read that you're going to be one of the Yearbook editors. I'm happy to hear it. I regard the Yearbook as an important medium, not least because of the current lack of anything better, so do your best.' It was with this encouraging email sent to one of our number that our term as Yearbook editors kicked off four years ago. The message provoked discussion because the sender, Bernard Colenbrander, professor of architectural history and theory and himself a one-time Yearbook editor, is not known to be a fan of coffee-table books. It surprised us that he should set such store by the *Architecture in the Netherlands Yearbook*. We asked ourselves how we would define our stance.

Our brief was to report every year on 'best practice' and to illustrate that with precisely thirty buildings realized within the Netherlands that we deemed to be representative. The Yearbook is of course by its very nature a celebratory publication. We soon learned that architects attach great importance to the inclusion of their works. Evidently the Yearbook helps to define the playing field of Dutch Architecture. For that reason alone it could be called an important medium. That said, the Yearbook is, by definition, retrospective. The medium offers limited scope for agenda-setting prognostications.

We decided that our stance would be to stay as close as possible to the built object and to leave the statements, design notes, diagrams and reputations for what they were. The building would be allowed to speak for itself. Small, but highly efficient, buildings should be able to win selection ahead of large, but relatively low-efficiency buildings. Having observed the many different playing styles on show in the playing field of Dutch architecture, we felt that our Yearbook should bear witness to that diversity. The series of essays in which we justified our selection were very different, but the key concern was to reflect on the architectural work in the context of current conditions. If we were not going to be putting forward any visions for the future, we could at least try, as fellow travellers, to detect, record and tentatively interpret trends.

Having put together four Yearbooks, we now have a good overview of the playing field of Dutch architecture where, with little fanfare, a new

Door de samenstelling van vier Jaarboeken hebben wij nu een mooi overzicht van het speelveld van de Nederlandse architectuur. Met stil spektakel diende zich inmiddels ook een generatie aan die niet alleen andere vakmatige overtuigingen heeft, maar deze ook op nieuwe manieren naar voren brengt. Architectuurkritiek is zelden zo boeiend – en zó noodzakelijk – geweest.

In dit Jaarboek legt Kirsten Hannema (die in deze editie de plaats van Linda Vlassenrood inneemt) een nieuw soort discursieve betrokkenheid bloot. Zij beschrijft en problematiseert het strikt architectonische vertoog dat onder jongere architecten voor een belangrijk deel via e-mail, de webservers van de wat grotere bureaus en kleine, haast clandestiene publicaties wordt gevoerd. Zij moeten wel, want het culturele bestel is grotendeels onttakeld. Uitgevers van vakbladen en -boeken hebben het moeilijk en het is lang geleden dat een nieuwe generatie een groot eigen publieksevenement tot stand bracht. Waar het prille, nog vijfkoppige Mecanoo ooit de Jonge Maaskantprijs won met 25 substantiële gerealiseerde werken, heeft de laatste winnaar van deze prijs, Rotor, een zeer veel bescheidener oeuvre. Er klinkt geen geklaag. Jonge architecten regelen het zelf wel, vormen hun discours en verspreiden hun ideeën eigenhandig. Paradoxaal genoeg hebben zij met hun digitale netwerken perfect aangehaakt op het Europese vakdebat. Desondanks zijn de kaarten geschud. Anders dan in de ons omringende landen is het voor jonge architecten niet eenvoudig om zich te manifesteren.

Op dit punt wordt de verzuchting van Colenbrander over het 'gebrek aan beter' in de architectonische media nog wranger. Je kunt niet euforisch zijn over een architectonische cultuur die het moet hebben van onzichtbare uitwisselingen via het internet of informele publicaties. Een vitale architectonische cultuur is gediend met een publiek gevoerd debat dat wordt gevoed met onderzoek, tentoonstellingen, gesproken en geschreven kritiek. Om het bij het laatste te houden: uitgevers van vakliteratuur, tijdschriftredacties en makers van weblogs bezinnen zich op hun formats. Dat geldt ongetwijfeld ook voor de uitgever van het Jaarboek, een medium dat bijna dertig jaar geleden zo'n belangrijke rol speelde in het 'kwaliteitsdebat' en de emancipatie van de vaderlandse architectuur. Wij hopen dat het Jaarboek zich op een zinvolle manier kan vernieuwen. Het is een forum waar alle architectonische intelligentie krijgt waar het recht op heeft: een eerlijke kans.

Op het moment dat het Jaarboek naar de drukker ging, bereikte ons het tragische bericht dat architect Joost Hovenier (Amsterdam, 1963) op 12 maart 2016 is overleden. Hovenier was medeoprichter en partner van architectenbureau Office Winhov en werkte aan talloze bouwprojecten, waarvan er twee in dit Jaarboek zijn opgenomen.

Joost Hovenier was actief als docent, voor de Bond van Nederlandse Architecten en in welstandcommissies. Ook was hij de grondlegger van het online platform Local Heroes. Op deze plek willen wij deze gepassioneerde architect en de bijdrage die hij heeft geleverd aan de Nederlandse architectuur herinneren.

generation, with different professional convictions as well as new ways of presenting them, has meanwhile made its appearance. Architecture criticism has seldom been so exciting, and so necessary.

In this Yearbook Kirsten Hannema (who has taken Linda Vlassenrood's place in this edition) reveals a new kind of discursive engagement. She describes and critiques the strictly architectural debate that is being carried on among younger architects, primarily via email, the web servers of the somewhat larger firms, and modest, almost clandestine publications. They have little choice, since the cultural support system has been largely dismantled in the architectural sector. Publishers of architectural magazines and books are doing it tough and it is a long time since a new generation managed to produce a big public event of its own. Whereas the young, then still five-strong Mecanoo team won the Young Maaskant Prize back in 1987 with 25 substantial realized works to its name, the latest winner of the prize, Rotor, has a much more modest body of works. There are no complaints to be heard. Young architects organize their own affairs, develop their discourse and disseminate their ideas for themselves. Paradoxically enough, their digital networks have provided them with the perfect way of hooking into the European architectural debate. Nevertheless, the die has been cast. Unlike in surrounding countries, it is no easy matter for young architects to manifest themselves in the Netherlands.

On this point, Colenbrander's lament about the 'lack of anything better' in the architectural media acquires an added bitterness. It's hard to wax euphoric about an architectural culture that consists of invisible exchanges via the Internet or informal publications. A lively architectural culture is best served by a publicly conducted debate fuelled by research, exhibitions, verbal and written criticism. Staying with the last: publishers of architectural books, magazine editors and the creators of weblogs are ruminating on their formats. That undoubtedly applies equally well to the publisher of the Yearbook, a medium that almost thirty years ago played such an important role in the 'quality debate' and the emancipation of Dutch architecture. We hope that the Yearbook is able to renew itself in a meaningful way. It is a forum where all architectural intelligence receives what it is entitled to: a fair chance.

Just as we were about to send this publication to the printer, we received the tragic news that the architect Joost Hovenier (b. Amsterdam, 1963) had died on 12 March 2016. Hovenier was co-founder of and partner in the architecture and urban design practice Office Winhov, and worked on countless building projects, two of which are featured in this Yearbook.

Joost Hovenier was active as a lecturer, on behalf of the Royal Institute of Dutch Architects and on design review committees. He was also the founder of the online platform Local Heroes. We would like to honour here the memory of this passionate architect and his contribution to Dutch architecture.

Monadnock

Landmark

Mosaïque 1
Nieuw Bergen (L)

Architectuur in Nederland 2015/2016

De Landmark, zoals de toren heet die Monadnock in het Limburgse dorp Nieuw Bergen bouwde, komt voort uit de menselijke oerbehoefte aan bakens. Daar waar de omringende kerkdorpen Bergen, Aijen, Afferden, Siebengewald, Well en Wellerlooi al van ver herkenbaar zijn aan hun kerktorens, ontbrak in deze naoorlogse *new town* een dergelijk bouwwerk. De vernieuwing van het centrum is aangegrepen om dit alsnog te realiseren; deze Landmark vormt de spil in deze ontwikkeling en markeert het vernieuwde marktplein. Het gebouw is een compositie in drie delen: een onderbouw waarin een horecaruimte voorzien is; een compacte dakopbouw; en een publiek toegankelijke uitkijktoren, die door het opengewerkte metselwerk 's nachts fungeert als lichtbaken.
Daar waar het woord baken sinds de bouw van het Guggenheim Museum in Bilbao (Frank Gehry, 1996) min of meer synoniem leek te zijn geworden voor architectuur die breekt met het bestaande, bouwt Monadnock juist voort op de typologieën van belforts en waaggebouwen, terwijl in de proportionering en materialisatie aansluiting wordt gezocht bij de omgeving. De hoogte van de onderbouw correspondeert met de maat van de pleinbebouwing, terwijl de zachtgroene, gecementeerde en rode baksteen optreedt als 'bemiddelaar' tussen het postmoderne winkelgebouw enerzijds, en het modernistische gemeentehuis anderzijds. Met zijn grote boogramen en goudkleurige kozijnen is de toren een enigszins bevreemdende verschijning. In het vinden van de balans tussen autonomie en inbedding, traditie en vernieuwing, schuilt de kracht van dit project.

Foto's/Photos: **Stijn Bollaert**

The Landmark, as the tower Monadnock built in the Limburg village of Nieuw Bergen is called, springs from the age-old human need for spatial markers. Whereas the surrounding church-centred villages of Bergen, Aijen, Afferden, Siebengewald, Well and Wellerlooi could all be recognized from afar by their church towers, this post-war new town lacked any such identifying structure. The renewal of the town centre was seized on as an opportunity to make good that deficiency; the Landmark is the focal point of this development and marks the revamped market square. The building is a composition in three parts: a base which will contain a café; a compact rooftop structure; and a publicly accessible viewing tower, which at night, thanks to the open-work brickwork, acts as a beacon.
Since the construction of the Guggenheim Museum in Bilbao (Frank Gehry, 1996), the word 'landmark' has become more or less synonymous with architecture that stands in sharp contrast to its surroundings. Monadnock chose instead to build on the bell tower and weighing house typologies, and the proportions and materialization are designed to conform to the surroundings. The height of the base corresponds to the scale of the buildings around the square, while the pale green, cemented and red brickwork acts as a 'mediator' between the postmodern retail building on the one hand and the modernist town hall on the other. With its large arched windows and golden frames, the tower cuts a somewhat surprising figure. It is in striking a balance between autonomy and integration, tradition and modernization, that the strength of this project lies.

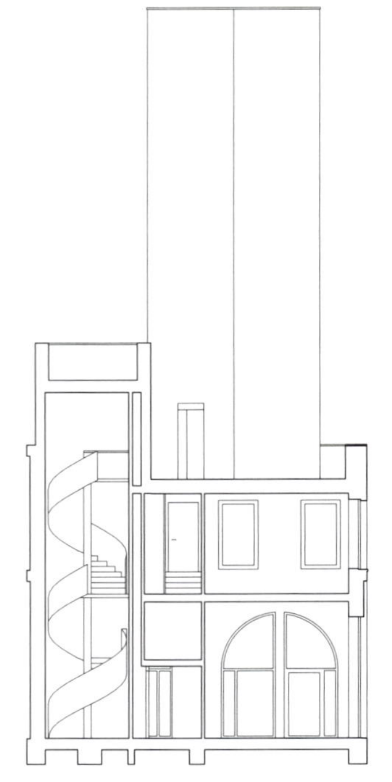

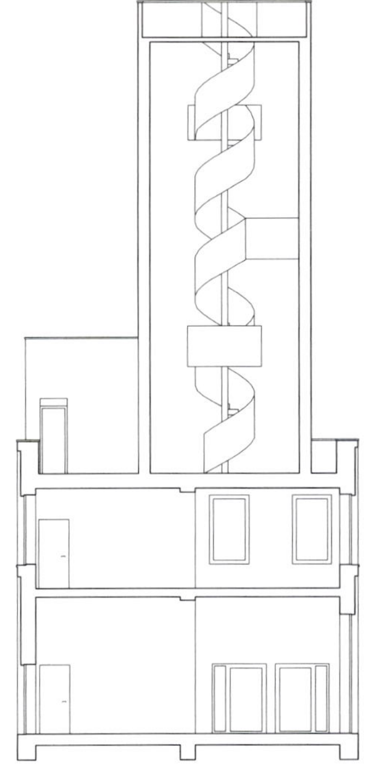

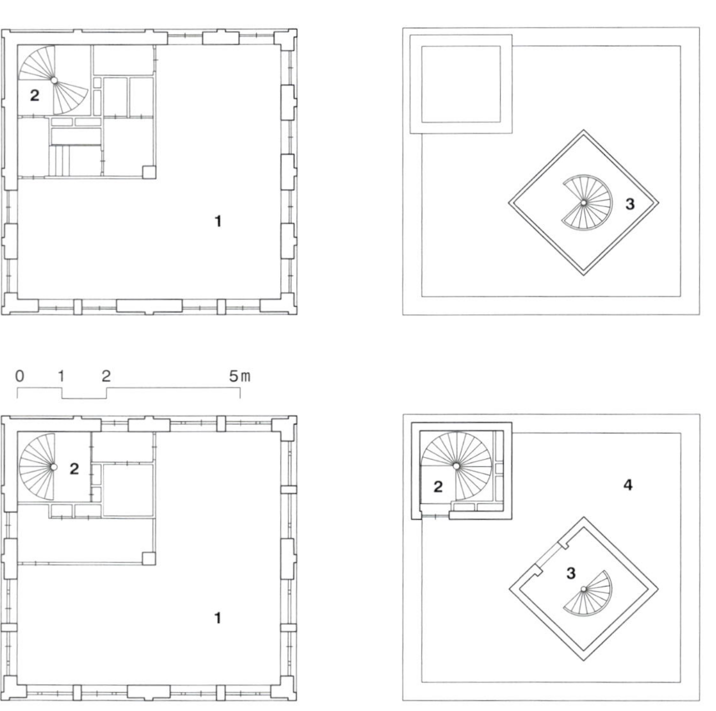

Situatie/Site plan

A Raadhuisplein

B Raadhuisstraat

C Murseltseweg

Doorsneden/Sections

Eerste verdieping, begane grond, dak, tweede verdieping/First, ground floor, roof, second floor

1 horecaruimte/café

2 trappenhuis/stairwell

3 uitkijktoren/viewing tower

4 uitkijkplatform/viewing platform

de Architekten Cie.

Noorderparkbad

Sneeuwbalweg 5
Amsterdam

Foto's/Photos: **Jeroen Musch**

Nieuwe zwemaccommodaties zijn dikwijls massieve en gesloten gebouwen met binnenin een rijke combinatie van baden, sportruimten en horeca, maar met een relatie tot de omgeving die vaak beperkt blijft tot een groot venster. Het ontwerp van de Architekten Cie., in een deel van het Noorderpark dat ontworpen is door West 8, volgt hierin een heel andere benadering. De ontwerpers kozen voor een paviljoen van twee gestapelde golvende volumes die met hun in- en uitstulpingen verschillende relaties met de omgeving aangaan, de toegang tot het Noorderpark markeren en de enorme schaal van de accommodatie visueel opbreken in fragmenten.
Door het bovenste volume naar achteren te plaatsen, valt er licht tot diep in het gebouw. Samen met de geometrie van het gebouw zorgt dit ervoor dat gangen lichte en brede ontmoetingsruimten zijn met volop zicht op het park. De kleedkamers zijn op een vloeiende wijze tussen de gangen en de zwembaden geplaatst. Om het gebouw is een fijn stalen gordijn gelegd, dat als een subtiel filter bemiddelt tussen zwembad en park. Ter hoogte van de ingangen is het omhoog getrokken en markeert het de toegang tot het gebouw.
In het Noorderparkbad wisselen intieme ruimten en hoge ruimten met bovenlichten elkaar af. De houten romboïde dakconstructie en de afwerking van vloer, plafond en wand met traditionele zwembadmaterialen geven het gebouw een warme sfeer. Het karakter herinnert aan de kleinschalige badhuizen van weleer, die vaak fungeerden als een belangrijke ontmoetingsplek voor de buurt. Een ambitie die ook het Noorderparkbad heeft.

New swim centres are often huge, imperforate buildings filled with a rich array of pools, sports facilities and eateries, but their relation to the outside world is frequently confined to a single large window. The design by de Architekten Cie., in a section of Noorderpark designed by West 8, takes a completely different approach. The designers opted for a pavilion made up of two stacked, undulating volumes that interact with their surroundings in a variety of ways via their serpentine elevations, mark the entrance to Noorderpark, and visually break up the huge scale of the complex.
The top volume is set back, allowing light to penetrate deep into the building. This, together with the geometry of the building, produces corridors that are light, and wide meeting spaces with an uninterrupted view of the park. The changing rooms are inserted smoothly between the corridors and the pools. Around the building the architects hung a fine-meshed steel curtain that acts as a subtle filter between pool and park. At the entrances it is drawn up, marking the points of access to the building.
Inside the Noorderparkbad, intimate spaces alternate with tall spaces with top lighting. The wooden rhomboid roof construction and the floor, ceiling and wall finishes in traditional swimming pool materials, imbue the interior with a warm atmosphere. Its character is reminiscent of the small bathhouses of yesteryear, which often functioned as an important neighbourhood meeting place – an ambition shared by the Noorderparkbad.

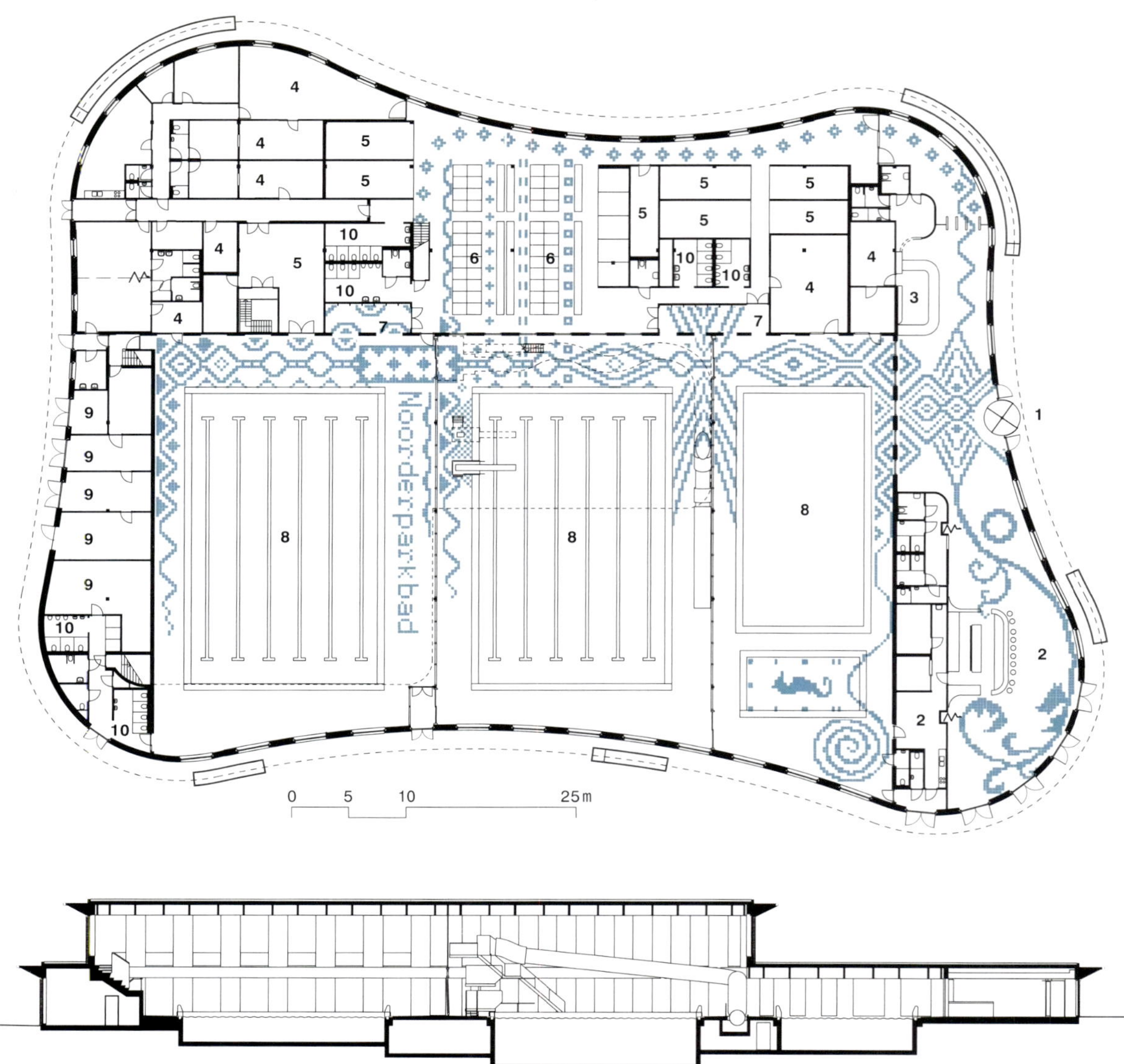

Begane grond/Ground floor
Doorsnede/Section

1 hoofdentree/main entrance
2 horecaruimte/café
3 balie/reception desk
4 kantoor/office
5 kleedkamers/changing rooms
6 kleedhokje/changing cubicle
7 douches/showers
8 zwembad/swimming pool
9 berging/storage
10 toiletten/toilets

Situatie/Site plan

A Sneeuwbalweg
B Wingerdweg

OMA

Timmerhuis

Halvemaanpassage
Rotterdam

Foto/Photo: **Ossip van Duivenbode**

Het stadhuis (1920) en het voormalig hoofdpostkantoor (1922) aan de Coolsingel behoren tot de weinige gebouwen in het centrum van Rotterdam die het bombardement van 14 mei 1940 hebben doorstaan. Achter deze monumentale architectuur werd in 1953 het Stadstimmerhuis gebouwd, het kantoor voor de gemeentelijke diensten die zich met de wederopbouw bezighielden. In 2000 werd het als voorbeeld van wederopbouwarchitectuur een gemeentelijk monument. Na de sloop van enkele latere uitbreidingen ontstond hier ruimte voor het nieuwe stadskantoor en appartementen. OMA ontwierp dit als één grote stapeling van kubussen die tot en met de vijfde verdieping soms uitkragen om ruimte te bieden aan royale dakterrassen voor de woningen erboven. De kubussen zijn opgebouwd uit modules van 7,2 bij 7,2 meter (en 3,6 meter in de hoogte), door de architect ook wel pixels genoemd. De uitkragingen tot soms 17 meter zijn constructief mogelijk, doordat aan beide zijden van de kernen dezelfde hoeveelheid materiaal is toegepast. Er is 3.850 ton aan staal in dit gebouw verwerkt, vergelijkbaar met een halve Eiffeltoren. Het vele glas is voorzien van zilverkleurige zonwerende bolletjes, zichtbaar als kleine stipjes. De hoofdentree van het Timmerhuis bevindt zich in het verlengde van de Stadhuisstraat. Hier gaan 1.850 Rotterdamse ambtenaren alsook de bewoners van 84 appartementen naar binnen. Een openbare passage vormt een looproute tussen de Coolsingel en de achtergelegen straten. De ‘wolk van staal en glas’, zoals het nieuwe gebouw ook wel wordt genoemd, lijkt zich moeiteloos en op een ingetogen manier te verhouden tot de omliggende monumenten.

Foto/Photo: **Ossip van Duivenbode**

Foto's/Photos: **Sebastiaan van Damme**

The town hall (1920) and the former general post office (1922) on Coolsingel are among the few buildings in the centre of Rotterdam to have survived the bombardment of 14 May 1940. It was behind this monumental architecture that the Stadstimmerhuis, the office for the municipal services involved in post-war reconstruction, was built in 1953. In 2000 this example of post-war reconstruction architecture was awarded local heritage status. The demolition of several later extensions generated space for a new building housing the municipal offices and apartments. OMA designed this as one huge, staggered pile of cubes. Up to and including the fifth floor, some of these cubes cantilever out to provide generous rooftop patios for the dwellings above. The cubes consist of 7.2 x 7.2 metre modules (3.6 metres in height), referred to as ‘pixels’ by the architect. The cantilevers of up to 17 metres were made structurally possible by using the same quantity of material on both sides of the cores. A total of 3,850 tonnes of steel is incorporated in this building, equivalent to half an Eiffel Tower. The copious glass contains silvery, reflective particles, visible as tiny specks. The main entrance to the Timmerhuis, opposite the end of Stadhuisstraat, is used by 1,850 Rotterdam public servants as well as the residents of the 84 apartments. A public arcade forms a pedestrian route between Coolsingel and the streets behind. The ‘cloud of steel and glass’, as the new building is also known, relates with apparent ease and restraint to the surrounding heritage buildings.

Foto/Photo: **Ossip van Duivenbode**

Foto/Photo: **Ossip van Duivenbode**

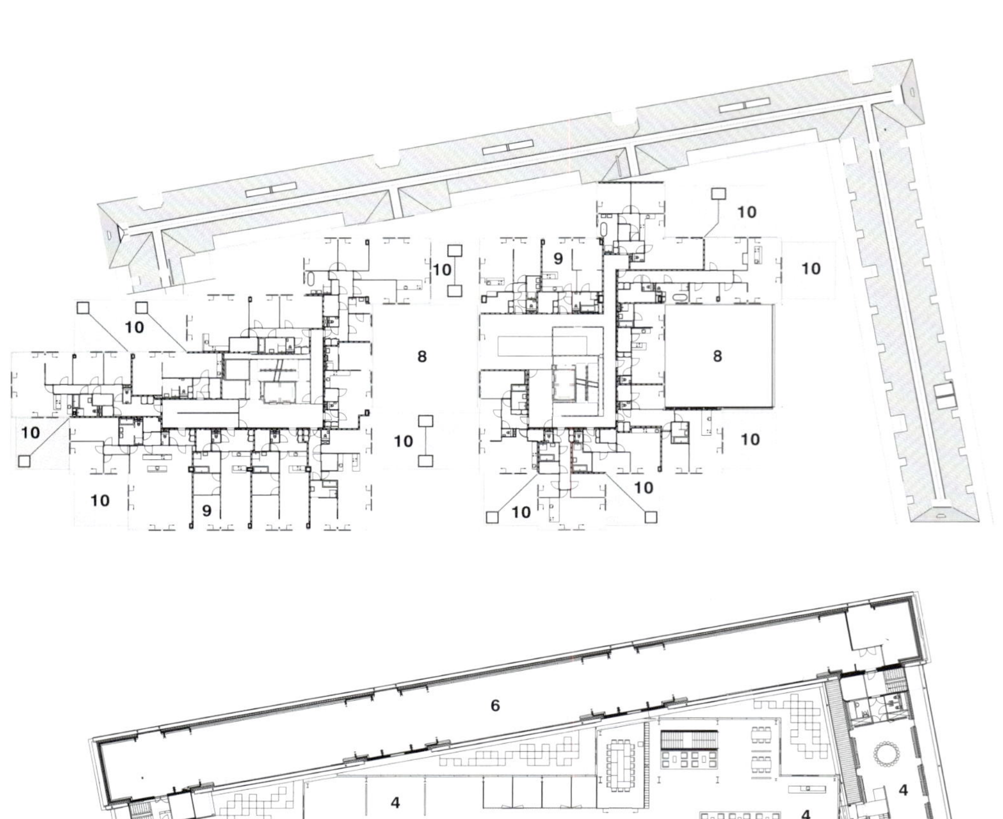

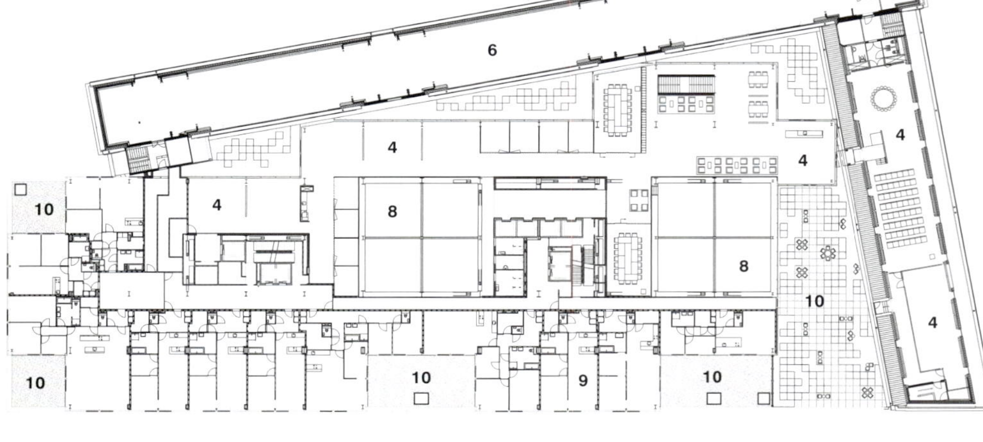

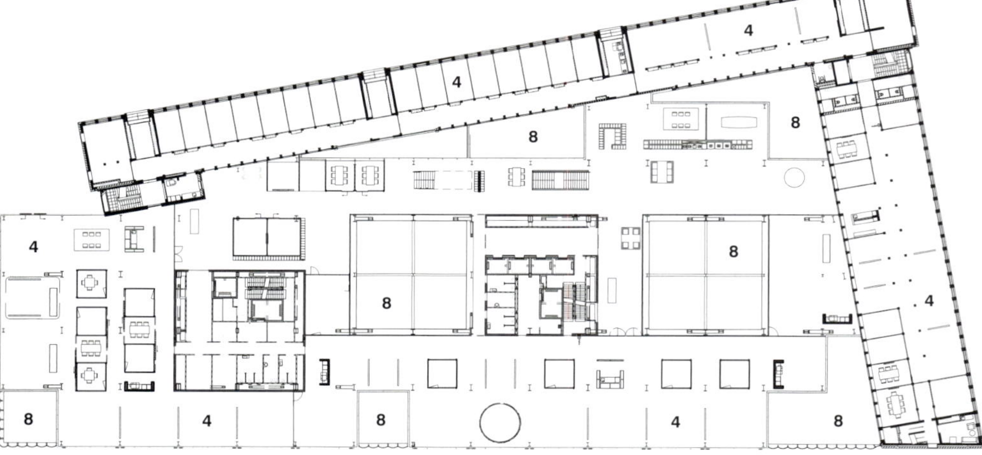

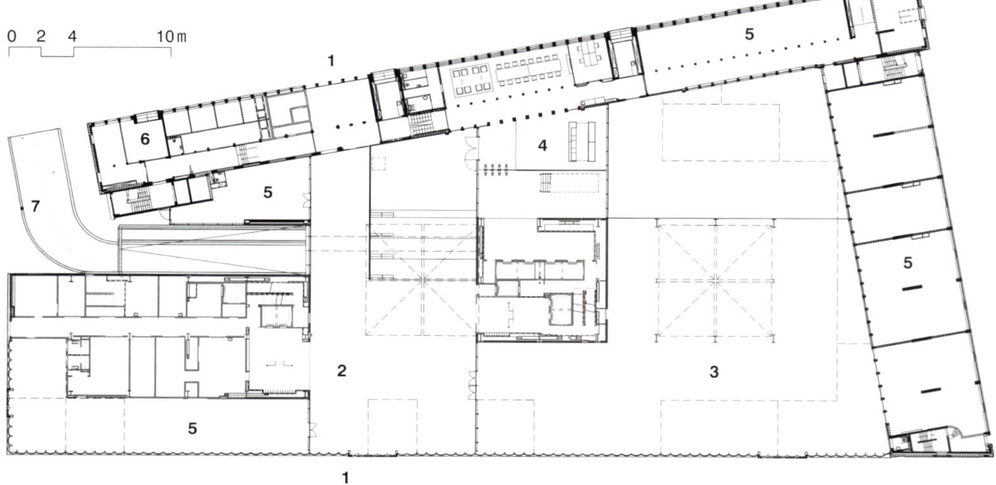

Foto/Photo: **Philippe Ruault**

Zesde, vijfde, tweede verdieping, begane grond/Sixth, fifth, second, ground floor

1 entree/entrance
2 openbare passage/public arcade
3 museum
4 kantoren/offices
5 commerciële ruimten/ commercial spaces
6 techniek/utility room
7 inrit parkeergarage/ car park entrance
8 vide/void
9 appartementen/apartments
10 dakterras/roof terrace

Doorsnede/Section

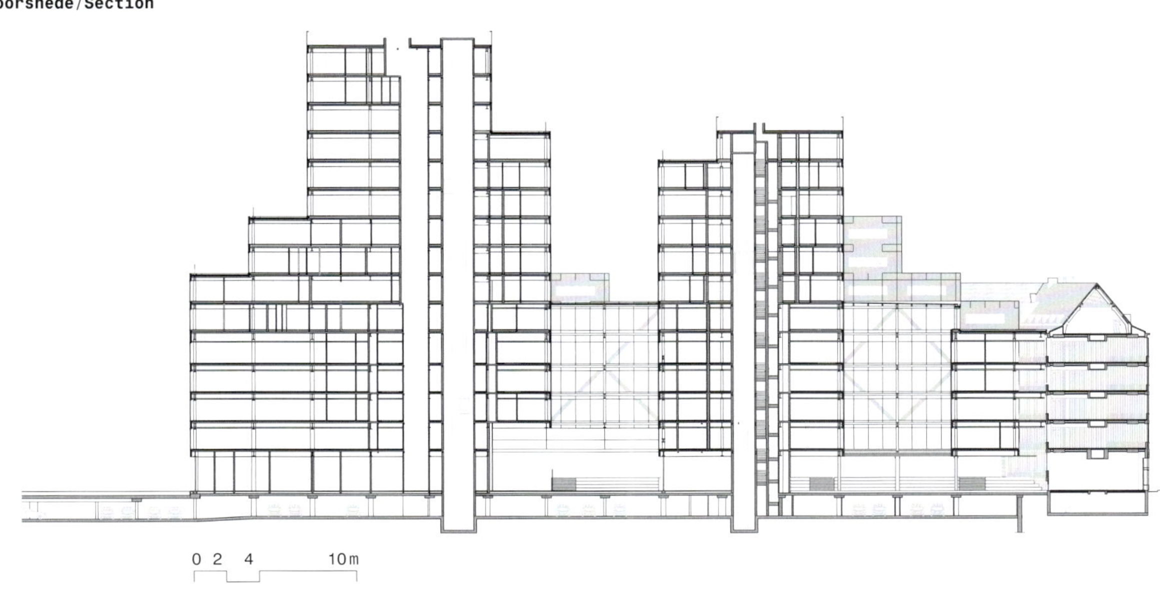

Situatie/Site plan

A Haagse Veer

B Meent

C Rodezand

D Stadhuis

cepezed

KWR Watercycle Research Institute

Groningenhaven 7
Nieuwegein

Foto/Photo: **Frederique van Alphen**

Foto's/Photos: **Leon van Woerkom**

Een gebouw ontwerpen op een anoniem bedrijventerrein blijft een veelvoorkomende maar tegelijkertijd ook weinig besproken opgave in de hedendaagse architectuur. Aan de Groningenhaven in Nieuwegein kreeg cepezed samen met West 8 de opdracht om een nieuw kantoor te ontwikkelen voor KWR Watercycle Research Institute, een gerenommeerd onderzoeksinstituut op het gebied van water en watercycli. Het uitgangspunt was een ruime kavel op een bedrijventerrein en een gebouw van meer dan 6.000 m² voor een programma met onder meer laboratoria, testruimten en kantoren. cepezed bedacht hiervoor een gebouw met een eenvoudige, drieledige opbouw. Aan de twee lange zijden van het gebouw ontwierpen ze transparante beuken zonder dragende wanden. De beuken bieden plaats aan veranderende combinaties van laboratoria, kantoren, overlegplekken, stilteruimten, brainstormruimten en projectteamruimten. Tussen de diepe, hoge beuken ligt een ruim, overkapt en getrapt atrium. Een deel ervan herbergt het bedrijfsrestaurant, dit is een multifunctionele ruimte die ook bruikbaar is voor kleine en grote bijeenkomsten en conferenties. Het getrapte atrium loopt over in het vegetatiedak. De vloer onder aan de atriumtrap wordt gecontinueerd tot boven de vijver buiten het gebouw.

Het bedrijfsgebouw is aan de rand van het terrein geplaatst, zo ver mogelijk van de toegang en de parkeerplaats. De ruimte tussen de parkeerplaats en het gebouw is ingericht als grote, weelderige tuin met fruitbomen en wilgen, een bloemenweide en een grote lelievijver. Het resultaat is een landschap dat de anonimiteit van het bedrijventerrein ontstijgt en het alledaagse werken een nieuwe identiteit verleent.

Designing a building for an anonymous business park is a regular, but also rarely discussed task in contemporary architecture. On Groningenhaven in Nieuwegein, cepezed and West 8 were commissioned to develop a new office for KWR, a renowned research institute in the field of water and water cycles. The starting point was a large plot in a business park and a building of over 6000 m² for a programme that included laboratories, test areas and offices.

cepezed's solution was a building with a simple, tripartite composition. On the two long sides of the building they designed transparent sections free from load-bearing walls and thus able to accommodate changing combinations of laboratories, offices, conference rooms, quiet work zones, brainstorming rooms and project team rooms. Between the deep, tall sections is a spacious, covered and tiered atrium. Part of it is occupied by the staff restaurant, which is a multifunctional space that can be used independently for big and small meetings and conferences. The tiered atrium segues into a planted roof, while the floor at the base of the atrium stair continues outside to become a deck over the pond.

The building was placed at the edge of the site, as far as possible from the entrance and the car park. The intervening space has been laid out as a large, luxuriant garden with fruit trees and willows, a flower meadow and a large lily pond. The result is a landscape that transcends the anonymity of the business park and invests everyday work with a new identity.

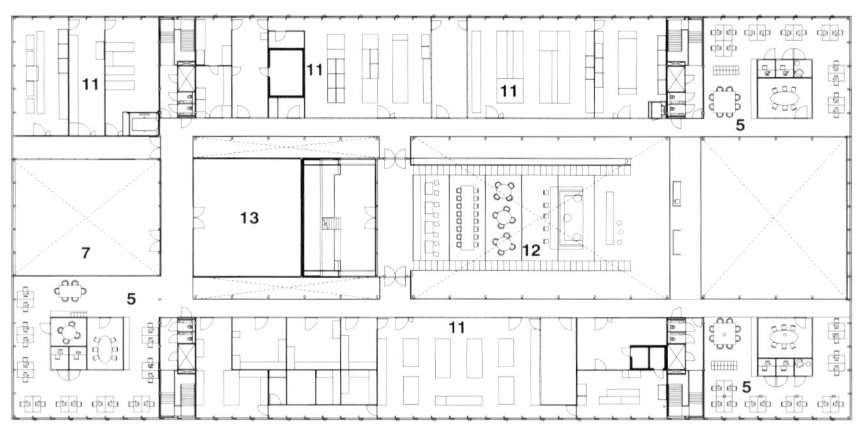

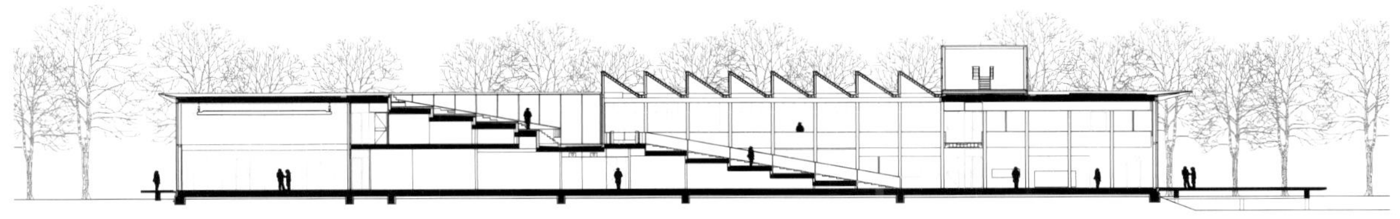

Eerste verdieping, begane grond/
First, ground floor
Doorsnede/Section

1 hoofdentree/main entrance
2 restaurant
3 keuken/kitchen
4 overlegplekken/conference rooms
5 kantoor/office
6 opslag/storage
7 werkplaats/workshop
8 testruimte/test areas
9 expeditie/delivery
10 terras/terrace
11 laboratorium/laboratory
12 getrapt/tiered atrium
13 daktuin/roof garden

Situatie/Site plan

A Groningerhave
B Schipperspad

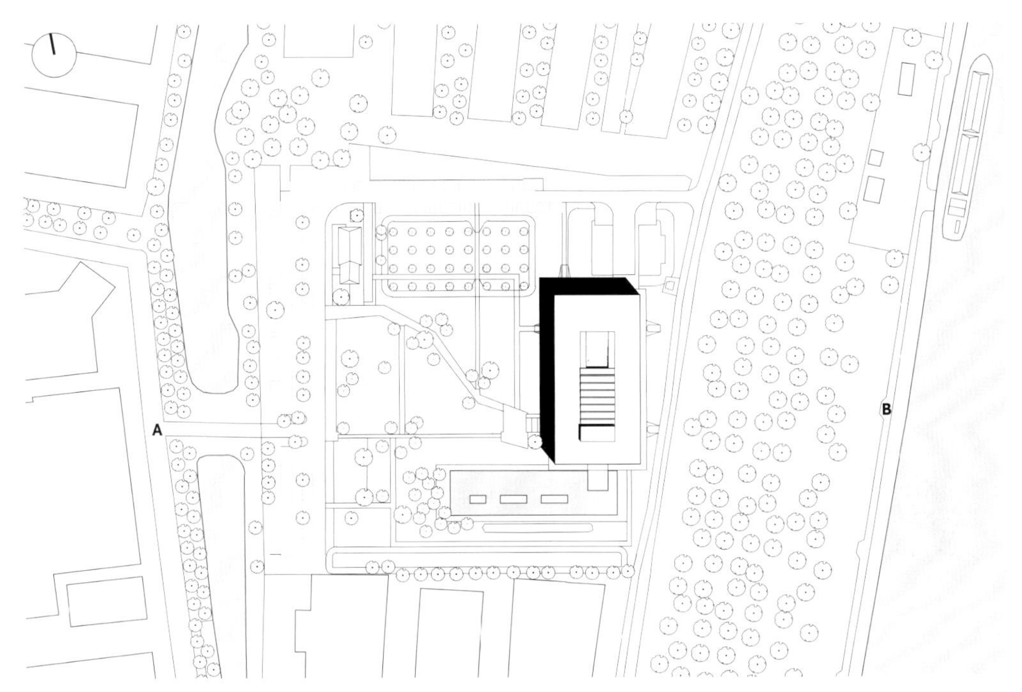

Felix Claus
Dick van Wageningen
Architecten

Museum Ons’ Lieve Heer Op Solder

Oudezijds Voorburgwal 40
Amsterdam

Foto/Photo: **Felix Claus Dick van Wageningen Architecten**

Ons' Lieve Heer op Solder is een voormalige schuilkerk die in de zeventiende eeuw was gehuisvest op de bovenste verdiepingen van een woonhuis aan de Amsterdamse Oudezijds Voorburgwal. Het pand wordt nu intensief gebruikt als kerk en museum. Vanwege de toenemende bezoekersaantallen was het nodig om de ontvangst-, kantoor- en horecafaciliteiten uit te breiden. Hiervoor werden de beproefde oplossingen van onder meer het vernieuwde Louvre en het Mauritshuis gekozen. Nieuwe faciliteiten zijn ondergebracht in een buurpand op de hoek aan de overzijde van de Heintje Hoekssteeg, waaraan het museummonument grenst, en zijn via een ondergrondse expositieruimte met het souterrain van het museum verbonden. Dit geheel herbouwde buurpand biedt via grote glasopeningen zicht op de schuilkerk en betrekt het monument visueel bij de routing naar de nieuwe expositieruimten. Claus en Van Wageningen grepen daarbij terug op de historische gevelindeling. Bakstenen en muurankers werden hergebruikt. Omdat het casco van het nieuwe gebouw niet meer strookte met de oorspronkelijke gevelindeling, zijn de vensters ter hoogte van de oude openingen gedeeltelijk voorzien van gladde strengpersstenen, alsof ze zijn dichtgemetseld. De verkleinde gevelopeningen hebben moderne metalen vensters. De informele zijgevel aan de steeg laat dat pastiche op een relatief vanzelfsprekende wijze toe. Doordat de historische pui, kroonlijst en dakkapel ontbreken, heeft de gevel aan de gracht echter zijn statigheid verloren, zonder dat een overtuigend eigentijds werkstuk is ontstaan. De lyriek van de route tussen schuilkerk en entree vormen de verdienste van dit ontwerp.

Foto's/Photos: **Christian Richters**

Ons' Lieve Heer Op Solder is a seventeenth-century clandestine Catholic church located on the attic floor of a private house on Amsterdam's Oudezijds Voorburgwal. Nowadays the building is in constant use as both church and museum. The growing numbers of visitors made it necessary to extend the reception, office and catering facilities of the museum. The architects opted for a solution already tried and tested by, among others, the new Louvre and the Mauritshuis. New facilities are housed in a neighbouring building on the opposite corner of the narrow Heintje Hoekssteeg, and are connected to the museum basement via an underground exhibition space. The wholly reconstructed neighbouring building provides views of the secret church via large glazed insets, visually drawing the heritage building into the routing to the new exhibition spaces. In their design, Claus and Van Wageningen harked back to the historical facade composition. Bricks and masonry ties were reused. Because the shell of the new building no longer matched the original facade composition, the windows corresponding with the old openings were partly filled with smooth wire-cut bricks as if they had been bricked up. The reduced facade openings have modern metal frames. That pastiche is fairly easily tolerated by the informal side elevation facing the laneway. However, because the historical lower front, cornice and dormer are lacking, the facade overlooking the canal has lost its stateliness without a compelling contemporary piece of work having been created. The merit of this design lies in the lyricism of the route between clandestine church and entrance.

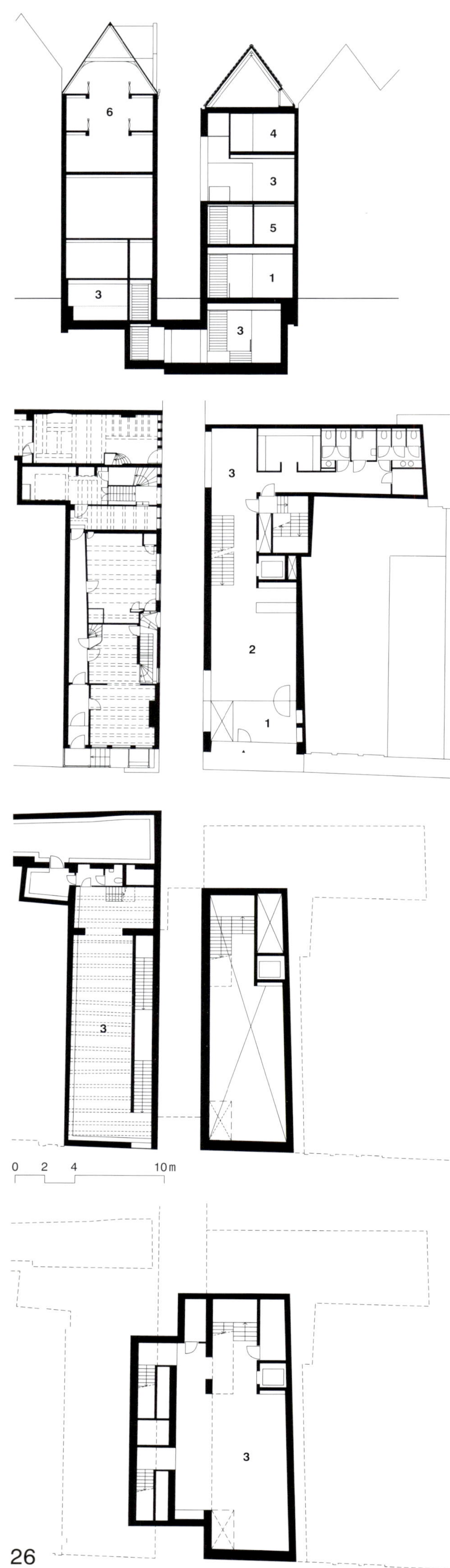

Foto/Photo: **Arjan Bronkhorst**

Doorsnede/Section
Begane grond, niveau -1, -2/
Ground floor, level -1, -2

1 hoofdentree/main entrance
2 museum winkel/shop
3 expositieruimte/exhibition room
4 kantoor/office
5 café
6 kerk/church

Situatie/Site plan

A Oudezijds Voorburgwal
B Geldersekade
C Oude Kerk

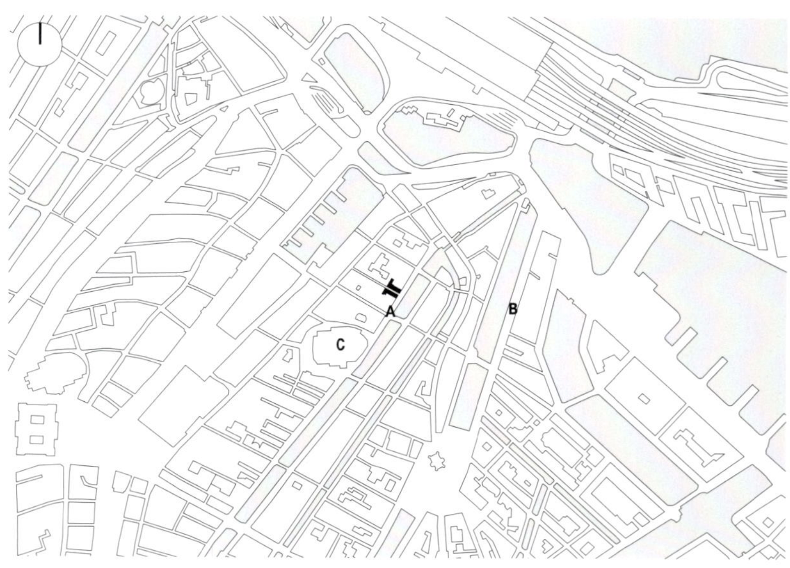

Café
Toiletten
Toilets
Uitgang
Exit

KAAN Architecten

Renovatie Provinciehuis Noord-Brabant

Renovation Noord-Brabant Provincial Government Office

Brabantlaan 1
's-Hertogenbosch

Foto's/Photos: **Sebastiaan van Damme**

Met een aantal doeltreffende ingrepen is KAAN architecten erin geslaagd om het provinciehuis Noord-Brabant in oude glorie te herstellen en het naoorlogse monument klaar te maken voor de eenentwintigste eeuw. Het provinciehuis, een van de meesterwerken van architect Hugh Maaskant (1907–1977), groeide in veertig jaar uit tot Brabants trots en een schoolvoorbeeld van wat een publiek gebouw zou moeten zijn: genereus, licht, majestueus.
Hoewel de veranderende manier van werken de directe aanleiding was voor de verbouwing, is de waardering voor de oorspronkelijke opzet leidend in dit ontwerp. Mettertijd was het gebouw dichtgeslibd, met name door beveiligingsmaatregelen. KAAN heeft het gebouw 'schoongeveegd': de storende compartimentering in het publieke deel is ongedaan gemaakt, terwijl de werkvloeren in de toren zijn opengebroken en afgestemd op het digitale tijdperk. De vormgeving van het zogenoemde Nieuwe Werken levert echter geen ruimtelijke meerwaarde op. De circulatie van het gebouw is grondig herzien. Een belangrijke toevoeging is de ronde trap die vanaf de begane grond naar het souterrain voert, waar een nieuwe personeelsentree is gemaakt. De trap is exemplarisch voor de manier waarop KAAN de renovatie heeft aangepakt: met respect voor Maaskants architectuur, maar zonder deze te kopiëren. Wel is een duidelijke verwantschap zichtbaar in de toepassing van felle kleuren, innovatieve materialen en ongebruikelijke maatverhoudingen. Door hier een eigen invulling aan te geven, worden deze kwaliteiten van het provinciehuis niet alleen onderstreept, maar is het gebouw ook verrijkt.

With a number of efficacious interventions, KAAN architecten have succeeded in restoring the Noord-Brabant provincial government office to its former glory and preparing it for the twenty-first century. In the forty years since its construction, the building, one of the masterworks of the architect Hugh Maaskant (1907-1977), had become a Brabant icon and a textbook example of all that a public building should be: generous, light-filled, majestic.
Although changing workplace practices were the principal reason for the refurbishment, appreciation for the original set-up was a key consideration in this design. Over time the building had become congested, in particular by security measures. KAAN 'cleaned out' the building: the inconvenient compartmentalization in the public section was removed, while the office floors in the tower were opened up and adapted to the digital age. The design of the so-called New Way of Working does not deliver any spatial bonus, however. The circulation through the building has been radically revised. One important addition is the curved stair leading from the ground floor to the basement, where a new staff entrance has been added. The stair is indicative of KAAN's approach to the renovation: showing due respect for Maaskant's architecture, but without slavishly imitating it. That said, there is a clear affinity evident in the use of bright colours, innovative materials and unusual proportions. Giving them their own interpretation, serves not only to emphasize these qualities of the provincial office, but also enriches the building as a whole.

Veertiende verdieping tot begane grond toren/Tower, fourteenth to ground floor

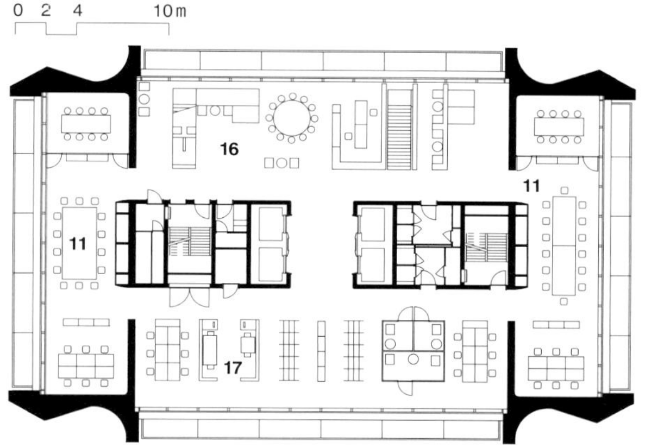

Eerste verdieping, begane grond, souterrain/ First, ground, basement floor

1 personeelsentree/staff entrance
2 ronde trap/curved stairs
3 parkeerplaatsen/parking bays
4 hoofdentree/main entrance
5 entreehal/entrance hall
6 Bois Le Duc zaal/hall
7 ontvangstruimte/reception room
8 restaurant
9 terras/terrace
10 lunchkamer/lunchroom
11 vergaderruimte/conference room
12 kantoor/office
13 foyer
14 Statenzaal/chamber
15 Statietrap/stairs
16 koffiebar/coffee bar
17 printerruimte/printer area

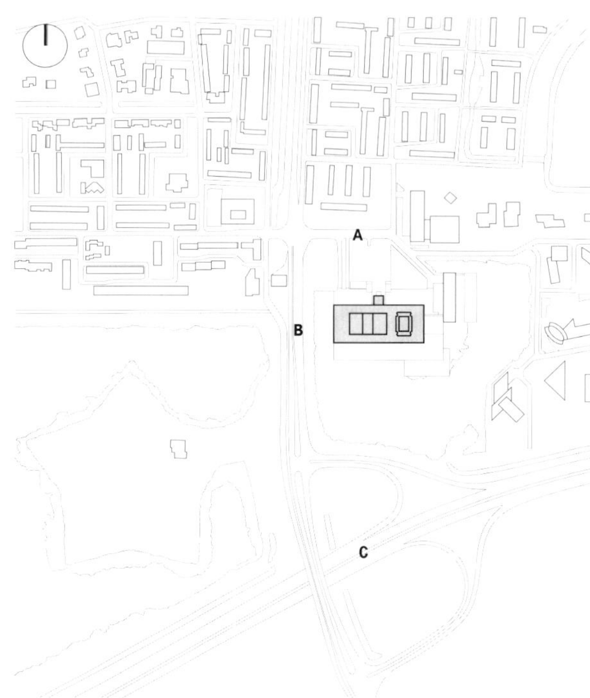

Situatie/Site plan

A Brabantlaan
B Gestelseweg
C A2

Doorsnede/Section

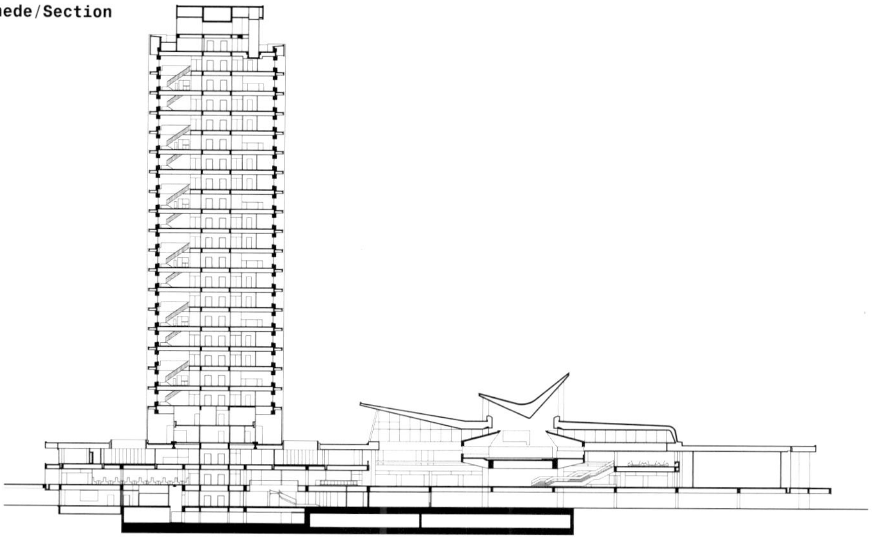

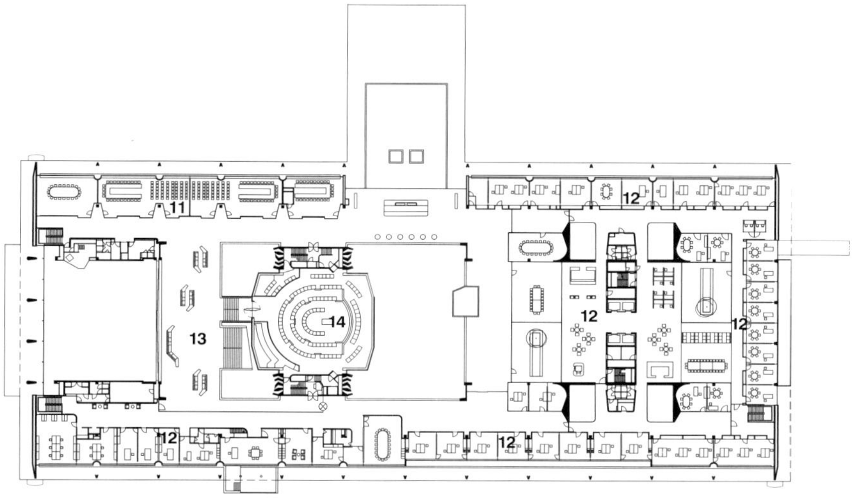

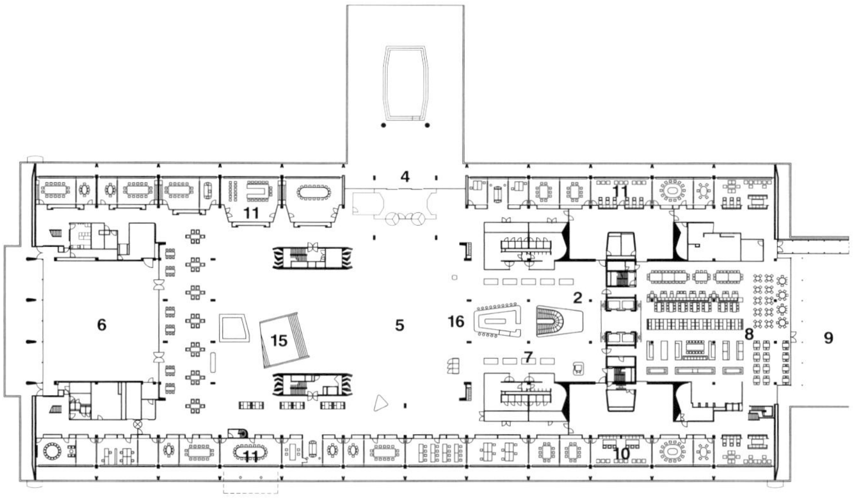

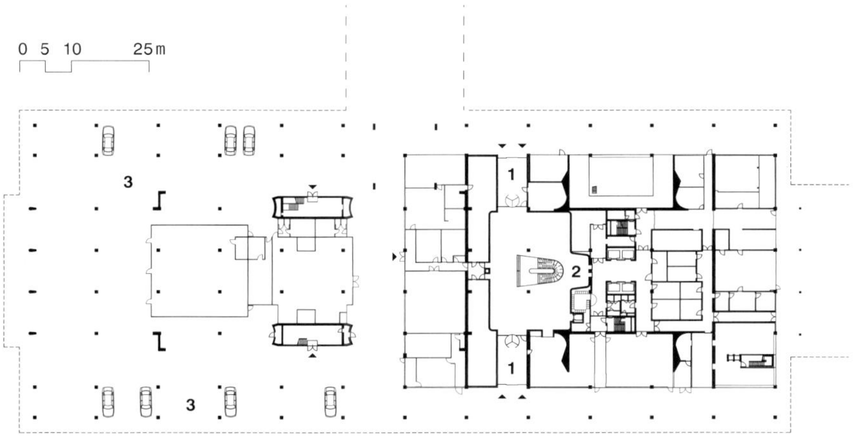

0 5 10 25m

Studio Anne Holtrop

Museum Fort Vechten
Fort Vechten Museum

Marsdijk 2
Bunnik

Foto's/Photos: **Bas Princen**

De Nieuwe Hollandse Waterlinie is een fenomeen. Een 85 kilometer lange verdedigingslinie met 46 forten, vijf vestingsteden en honderden sluizen. De vijand op afstand houden door het hele land onder water te laten lopen. Dat was ooit het idee. De rijke geschiedenis van weleer op een verleidelijke en eigentijdse manier vertellen en verbeelden in één museum. Dat was de uitdaging bij het ontwerpen van het Waterliniemuseum in Fort Vechten, gelegen langs de A12, op een steenworp afstand van Utrecht. Op een hoogtelijnentekening van de locatie trok de architect een rechthoek voor het nieuw te bouwen museum, verzonken in het landschap. Het interieur van het gebouw is opgevat als een doorgaande route, als een grote ronde gang die soms overgaat in een zaal, in een museumwinkel of in een café. Zowel vanuit het gebouw als vanaf het landschap erbovenop is zicht op een grote patio in het midden.
Alles is afgestemd op de vorm: van de gebogen, in het werk gestorte betonnen wanden van 8 meter hoog tot aan de gekromde kozijnen met het gebogen glas. De wanden voegen zich naar de hoogteverschillen in het landschap. Het beton heeft een bruine kleur met wat geel pigment erin. Het oogt stoer en industrieel, maar door de vorm en kleur tegelijkertijd ook verfijnd, bijna als een gordijn in het landschap. In het beton van de patiovloer is de Nieuwe Hollandse Waterlinie als maquette uitgespaard. Bezoekers kunnen de sluizen openen om te zien hoe het moet zijn geweest om land onder water te zetten.

The Nieuwe Hollandse Waterlinie (New Dutch Water Line) is a remarkable phenomenon: an 85-kilometre-long defensive line punctuated by 46 forts, five fortified towns and hundreds of locks. The idea was to keep the enemy at bay by flooding the countryside. To relate and illustrate this rich history in an attractive and contemporary manner in a single museum was the challenge facing the designer of the Waterliniemuseum in Fort Vechten, situated along the A12 motorway, a stone's throw from Utrecht. On a contour map of the location, the architect drew a rectangle representing the new museum, dug into the landscape. The interior of the building is conceived as a continuous route – a spacious curving corridor that at given points becomes a room, a museum shop or a café. From both the building and the landscape on top of it, there is a view of a large central patio.
Everything is attuned to the form: from the curved, eight-metre-high, poured-in-place concrete walls, to the bent frames with sheets of curved glass. The walls conform to the topographical variations in the landscape. The concrete is a brownish colour, with a small amount of yellow pigment. It looks rugged and industrial, but thanks to the form and the colour, also rather refined, almost like a curtain in the landscape. A relief model of the Nieuwe Hollandse Waterlinie has been carved into the concrete floor of the patio. Visitors can open the locks to get an idea of what it must have been like to inundate the land with water.

Situatie/Site plan

A Marsdijk
B Achterdijk
C A12

Begane grond/Ground floor

1 entree/entrance
2 voormalige kazerne/former barracks
3 landschap/landscape
4 entree museum en winkel/ museum and shop entrance
5 tentoonstellingszaal/ exhibition room
6 café
7 patiovloer met maquette/ relief model in patio floor
8 auditorium/lecture theatre

Luchtfoto's/Aerial photos:
Ossip van Duivenbode

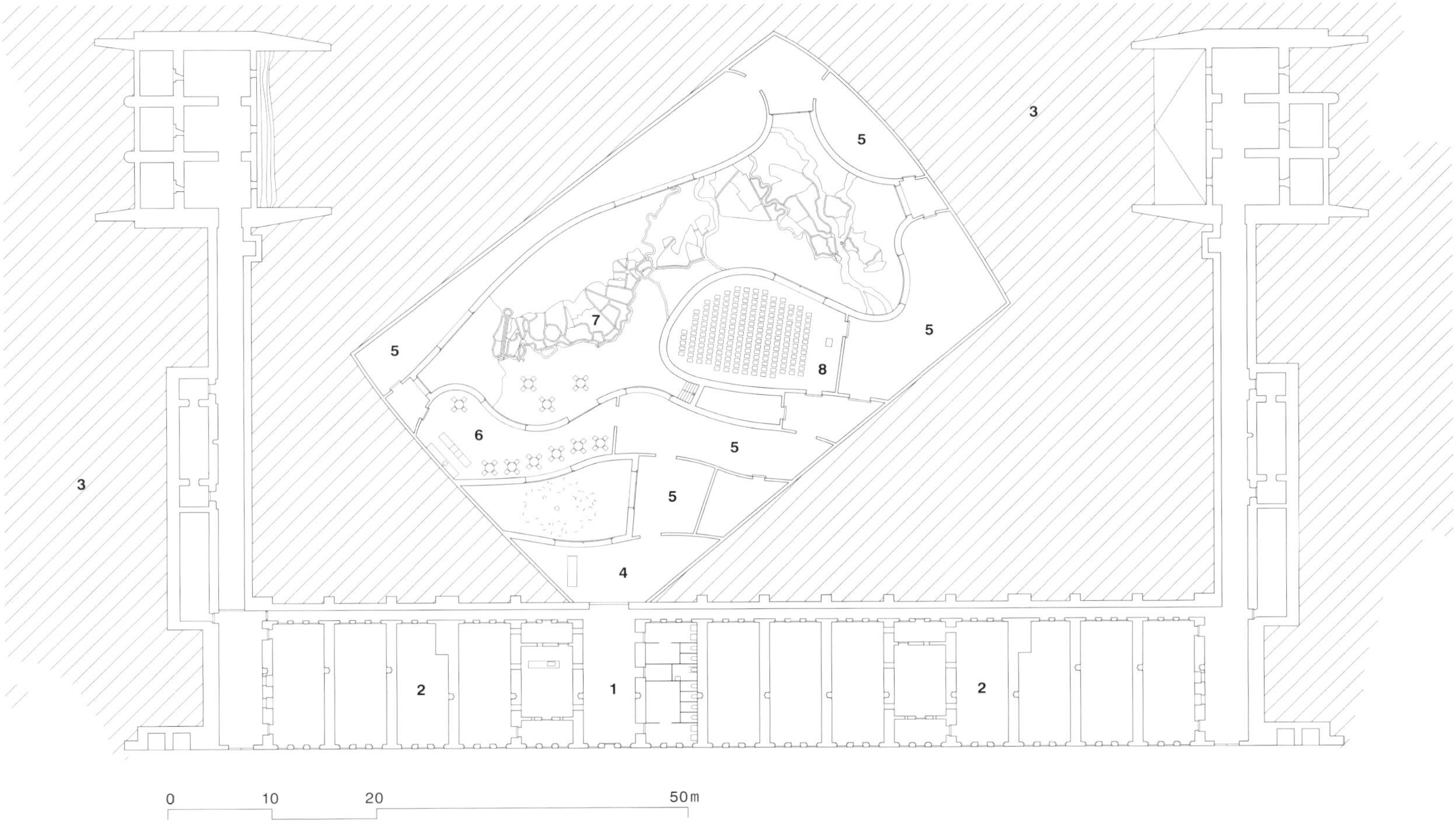

0 10 20 50m

De architectuur van de 'commons'

Naar een nieuwe definitie van het architectuurproject

Tom Avermaete

Wat hebben een nieuw museum in een oud fort, een bakstenen toren in een naoorlogs dorpscentrum en een reeks kluswoningen in een jarenzestig-flat met elkaar gemeen? Ze zijn alle getuigen van een brede en intensieve zoektocht naar een nieuwe definitie van het architectuurproject.

Waar bij het begin van de eenentwintigste eeuw het project in de Nederlandse architectuur nog al te vaak uitsluitend werd begrepen als een grote avant-gardistische en iconische geste, ontstaat er vandaag een heel andere definitie. Ontwerpen als De Ceuvel in Amsterdam (o.a. space&matter) en de Luchtsingel in Rotterdam (ZUS) hebben door de nadruk te leggen op coproductie in ontwikkeling en realisatie, het karakter van het architectuurproject ter discussie gesteld. Het zijn representanten van een groep van uitzonderlijke opdrachten die in de voorbije jaren door overheden of woningbouwcorporaties werden geïnitieerd en waarin wordt geëxperimenteerd met grenzen en de aard van het architectuurproject.

De vraag is echter wel of zo'n andere invulling beperkt blijft tot deze uitzonderlijke opgaven of dat ze een breder belang kan krijgen. Dit laatste lijkt het geval te zijn. In de selectie van dit huidige Jaarboek tekenen zich de contouren af van een meer gegeneraliseerde herijking. In grote en kleine opgaven, private en publieke opdrachten lijkt er steeds meer het idee te ontstaan dat de architectuur kan en moet voorbijgaan aan de grote iconische beweging of aan het eenvoudig beantwoorden van een aantal functionele eisen en op een andere basis kan worden gestoeld. Los van alle bestaande benaderingen wordt er gezocht naar een nieuw begrip van het architectuurproject.

Territorium

Een eerste karakteristiek van zo'n nieuwe benadering van het architectuurproject betreft de relatie tussen het gebouw en zijn territorium. In het verleden is deze verhouding te vaak gedacht in termen van onder- en bovenschikking, of van assimilatie en confrontatie. Enkele projecten in dit boek tonen dat er andere denkmodellen zijn om deze

The Architecture of the 'Commons'

Towards a New Definition of the Architectural Project

What do a new museum in an old fort, a brick tower in a post-war village centre, and a series of DIY apartments in a 1960s block of flats have in common? They all testify to a wide and intensive search for a new definition of the architectural project.

Whereas at the beginning of the twenty-first century the project in Dutch architecture was still all too often conceived exclusively as a big, avant-garde and iconic gesture, today a different definition is emerging. Designs like De Ceuvel in Amsterdam (space&matter, among others) and the Luchtsingel in Rotterdam (ZUS) have called into question the character of the architectural project by emphasizing co-production in development and realization. They are representative of a group of exceptional commissions initiated in recent years by local governments or housing associations, which have involved experimenting with the boundaries and nature of the architectural project.

The question, however, is whether such an alternative interpretation is confined to these exceptional tasks, or whether it might have a wider relevance. The latter appears to be the case. In the selection for the current Yearbook, the contours of a more generalized re-evaluation are visible. In big and small tasks, private and public commissions, there is a growing sense that architecture can and must move beyond the big iconic gesture or the simple fulfilment of a number of functional demands and that it can be predicated on a different basis. Irrespective of existing approaches, architects are searching for a new conception of the architectural project.

Territory

The first characteristic of such a new approach to the architectural project concerns the relation between the building and its territory. In the past this relation was too often conceived in terms of subordination and dominance, or of assimilation and confrontation. Some projects in this book demonstrate that there are other conceptual models that can be applied to this relationship, in which territory appears as a resource for architecture.

relatie te benaderen, waarin het territorium verschijnt als een bron voor de architectuur.

Een treffend voorbeeld levert Anne Holtrop met zijn interventie voor het fort in Vechten. Holtrop onthoudt zich van de zoveelste spectaculaire toevoeging aan een militair landschap, maar beperkt zich evenmin tot een brave restauratie of in de pas lopende invulling van het bestaande fort. Het territorium zelf wordt de belangrijkste bron waarmee Holtrop aan de slag gaat. Het hele project van Holtrop kan worden bekeken als het creëren van een nieuwe ontsluiting van bronnen en krachten die al vele decennia in het fort van Vechten besloten lagen.

De uitgangspunten van dit project liggen in de architectuur van het fort en meer specifiek in de topografie van de wallen, die door Holtrop op een gedetailleerde wijze wordt gesondeerd. Door middel van heel precieze tekeningen van dit verdedigingslandschap is de architect op zoek gegaan naar architecturale vorm. Al in het midden van de jaren zestig richtte de Italiaanse architect Vittorio Gregotti een oproep aan ontwerpers om intensiever in contact te treden met het territorium: 'ze moeten het *meten*, *bewerken*, *vergroten*, *situeren* en effectief *gebruiken*', zo stelde hij.[1] Holtrop lijkt zich binnen dit ideaal te plaatsen. De karakteristieken, mogelijkheden, maar ook de obstakels van het aarden lichaam van het fort vormen de aanleiding voor een project dat zich nauwelijks uit het territorium verheft.

Holtrop illustreert dat de hedendaagse architectuur de capaciteit bezit om de krachten die altijd al in het territorium van de waterlinie verscholen zaten te ontsluiten en ze daardoor tot een nieuwe conditie en atmosfeer te verheffen. De ruimtelijke vormen van het nieuwe museum zijn echo's van de contouren van de verdedigingswallen van het fort. Door middel van kloeke betonnen wanden zijn er grote kraters in de tellurische massa van de wallen geslagen, in de vorm van ruime binnenplaatsen. Vervolgens zijn er spelonkachtige ruimten uit het aarden lichaam gehouwen, die in een aaneengesloten reeks om de hoven heen zijn gelegd. Zo is in het spanningsveld tussen territorium en betonnen elementen een nieuwsoortige architectuur ontstaan – noch gebouw, noch landschap, maar vol van materiële en ruimtelijke ervaring.

Studio Anne Holtrop, Museum Fort Vechten, Bunnik, eerste verdieping

Studio Anne Holtrop, Fort Vechten Museum, Bunnik, first floor
Tekening/Drawing: Studio Anne Holtrop

One striking example is provided by Anne Holtrop with his intervention for the fort in Vechten. Holtrop refrains from yet another spectacular addition to a military landscape, but nor does he limit himself to a worthy restoration or deferential interpretation of the existing fort. The territory itself becomes the most important resource with which Holtrop sets to work. His entire project can be seen as the unlocking of resources and forces that have been inherent in the fort at Vechten for countless decades.

The starting points of this project lie in the architecture of the fort and, more specifically, in the topography of the ramparts, which Holtrop surveyed in detail. Using very precise drawings of this defensive landscape, the architect sought for an appropriate architectural form. As long ago as the mid 1960s, the Italian architect Vittorio Gregotti called on designers to engage in more intensive contact with the territory: 'they have to *measure*, *modify*, *redouble*, *situate* and *utilise* the territory,' he argued.[1] Holtrop appears to have made this ideal his own. The characteristics, possibilities, as well as the obstacles of the earthen body of the fort, constitute the starting points for a project that barely rises above the territory.

Holtrop demonstrates that contemporary architecture has the capacity to unlock the forces that have always lain hidden in the territory of the Water Line, and to use them to create a new condition and atmosphere. The spatial forms of the new museum are echoes of the contours of the fort's defensive walls. Sturdy concrete walls have struck huge craters in the telluric mass of the ramparts, generating spacious courtyards. Around the courtyards, a necklace of cavernous spaces was carved out of the earthen body. Thus, in the area of tension between territory and concrete elements, a new kind of architecture emerges, neither building nor landscape, but full of material and spatial experience.

As such, Holtrop's project is not merely an accommodation with the earthen territory of the fort in Vechten, but also an exploration of the territory of architecture. The architectural boundaries are probed, not via grand gestures, but via an interrogation of centuries-old principles such as space and materiality. The museum seems to be an exploration of what the sculptural materiality of concrete and the controlled articulation of the territory can together achieve. It is an investigation of how the interplay of these forces can result in architecture: fluid spatial qualities, sloping convex and concave spaces illuminated from one side such that, together with the materiality of the concrete, they generate a very distinctive atmosphere.

Time

The new approach to the architectural project also entails a different relationship with time. Many of the projects in this book no longer confine themselves to delivering an instant visual image, but enter into in a sophisticated relationship with the past and the future. One such is Monadnock's project for Nieuw Bergen. This Limburg village was developed in the second half of the twentieth century and lacks the multiplicity of visual and semantic anchors that the other, much older, villages in the region have. Time in this village is chiefly focused on the here and now.

Monadnock came up with a tower that introduces the concept of time into the Nieuw Bergen context in three different ways. The typology of the tower offers the possibility of making a connection with the long history of the surrounding territory. Visitors can climb the tower via a metal spiral stair and be rewarded with a view of a landscape dotted with various towns and villages. From this lookout point, Nieuw Bergen has a clear place in the wider landscape, which has evolved over the course of time. The new landmark thus becomes part of the extensive

Het project van Holtrop wordt zo niet enkel een omgaan met het concrete territorium van het fort in Vechten, maar ook een verkenning van het territorium van de architectuur. De grenzen van de architectuur worden onderzocht – niet door grote gebaren, maar door het ondervragen van eeuwenoude grondslagen zoals ruimte en materialiteit. Het museum lijkt een exploratie van wat de plastische materialiteit van beton en de gecontroleerde articulatie van het territorium samen kunnen bereiken. Het is een onderzoek naar hoe het samenspel van deze krachten tot architectuur kan leiden: vloeiende ruimtelijkheden, glooiende convexe en concave ruimten die eenzijdig belicht worden en zo samen met de materialiteit van het beton een heel eigen atmosfeer genereren.

Tijd

De nieuwe benadering van het architectuurproject omvat ook een andere omgang met tijd. Vele van de projecten in dit boek beperken zich niet meer tot het aanleveren van een instant beeldkwaliteit, maar gaan een gesofisticeerde relatie aan met het verleden en de toekomst. Dat bewijst ook het project van Monadnock voor Nieuw Bergen. Dit Limburgse dorp werd in de tweede helft van de twintigste eeuw ontwikkeld en ontbeert de veelheid aan visuele en semantische ankerpunten die andere dorpen wel hebben. De tijd is in dit dorp vooral gericht op het hier en nu.

Monadnock bedacht een toren die op drie wijzen een begrip van tijd in de context van Nieuw Bergen introduceert. De typologie van de toren biedt de mogelijkheid een verbinding te maken met de lange geschiedenis van het omliggende territorium. De bezoeker kan de toren beklimmen via een metalen spiltrap en uitzicht krijgen op het landschap met de verschillende dorpen en steden. Vanuit dit uitkijkpunt heeft Nieuw Bergen een duidelijke plaats in het grotere landschap dat zich in de loop van de tijd heeft ontwikkeld. Het nieuwe baken wordt zo deel van de brede verzameling van de kerktorens die het territorium van Limburg puncteren. Hoewel Nieuw Bergen een heel nieuwe en kleine kern is, wordt het deel en onderdeel van de lange en grote geschiedenis van de ontwikkeling van het Limburgse territorium.

Een tweede wijze waarop de tijd een belangrijke rol speelt in dit project is doordat de ontwerper ervoor gekozen heeft zijn project te positioneren binnen de geschiedenis van de architectuurdiscipline. De eenvoudige drieledige opbouw van de toren roept herinneringen op aan Zuid-Nederlandse belforten, maar het is vooral de geleding van de gevel met zijn gelijktijdige referenties aan en negaties van klassieke architectuurregels en zijn uiterste verfijning in de baksteendetaillering die herinnert aan het maniërisme uit de zestiende en zeventiende eeuw. Aan de hedendaagse typologieën en detailleringen van de winkels en woningen in Nieuw Bergen wordt zo een tijdslaag toegevoegd die verwijst naar de lange geschiedenis van de architectuur met haar canonieke codes en haar conventies van bouwen.

Ook het krachtige volume, dat zich op het eerste gezicht wat bombastisch in de context van Nieuw Bergen lijkt te situeren, biedt een bijzondere omgang met de tijd. De toren is immers een volume dat niet gebonden is aan een bepaalde functie. Het is veeleer een autonome figuur, die als neutrale formele drager een veelheid aan programma's – vandaag en in de toekomst – kan accommoderen. Het project in Nieuw Bergen illustreert hoe de hedendaagse architectuur ook tijd als een belangrijke bron kan beschouwen. De toren activeert wat de Franse filosoof Paul Ricoeur een 'drievoudige tegenwoordigheid' noemde: hij articuleert een omgang met de tegenwoordigheid van het verleden, de tegenwoordigheid van het heden en de tegenwoordigheid van de toekomst.[2] Ricoeur beschouwde het als een verdienste van 'echte actie' dat al deze dimensies kunnen worden samengebracht in één singulier moment.

Monadnock, Landmark, Nieuw Bergen, axometrie

Monadnock, Landmark, Nieuw Bergen, axonometric projection
Tekening/Drawing: Monadnock

collection of church towers that punctuate the territory of Limburg. Although Nieuw Bergen is a very new and small core, it becomes part and parcel of the long and illustrious history of the development of the Limburg territory.

The second way in which time plays an important role in this project lies in the designer's decision to position his building within the history of the architectural discipline. Although the tower's simple, tripartite composition is reminiscent of the bell-towers of the southern Netherlands, it is the articulation of the facade in particular, with its simultaneous references to and negations of classical architectural rules and its extremely refined brick detailing, that recalls the Mannerism of the sixteenth and seventeenth centuries. In this way, the project adds another temporal layer to the contemporary typologies and detailing of the shops and houses of Nieuw Bergen, one that refers to the long history of architecture with its canonical codes and building conventions.

Even the powerful volume, which at first glance looks somewhat bombastic in the Nieuw Bergen context, offers an unusual relationship with time. The tower is after all a volume that is not linked to any particular function. Rather, it is an autonomous figure and a neutral formal structure capable of accommodating a multiplicity of programmes, today and in the future. The project in Nieuw Bergen is illustrative of the way contemporary architecture is able to look upon time as an important resource. The tower activates what the French philosopher Paul Ricoeur called a 'triple presence', thereby articulating a relationship with the presence of the past, the

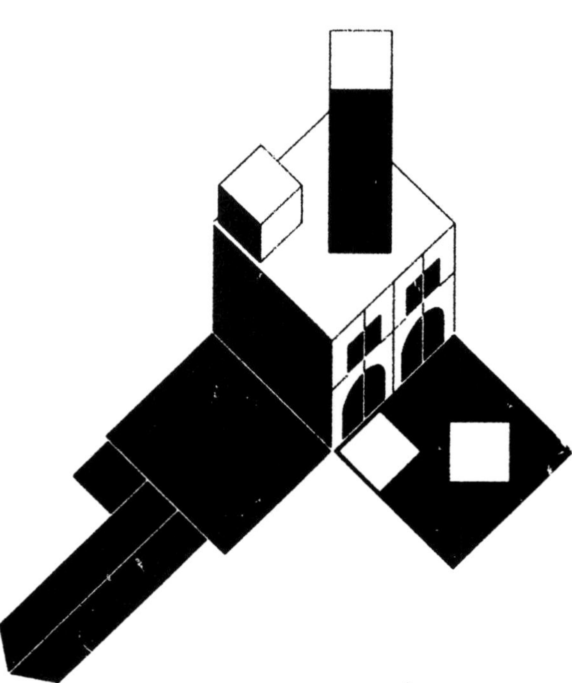

Handelen

Een derde karakteristiek van een nieuw begrip van het project is dat de praxis van de architect steeds vaker wordt gekoppeld aan het meervoudige handelen van andere actoren. Steeds meer zien we ontwerpen waarin de retoriek over de heroïsche rol van de architect wordt verlaten en de nadruk wordt gelegd op het coproductieve karakter, waarbij verschillende actoren een centrale rol spelen – niet in het minst de bestaande gebouwen.

De renovatie van de Kleiburgflat in Amsterdam door NL Architects illustreert hoe het 'handelen' van een bestaand gebouw en mensen een belangrijke bron kan zijn voor de architectuur. In dit project vormde de bestaande honingraatflat Kleiburg uit de jaren zestig in de Bijlmermeer het uitgangspunt. Het getuigt van het inzicht van NL Architects dat zij niet hebben ingezet op cosmetische ingrepen in het gebouw, maar veeleer de materiële, formele en de typologische daadkracht van het gebouw opnieuw hebben laten spreken. Het gebouw werd niet aangepakt volgens de canonieke recepten van het toevoegen van terrassen, het herdefiniëren van de gevel door een nieuwe bekleding of het omvormen van de typologie van de appartementen. In de Kleiburgflat werd gekozen voor een heel andere aanpak, waarin het potentieel dat besloten ligt in de rationaliteit van het moderne artefact van de flat centraal stond.

NL Architects onderkenden dat de rationele structuur van de Kleiburgflat een enorme potentiële energie in zich droeg, die op een nieuwe manier kon worden ontsloten en daardoor geactiveerd. Om die energie ten volle tot uiting te laten te komen, gingen de architecten terug naar de basis van het gebouw. De materialiteit van het gebouw werd in ere hersteld, de gemeenschappelijke ruimten werden teruggebracht naar hun oorspronkelijke vorm en aangevuld met grote collectieve lobby's. De structuur van de flat werd blootgelegd en daarna zijn de woningen als kaal casco aangeboden aan de toekomstige bewoners.

Heel anders dan in andere gebouwen van NL Architects gaat het hier dus niet om het bedenken van een indrukwekkende vorm, maar veeleer over het voorbereiden van een basisvorm voor andere actoren. De rol van het architectuurproject wordt hier herleid tot het definiëren van aanzetten. Die aanzetten hebben weinig waarde *an sich*, maar verkrijgen hun betekenis in het samenspel met een toekomstig handelen in de gebouwde omgeving. Het project articuleert een herkenbare basis, waarop vervolgens andere architecten, ontwikkelaars en bewoners verder kunnen ingrijpen. Het architectuurproject wordt zo geherdefinieerd als een anticiperen op, en omgaan met het meervoudig handelen van al deze actoren in de gebouwde omgeving. In het herkennen van de kracht van dit gemeenschappelijke handelen en het anticiperen erop met architecturale middelen schuilt de bijdrage van de architect.

Een andere definitie

Wat de drie bovenstaande, zeer verschillende voorbeelden en benaderingen delen, is dat ze niet langer het architectuurproject begrijpen als een ingreep die waarde heeft omwille van een radicale formele of typologische vernieuwing, maar veeleer omwille van het herinterpreteren van het bestaande. Enkele decennia geleden maakte de Italiaanse theoreticus Manfredo Tafuri al het onderscheid tussen avant-garde- en experimentele architectuur.[3] Avant-gardebewegingen, of het nu gaat om de achttiende-eeuwse revolutionaire architectuur of bepaalde stromingen in het twintigste-eeuwse modernisme, zijn steeds exclusief en absoluut stelt Tafuri. Ze gaan geen fundamentele band aan met de werkelijkheid, maar trachten een volledig nieuwe realiteit te construeren. Tegenover de avant-garde plaatst Tafuri de experimentele

presence of the present and the presence of the future.[2] Ricoeur saw it as a merit of 'true action' that all these dimensions can be brought together in a singular moment.

Action

A third characteristic of the new conception of the project is that the praxis of the architect is increasingly linked to the multiple actions of other actors. With increasing frequency, we are seeing designs in which the rhetoric of the heroic role of the architect is abandoned and the emphasis is placed on the co-productive nature of the enterprise, in which various actors – not least existing buildings – play a central role.

The renovation of the Kleiburg apartment block in Amsterdam by NL Architects illustrates how the 'actions' of an existing building and people can be an important resource for the architecture. In this project the existing, 1960s honeycomb apartment block in the notorious Bijlmer district, was the starting point. It is a tribute to NL Architects' insight that instead of staking everything on cosmetic interventions, they allowed the material, formal and typological energy of the building to speak once more. The building was not tackled according to the canonical formulas of adding terraces, redefining the elevations by way of a new cladding, or transforming the typology of the apartments. Instead, the architects opted for a completely different approach in which the potential inherent in the rationality of the modern artefact of the Kleiburg building was pivotal.

NL Architects recognized that the rational structure of the Kleiburg embodied a huge potential energy, which could be unlocked in a new way and thus activated. To maximize the expression of that energy, the architects returned to the fundamentals of the building. Its materiality was restored, the communal areas were returned to their original form and supplemented with large communal lobbies. The structure of the building was laid bare, after which the apartments were offered to future residents as bare shells.

In contrast to other buildings by NL Architects, the focus here was not on devising an impressive finished form, but rather on preparing a basic form for other actors. The role of the architectural project is reduced here to the definition of impulses, which have little value as such, but acquire their significance in the interplay with a future action in the built environment. The project articulates a recognizable basis in which other architects, developers and residents can subsequently intervene. The architectural project is thus redefined as anticipating, and accommodating, the multiple actions of all these actors in the built environment. The architect's contribution lies in recognizing the power of these concerted actions and anticipating it using architectural means.

A different definition

What the three abovementioned, very different examples and approaches have in common, is that they no longer conceive the architectural project as an intervention that owes its value to a radical formal or typological innovation, but rather to the reinterpretation of the existing. A few decades ago the Italian theorist Manfredo Tafuri drew a distinction between avant-garde and experimental architecture.[3] Avant-garde movements, whether they concern eighteenth-century revolutionary architecture or certain trends in twentieth-century modernism, are always exclusive and absolute, according to Tafuri. They do not enter into any fundamental association with reality, but instead attempt to construct a completely new reality. Tafuri contrasts the avant-garde

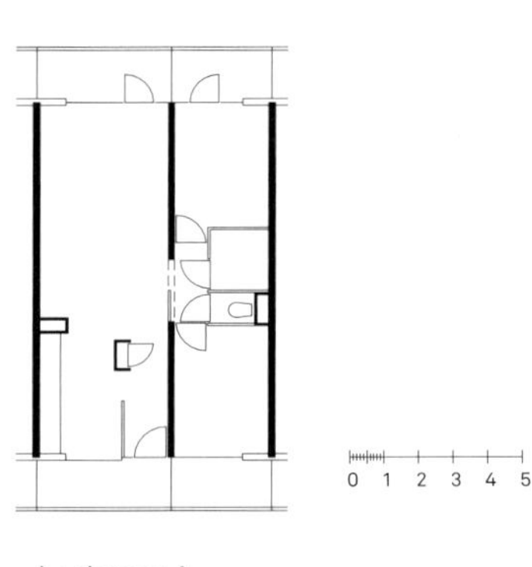

basistype A

NL Architects/XVW architectuur, selectie typen plattegronden appartementen in DeFlat Kleiburg, Amsterdam

NL Architects/XVW architectuur, selection of floor plan types for apartments in DeFlat Kleiburg, Amsterdam
Tekening/Drawing: XVW architectuur

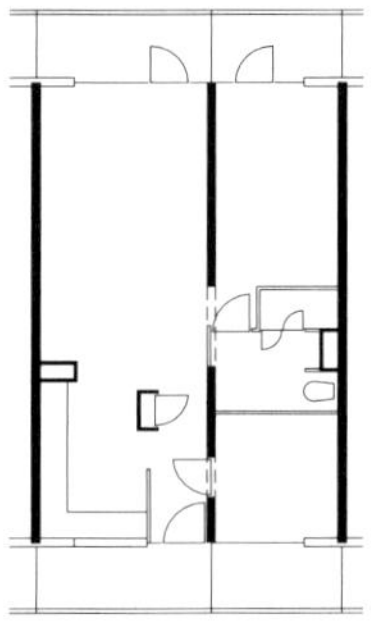

bnr 507

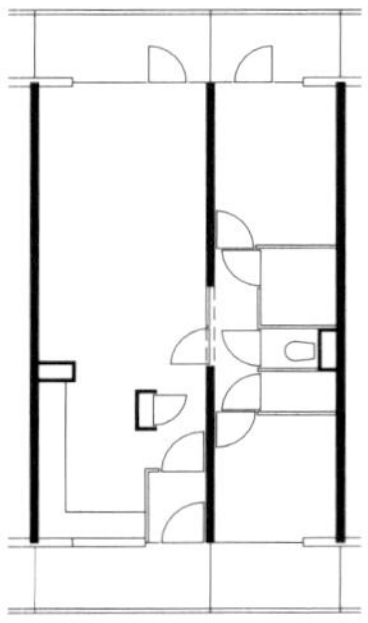

bnr 132

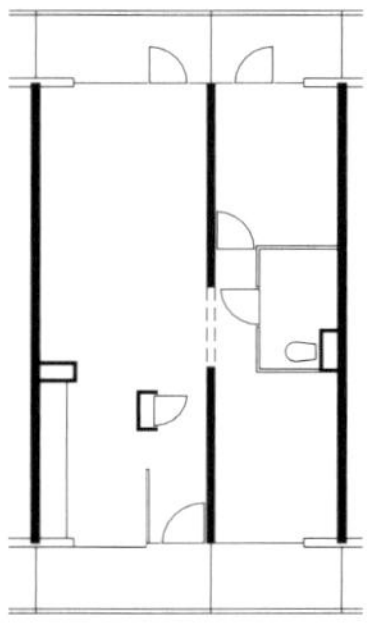

bnr 230

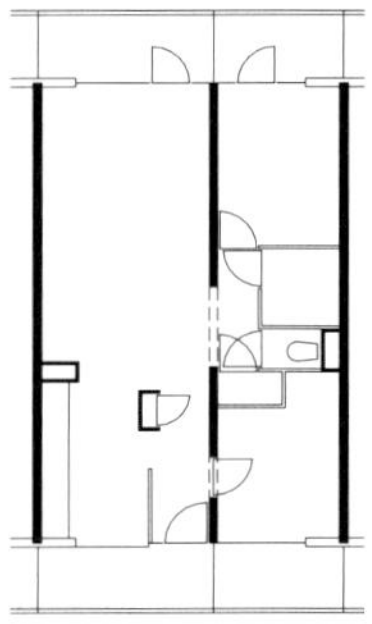

bnr 308

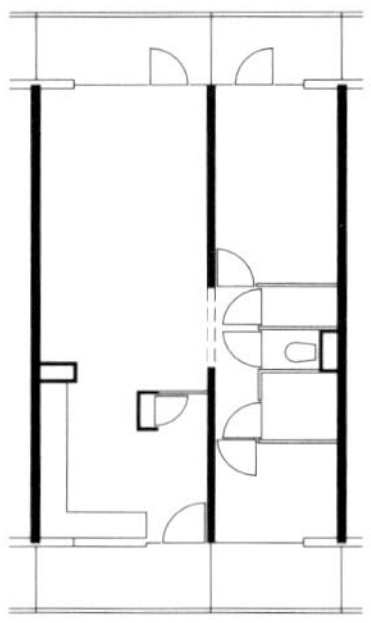

bnr 535

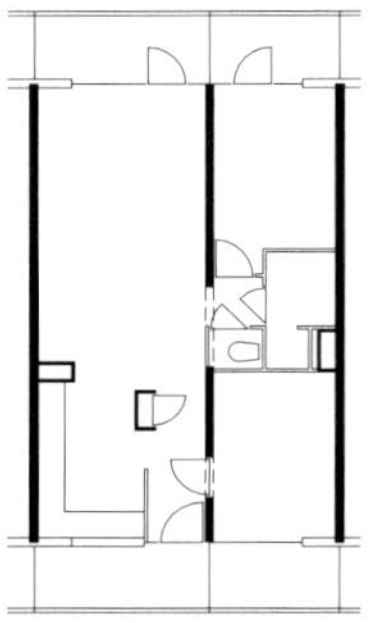

bnr 137

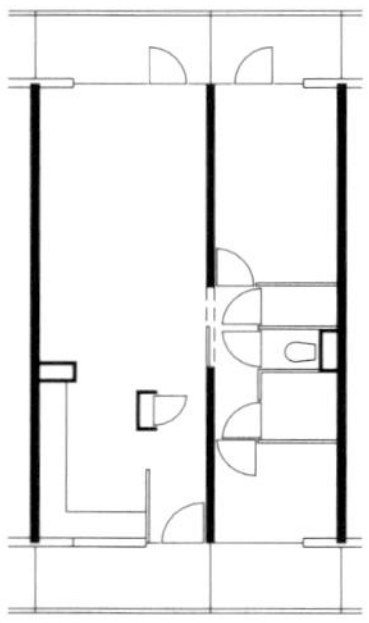

bnr 907

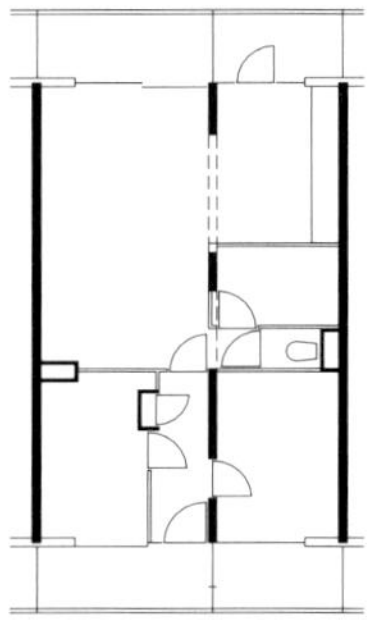

bnr 735

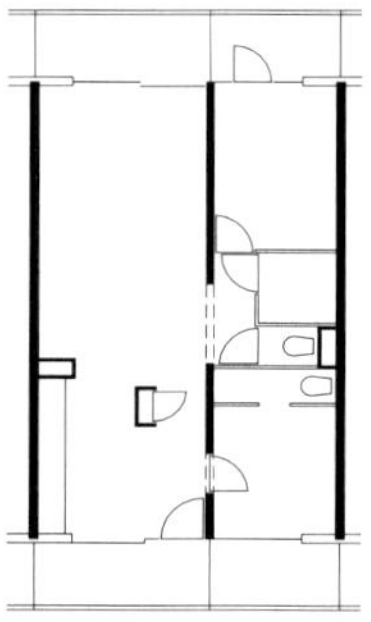

bnr 824

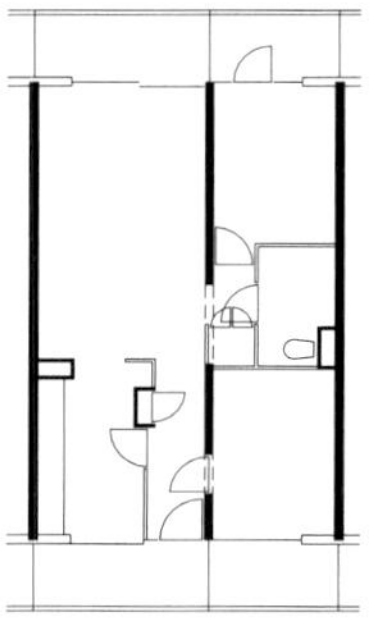

bnr 418

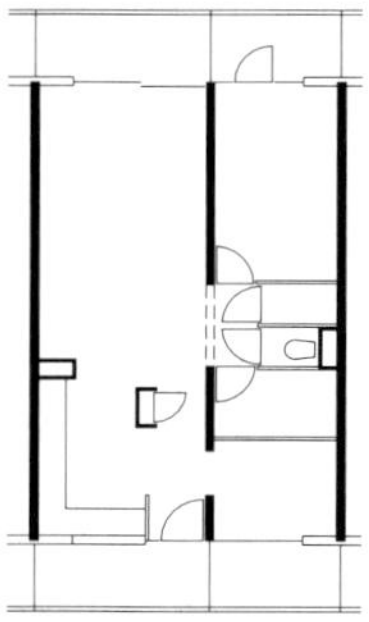

bnr 630

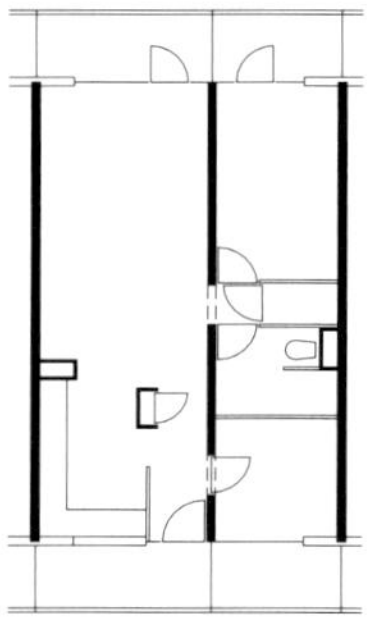

bnr 118

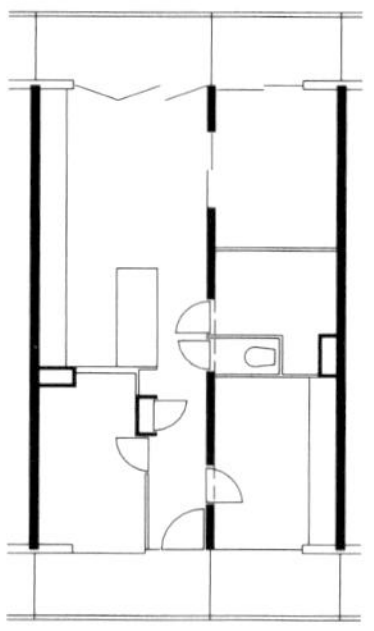

bnr 311

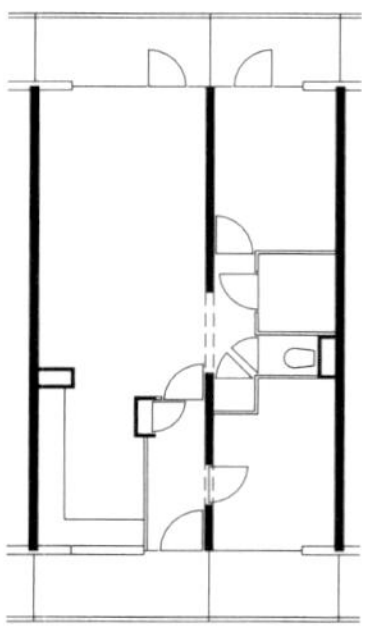

bnr 312

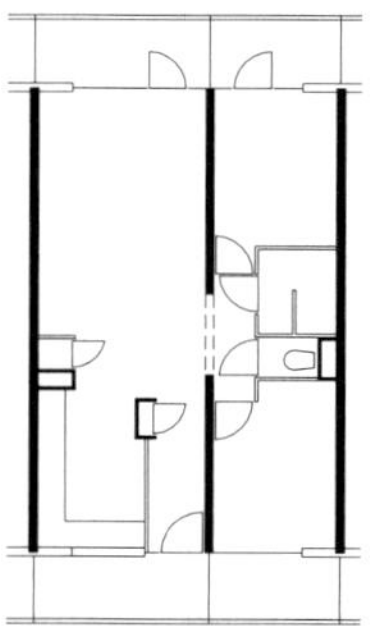

bnr 718

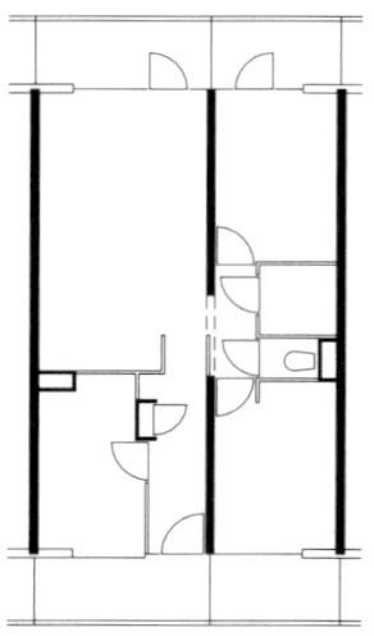

bnr 412

NL Architects/XVW architectuur, selectie typen plattegronden appartementen in DeFlat Kleiburg, Amsterdam

NL Architects/XVW architectuur, selection of floor plan types for apartments in DeFlat Kleiburg, Amsterdam
Tekening/Drawing: XVW architectuur

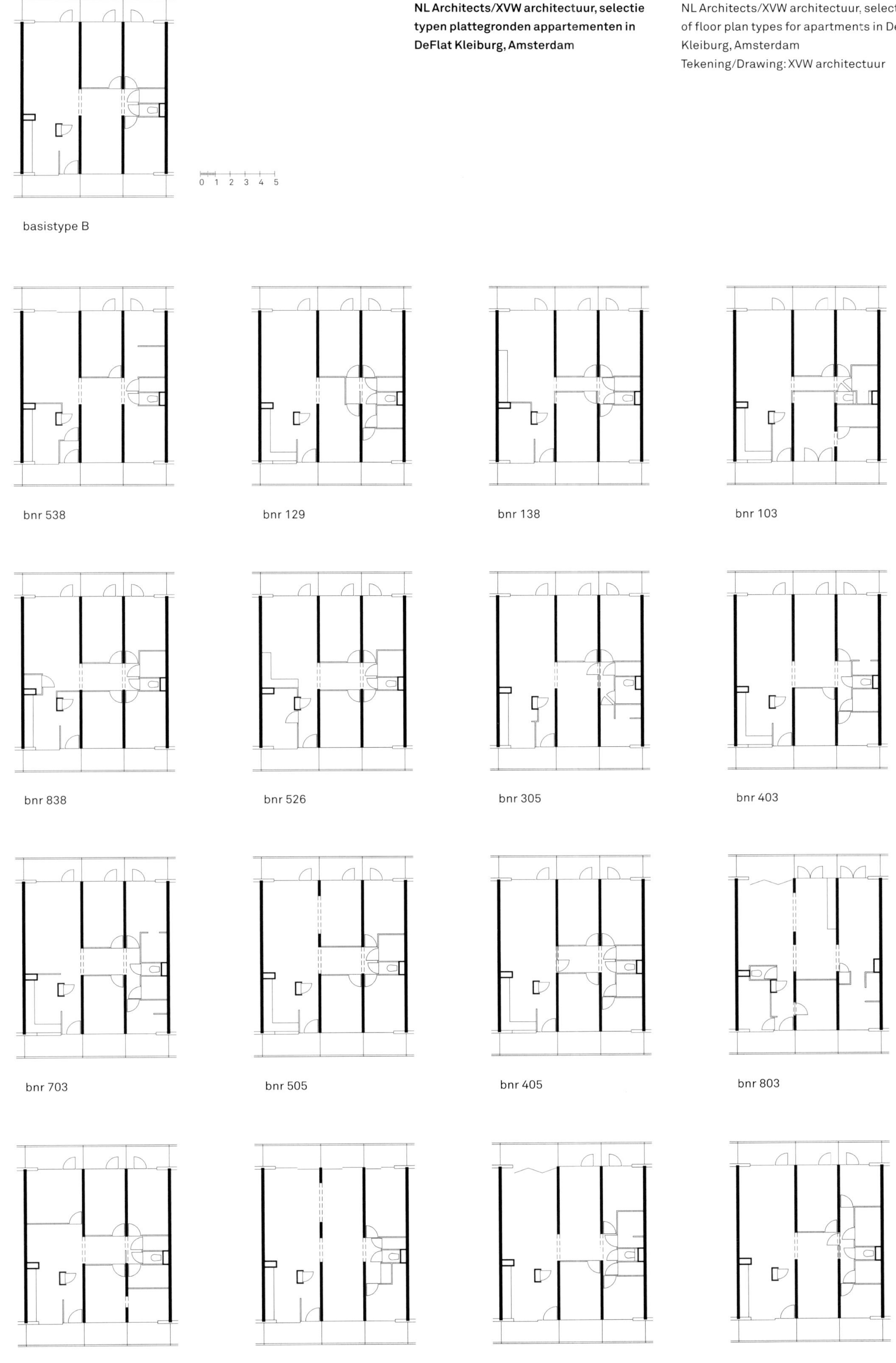

architectuur, die hij onder meer herkent in de gotiek en het maniërisme. Ze gaat het gevecht aan met de bestaande architectuurtaal, maar het uiteindelijke doel ervan is geen complete revolutie. Veeleer wil de experimentele architectuur verschuivingen, barsten en nieuwe ladingen aanbrengen in de bestaande code. Het architectuurproject krijgt daardoor een ondervragend of onderzoekend karakter, het is geen statement. In de Nederlandse architectuur zijn beide benaderingen wellicht steeds aan het werk geweest, maar de voorbije jaren lijkt het zwaartepunt toch te verschuiven van een diepgeworteld idee dat architectuur primair een avant-garde-activiteit is, naar een meer experimentele benadering van de architectuur.

In het ontwerp van Holtrop wordt de topografie van het fort geherinterpreteerd, in het baken voor Nieuw Bergen herdefinieert Monadnock de historie van Limburgse torens en bij NL Architects wordt de relatie tussen rationele architectuur en de praktijken van de bewoners van een nieuwe semantische lading voorzien. Het territorium, de tijd en het handelen verschijnen hier als bronnen die al aanwezig waren en die door middel van het architectuurproject worden ontsloten, geactiveerd en beheerd. In de ontwerpen lijkt er bovendien een veronderstelling te schuilen dat deze bronnen zich niet beperken tot het singuliere architectuurproject, maar een gemeenschappelijk karakter hebben. Het territorium, de tijd en het handelen strekken zich uit tot ver voorbij de materiële, ruimtelijke en temporele grenzen van het enkele ontwerp. Het project is een omgaan met deze gemeenschappelijke bronnen.

Zijn de aanzetten die we in deze projecten ontdekken de voorafspiegeling van een bredere nieuwe invulling van architectuurproject? Kunnen we de interventies van architecten in de toekomst beschouwen als het ontgrendelen en beheren van zo belangrijke gemeenschappelijke bronnen als het territorium, de tijd en het handelen? Zo lijkt het wel, maar er is dringend behoefte aan meer reflectie, discours en zelfs theorie over zo een nieuw begrip van het architectuurproject.

Een architectuur van de commons

Welke noties kunnen we gebruiken om het karakter van het nieuwe project als ingrijpen in een gemeenschappelijkheid te duiden? Nederland heeft sinds de Middeleeuwen een interessante landschapsterm voor zo'n gemeenschappelijkheid: de 'meent' of wat in het Engels de 'commons' wordt genoemd. De figuur van de meent verwijst tegelijkertijd naar gemene gronden in het landschap, een weide of grond die in gemeenschappelijk bezit is. Maar ze refereert ook aan het gezamenlijke gebruik van een landschapsdeel; aan hoe het collectief wordt onderhouden, bewerkt en genuttigd.[4] Gemeenschappelijke bronnen en gemeenschappelijk handelen worden in de notie van de meent samengebracht en onlosmakelijk met elkaar verbonden. De notie van de meent of commons biedt wellicht een eerste aanknopingspunt om zo'n nieuwe definitie van het project te ontwikkelen. Een architectuur van de 'commons' moet tegen deze achtergrond begrepen worden als een interventie in deze gemene bronnen en in de reeks van collectieve handelingen die ertoe behoren.

Deze definitie van de architectuur als het omgaan met beschikbare bronnen doet haast denken aan het discours over duurzaamheid. Maar het interessante van de eerdergenoemde ontwerpen is dat ze niet gaan over energiestromen of -gebruik, maar over bronnen als het territorium, de meervoudige tijd en het menselijke handelen in de gebouwde omgeving. Ze illustreren hoe het architectuurproject kan worden begrepen als het cultiveren van die gemeenschappelijke bronnen door ze accommoderen, te transformeren en te activeren. De architectuur geeft zo vorm aan de commons, maar ze is er ook uit gevormd. Ze wordt

with experimental architecture, which he recognizes in, among others, the Gothic and Mannerism. It does battle with the existing architectural language, but its eventual aim is not a complete revolution. Rather, experimental architecture aims to introduce shifts, cracks and new connotations into the existing code. As a result, the architectural project takes on an interrogative or investigative character; it is not a statement. Both approaches may still be at work in Dutch architecture, but in recent years the centre of gravity seems to have shifted from a deep-rooted notion that architecture is primarily an avant-garde activity, to a more experimental approach to architecture.

In the design by Holtrop, the topography of the fort is reinterpreted, in the landmark for Nieuw Bergen, Monadnock redefines the history of Limburg towers and in NL Architects' project, the relation between rational architecture and the practices of the residents is given a new semantic connotation. Territory, time and action appear here as immanent resources that are unlocked, activated and managed by the architectural project. The designs also seem to contain an assumption that these resources are not confined to the singular architectural project, but have a communal character. Territory, time and action extend beyond the material, spatial and temporal boundaries of the individual design. The project is a process of working with these communal resources.

Are the impulses we detect in these projects the prefiguration of a broader new interpretation of the architectural project? Can we in future regard the interventions of architects as the unlocking and management of such important communal resources as territory, time and action? It would seem so, but there is an urgent need for more reflection, discussion and even theory about such a new conception of the architectural project.

An architecture of the commons

What notions can we use to interpret the character of the new project as interventions in a communality? Since the Middle Ages, the Netherlands has had an interesting landscape term for such a communality: the 'meent', the equivalent of the English 'common'. The related word 'commons' refers to land or resources belonging to or affecting the whole of the community. The notion of the 'meent' also refers to the communal use of a part of the landscape and to how it is collectively maintained, treated and used.[4] Communal resources and communal actions are brought together in the notion of the 'meent' and inextricably linked. Perhaps the notion of the 'commons' could offer an initial starting point from which to develop such a new definition of the project. Against this background, an architecture of the commons should be understood as an intervention in these common resources and in the series of collective actions that are part of them.

This definition of architecture as working with available resources is vaguely reminiscent of the discourse about sustainability. But what is interesting about the abovementioned designs is that they are not about energy flows or consumption, but about resources like territory, multiple time and human behaviour in the built environment. They illustrate how the architectural project can be understood as the cultivation of those common resources by way of accommodating, transforming and activating them. Thus architecture gives shape to the commons, but is also shaped by it. It becomes partner in and part of a common territory, time and action.

A new definition like this also entails a number of challenges. It requires a different articulation of the role of the architect. Architects will need to be seen less as the inventors of radical forms or atmo-

zo deelgenoot en onderdeel van een gemeenschappelijk territorium, tijd en handelen.

Een dergelijke nieuwe definitie brengt ook een aantal uitdagingen met zich mee. Ze vergt een andere articulatie van de rol van de architect. Architecten zullen minder moeten worden gezien als de bedenkers van radicale vormen of atmosferen en meer als de cultivators van een aantal bronnen die er altijd al geweest zijn: territorium, tijd, handelen, maar ook materialiteit, vorm en technische vaardigheid. Architectuur als een archaïsche bezigheid. De Franse dichter Paul Valéry schreef over zijn eigen werk: 'Ik beschouw mijn archaïsmen als vernieuwingen die zich al dan niet gaan bewijzen, afhankelijk van de voordelen die het gebruik biedt, en van de energie vanuit de actie en het veld.'[5]

Het laatste deel van het citaat van Valéry refereert aan een ander belangrijk aspect van een architectuur van de commons: ze is afhankelijk van het veld van gemeenschappelijke bronnen en handelen waarin ze intervenieert. Het feit dat architectuur afhangt van specifieke karakteristieken van het territorium, van verschillende tijdskaders of van het handelen van anderen, is in het verleden soms als negatief begrepen. Een nieuw begrip van het project zou juist de nadruk kunnen leggen op het cultiveren van die afhankelijkheid en het omgaan ermee tot inzet van de architectuur kunnen verheffen. Architectuur zou zo veel meer kunnen begrepen worden als het regisseren van die afhankelijkheden.

Tenslotte vraagt een andere definitie van het project ook om een nieuw soort architectuurkritiek die niet langer enkel formele vernieuwing of energetische duurzaamheid hoog in het vaandel draagt, maar het cultiveren van bronnen als het territorium, de tijd en het handelen als waardevolle criteria voor de beoordeling van het ontwerp ziet. Wat gebeurt er als we gebouwen vanaf nu beginnen te beoordelen vanuit het omgaan met de gemeenschappelijke bronnen die wij ter beschikking hebben? Brengt ons dat bij nieuwe criteria, denkkaders en benaderingen van de architectuur? Enkele projecten in dit Jaarboek bieden een aanzet tot een antwoord op dergelijke vragen. Het zijn verkenningen van wat zo'n nieuw begrip van het project kan betekenen. De krachtige aanwezigheid ervan nodigt uit tot verdere reflectie, debat en discours.

1 Tom Avermaete, Klaske Havik en Hans Teerds (red.), *Over territoria* (*Oase* #80), Rotterdam 2009, p. 2.
2 Paul Ricoeur, *Time and Narrative. Volume 1*, Chicago 2009, vert. van *Temps et récit*, Parijs 1983.
3 Manfredo Tafuri, *Progetto e utopia. Architettura e sviluppo capitalistico*, Rome/Bari 1973; Nederlandse vertaling door Umberto Barbieri: *Ontwerp en Utopie. Architektuur en ontwikkeling van het kapitalisme*, Nijmegen 1978. Voor een verdere bespreking van deze gedachtelijn zie Mikael Bergquist, 'Transformation', in: Gert Wingårdh en Rasmus Waern (red.), *Crucial Words*, Bazel 2008, p. 172.
4 Anton Kos, *Van meenten tot markten*, Hilversum 2010.
5 Geciteerd door Vittorio Magnago Lampugnani, in: *Codes en Continuïteiten* (*Oase* #92), Rotterdam 2014, p. 23, oorspr. uit: Paul Valéry, 'The Crisis of the Mind, in: Jackson Mathews (red.), *The Collected Works of Paul Valéry*, vol. 10: *History and Criticism*, New York 1962.

spheres, and more as the cultivators of a number of resources that have always been there: territory, time, action, as well as materiality, form and technical skill. Architecture as an archaic activity. The French poet Paul Valéry, writing about his own work, commented: 'I consider my archaisms innovations which may or may not establish themselves, depending on the advantages of use and on the energy of action and the field.'[5]

The second part of that quotation points to another important aspect of an architecture of the commons: it is dependent on the field of common resources and actions in which it intervenes. In the past, the fact that architecture depends on specific characteristics of the territory, on different time frames, or on the actions of others, has sometimes been negatively interpreted. A new conception of the project could instead emphasize the cultivation of that dependence and elevate working with it to the objective of architecture. Architecture could in this way be understood more as the coordination of those dependencies.

Finally, a different definition of the project also calls for a new kind of architecture criticism; one that no longer confines its accolades to formal innovation or energy-related sustainability, but regards the cultivation of resources like territory, time and action as valuable criteria in judging a design. What would happen if we were from now on to judge buildings on the basis of the way they deal with the common resources we have at our disposal? Would that lead us to new criteria, conceptual frameworks and approaches for architecture? Some of the projects in this Yearbook provide a starting point for an answer to such questions. They are explorations of what such a new conception of the project might entail. Their powerful presence invites further reflection, debate and discourse.

1 Tom Avermaete, Klaske Havik and Hans Teerds (eds.), *On Territories* (*Oase* #80), Rotterdam 2009, p. 2.
2 Paul Ricoeur, *Time and Narrative. Volume 1*, Chicago 2009, translated from the French, *Temps et récit*, Paris 1983.
3 Manfredo Tafuri, *Progetto e utopia. Architettura e sviluppo capitalistico*, Rome/Bari 1973. For a further discussion of these ideas, see: Mikael Bergquist, 'Transformation', in: *Crucial Words*, eds. Gert Wingårdh and Rasmus Waern, Basel 2008, p. 172.
4 Anton Kos, *Van meenten tot markten*, Hilversum 2010.
5 Quoted by Vittorio Magnago Lampugnani, in: *Codes and Continuities* (*Oase* #92), Rotterdam 2014, p. 24, orig. from Paul Valéry, 'The Crisis of the Mind', in: *The Collected Works of Paul Valery*, ed. Jackson Mathews, vol. 10: *History and Criticism*, New York 1962.

RAAAF

End of Sitting

Looiersgracht 60
Amsterdam

Foto van/Photo from: **video by Barbara Visser**

Foto's/Photos: **Jan Kempenaers**

Van *homo erectus* naar *homo sedens*, zo zou je de evolutie van de mens gedurende de afgelopen honderdvijftig jaar kunnen omschrijven. Thuis, op kantoor en in de auto: we zijn voortdurend gezeteld, terwijl medisch onderzoek heeft aangetoond dat te veel zitten ongezond is.
In opdracht van het Atelier Rijksbouwmeester heeft RAAAF in samenwerking met beeldend kunstenaar Barbara Visser een ruimtelijke installatie ontworpen op het snijvlak van architectuur, kunst en empirische wetenschap, die onze zitcultuur bevraagt, uitdaagt om nieuwe houdingen aan te nemen en als zodanig fungeert als 'laboratorium'. De crux van het ontwerp is dat de focus verschoven wordt van de archetypische werkplek (stoel en tafel) naar het denken vanuit activiteiten. Het sculpturale 'rotslandschap' biedt gebruikers een scala aan mogelijkheden om te staan, hangen en liggen – passend bij de verschillende taken op de werkvloer: concentreren, vergaderen en informeel overleg. De gangpaden bestaan uit hellende vlakken ter ondersteuning van de voeten tijdens het leunen. Het landschap is zo vormgegeven dat je ongeveer een uur comfortabel kunt werken, waardoor je als vanzelf gedurende de dag van positie wisselt.
The End of Sitting is een eerste stap in een langdurig experiment waarin mogelijkheden worden verkend voor een radicale verandering van de werkomgeving voor het jaar 2025. Na de installatie in het Amsterdamse kunstcentrum Looiersgracht 60, waar door onderzoekers van de Rijksuniversiteit Groningen wetenschappelijk onderzoek is verricht, is het ontwerp doorontwikkeld tot een reizende installatie, die onder meer te zien was op de Architectuur Biënnale in Chicago 2015.

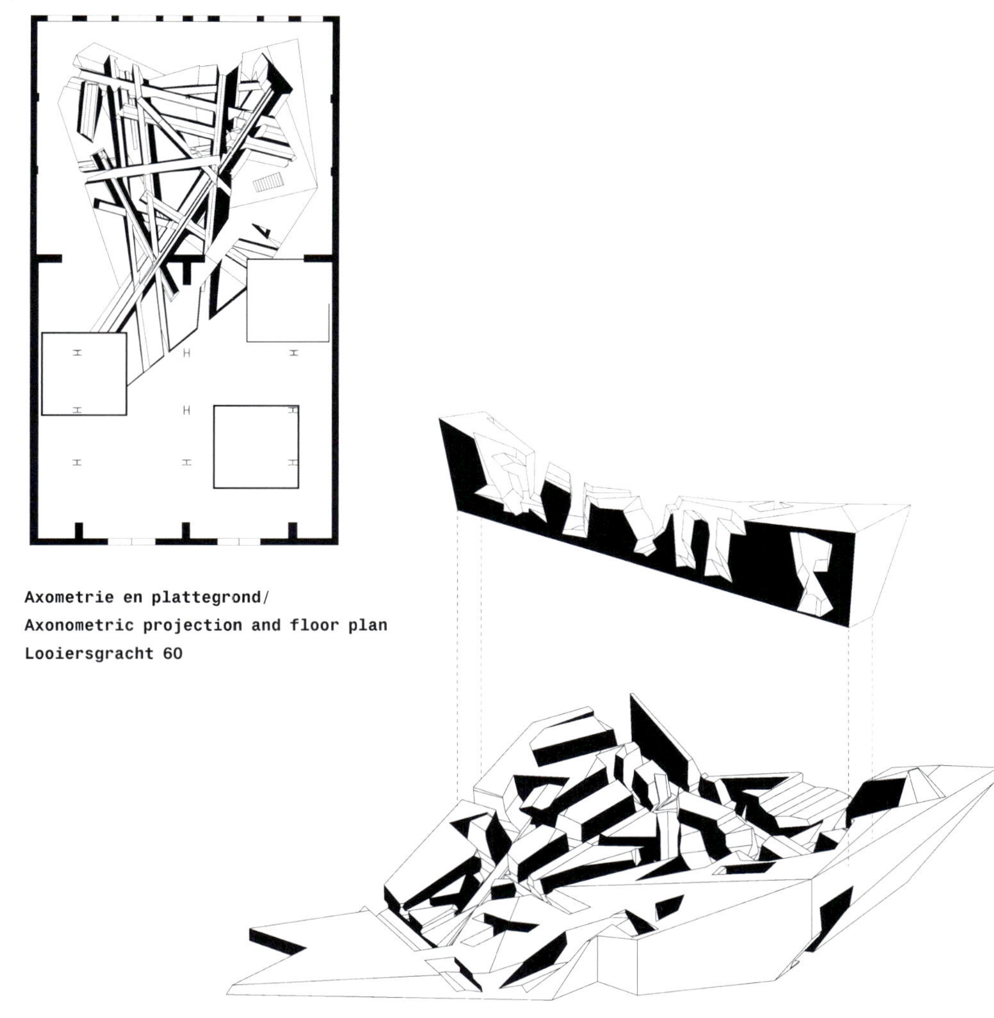

Axometrie en plattegrond/
Axonometric projection and floor plan
Looiersgracht 60

From *homo erectus* to *homo sedens*, is one way of describing human evolution during the past one hundred-and-fifty years. At home, at the office and in the car: we are forever seated, even though medical research has shown the too much sitting is unhealthy.
At the request of the Atelier Rijksbouwmeester, RAAAF and the visual artist Barbara Visser designed a three-dimensional spatial installation at the interface of architecture, art and empirical science, which interrogates our culture of sitting, challenges us to adopt new attitudes and in the process acts as a 'laboratory'. The crux of the design is a shift in focus from the archetypal workstation (chair and desk) to an activity-based approach. The sculptural 'rocky landscape' offers users a wide range of options for standing, lounging and lying, as appropriate to the various tasks on the office floor: concentrated work, meetings and informal consultations. The aisles consist of sloping surfaces to support the feet during leaning. The landscape is so designed that you can work comfortably for about an hour, so that you are automatically prompted to change position during the course of the day.
The End of Sitting is the first step in a long-term experiment exploring the possibilities for a radical transformation of the working environment by the year 2025. After its initial outing in the Amsterdam Looiersgracht 60 art space, where scientific studies were carried out by researchers from Groningen University, the design was developed further into a travelling installation that was first shown at the Chicago Architecture Biennial in 2015.

Geurst & Schulze architecten

MFSA De Sportmotor

Jan Ligthartstraat 95
Rotterdam

Foto's/Photos: **Stefan Müller**

Geurst & Schulze ontwikkelde een gebouw waarin een gymzaal, fitnessruimte en zorgvoorziening op de begane grond, diverse sport-ondersteunende faciliteiten op de eerste verdieping en een wedstrijdhal met horecavoorziening op de tweede verdieping zijn gehuisvest. Een ontwerpprobleem was om een stedelijke architectuur te vinden voor een programma dat uit gesloten volumes bestaat. De ontsluiting van de gevraagde ruimten loopt langs twee buitengevels. De gangen zijn daardoor eenzijdig georiënteerd en kunnen in gedeelten worden afgesloten. De begane grond, verdieping en de wedstrijdhal, die ook voor buurtactiviteiten wordt gebruikt, zijn eenvoudig afzonderlijk van elkaar te gebruiken. De verschillen in vrije overspanning en in de hoogten van de diverse programmaonderdelen leidden in het ontwerp tot de introductie van een driedimensionaal raster. Horizontale en verticale maten zijn steeds een veelvoud van dit grid, waardoor het mogelijk was om ongelijkvormige programmaonderdelen te stapelen. Volgens de ontwerpers is het tevens een van de voorwaarden voor de gebruiksflexibiliteit op lange termijn. Het grid regelt daarnaast de krachtige, minimale esthetiek van de interieurs en de gevels. Betonnen vloeren, balken en kolommen en houten betimmeringen verlenen het interieur een stoffelijk karakter dat contrasteert met de zakelijke vormgeving die eigen is aan veel sportcomplexen. Buiten is het raster aangeduid in het metselwerk van de gevelbekleding. Resultaat is een rationeel en robuust ontwerp dat zich enerzijds rekenschap geeft van de architectuur van de naastgelegen bedrijfspanden en anderzijds de soliditeit van de Rotterdamse baksteentraditie en de openbare interieurs daarbinnen opzoekt.

Geurst & Schulze designed a building that houses a gym, fitness studio and health care facilities on the ground floor, various sport-related facilities on the first floor, and a competition hall plus café on the second floor. One of the problems facing the designers was to come up with an urban architecture for a programme consisting of closed volumes. Access to the required spaces has been located along two outer walls. The resulting single-loaded corridors can be closed off in sections, allowing the ground floor, first floor and competition hall, which also host local community activities, to be used independently of one another. The differences in clear span and in the heights of the various programme components prompted the introduction into the design of a three-dimensional grid. All horizontal and vertical measurements are a multiple of this grid, thereby making it possible to stack dissimilar programme volumes. According to the architects, it is also one of the preconditions for long-term functional flexibility. The grid also informs the powerful, minimal aesthetic of the interiors and the elevations. Concrete floors, beams and columns and wooden panelling lend the interior a material character that contrasts with the no-frills design usually encountered in sports complexes. On the outside the grid is expressed in the brickwork of the facade cladding. The end result is a rational and robust design that on the one hand responds to the architecture of the neighbouring commercial buildings, and on the other hand gravitates towards the solidity of Rotterdam's brick tradition and its public interiors.

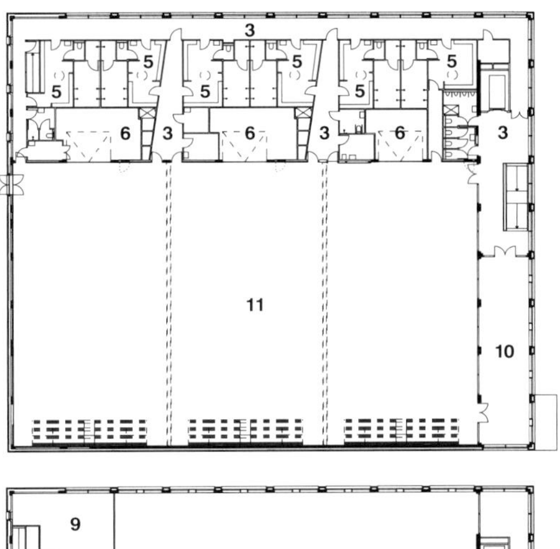

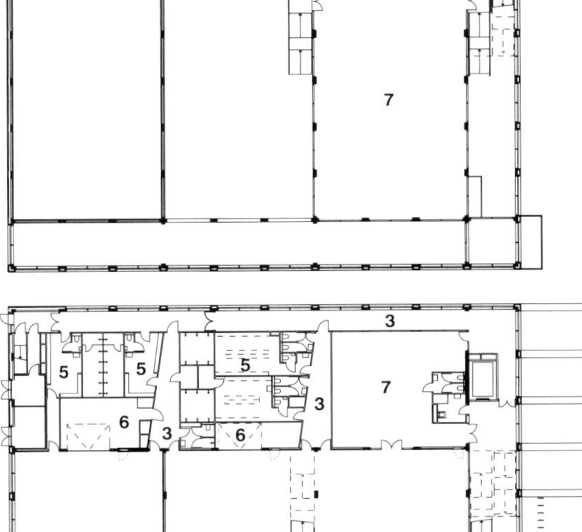

Doorsnede/Section

Tweede, eerste verdieping, begane grond/Second, first, ground floor

1 hoofdentree/main entrance
2 huismeester/caretaker
3 centrale hal/central hall
4 gymzaal/gym
5 kleedruimte/changing room
6 berging/storage
7 verhuurbare ruimte/leasable space
8 jury/docentenruimte/ jury/lecturers' room
9 techniek/utility room
10 horeca wedstrijdhal/ competition hall café
11 wedstrijdhal/competition hall

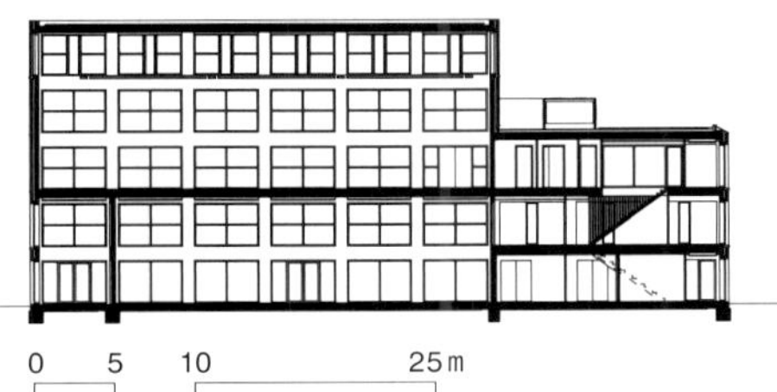

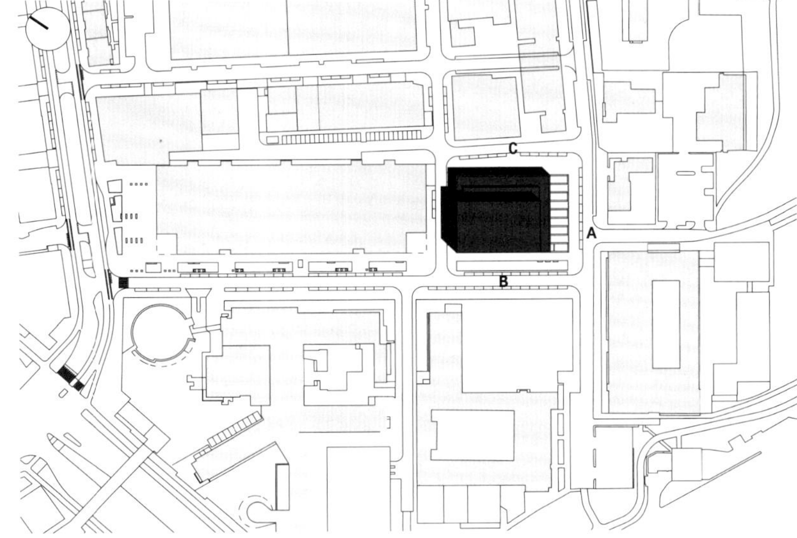

Situatie/Site plan

A Jan Ligthartstraat
B Montessoriweg
C Cilinderstraat

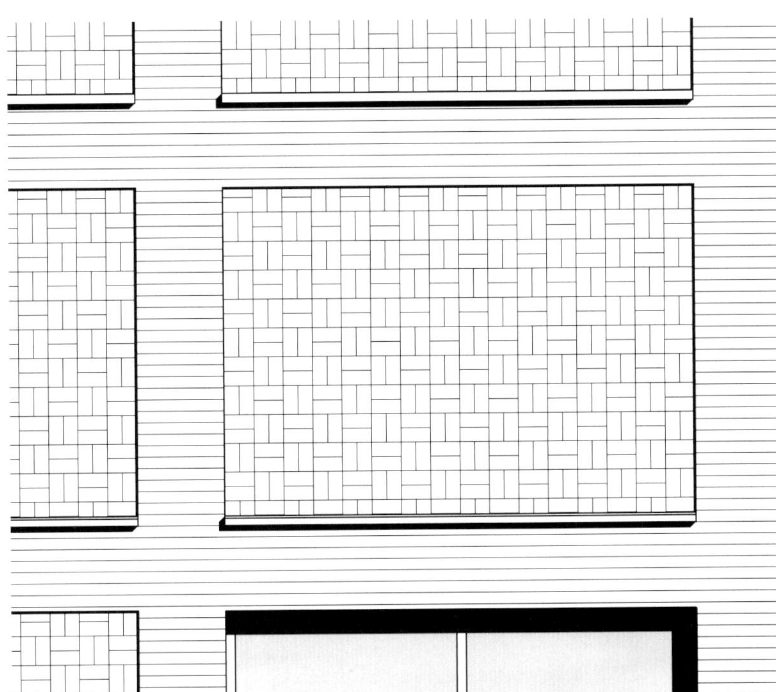

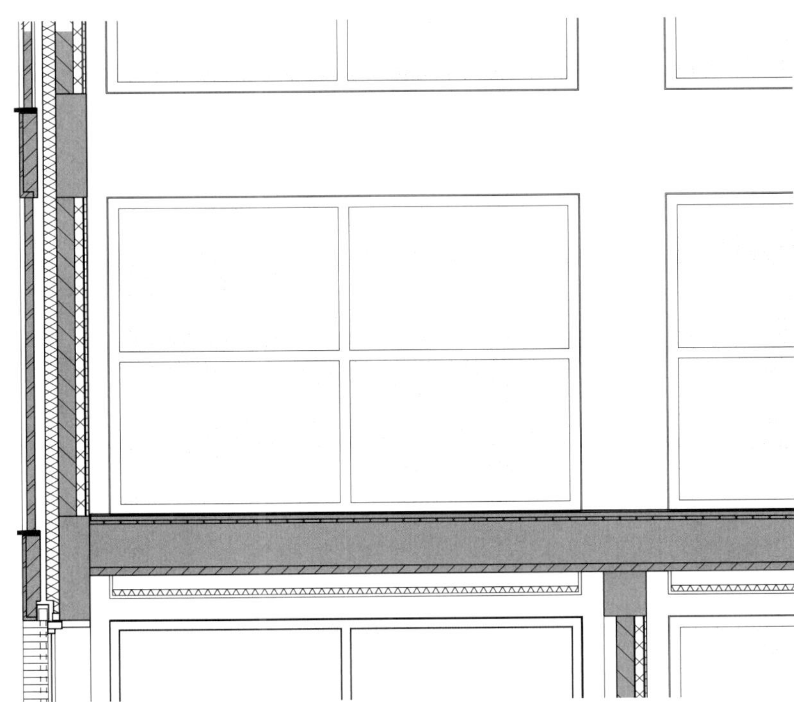

Gevelfragment Cilinderstraat en doorsnede van binnengevel/

Detail of Cilinderstraat elevation and section of inner elevation

Studio Rolf.fr/ Niek Wagemans

House of Rolf

1e korte Baanstraat 7
Utrecht

De verbouwing van dit voormalige koetshuis tot zijn eigen woning is ontstaan vanuit Rolf Bruggінks fascinatie voor het fenomeen transformatie. Wat begon met twee praktische problemen (de vervallen barak naast het koetshuis moest weg en er was materiaal nodig om een nieuw interieur te bouwen) is verheven tot een poëtisch plan, waarbij de barak in zijn geheel is omgevormd tot een sculpturaal interieur. Stelregel daarbij was dat alle beschikbare materialen verwerkt zouden worden, van het geteerde dakbeschot en de houten kozijnen tot de tl-armaturen en de kliklijsten.
De bestaande spantstructuur van het koetshuis volgend, is de woning in drie gelijke stukken onderverdeeld: een dubbelhoog 'voorhuis', dat de entree combineert met expositieruimte; een middengedeelte met het interieurobject dat ruimte biedt aan de keuken, slaap- en badkamer, kleedruimte en een werkplek met ingebouwd ligbad; en het 'achterhuis' met de woonkamer.
Het interieur heeft Bruggink samen met ontwerper Niek Wagemans gebouwd. De vernieuwing van hun werkwijze schuilt zowel in de manier waarop specifieke materiaaleigenschappen worden benut (zoals het draagvermogen van de stalen radiatoren, die als liggers zijn gebruikt) als in de bewerking van de sloopmaterialen. Deze worden niet als vintage behandeld, maar zijn vrijelijk verzaagd, geschuurd en geschaafd, om ze vervolgens te verwerken in strakke vlakken.
De transformatie heeft niet alleen een avontuurlijk huis opgeleverd, maar laat ook op overtuigende wijze de potentie van 'kansloze' leegstaande gebouwen en weinig gewaardeerde materialen zien.

Foto's/Photos: **Christel Derksen en Rolf Bruggink**

The conversion of this former coach house into the architect's own home has its origins in Rolf Bruggink's fascination with the phenomenon of transformation. What began with two practical problems (the dilapidated neighbouring hut had to be demolished and material was needed for a new interior) was elevated into a poetic plan that has seen the entire hut transformed into a sculptural interior. The guiding principle was that all the available materials should be incorporated, from tarred roof boarding and timber frames to the strip lights and glazing beads.
In accordance with the existing coach house truss structure, the dwelling was divided into three equal parts: a double-height 'front house' combining entrance and exhibition space; a middle section with an 'interior object' housing the kitchen, bed- and bathroom, dressing room, and a work space with built-in bathtub; and the 'rear house' containing the living room.
Bruggink built the interior together with designer Niek Wagemans. The innovative aspect of their approach lies both in the way specific material properties are exploited (such as the load-bearing capacity of the steel radiators, which were used as girders) and in the handling of the scrap materials. Rather than treating them as vintage, they were freely sawn, sanded and planed and then incorporated into taut surfaces.
The transformation process has not only delivered an adventurous house, but has also persuasively demonstrated the potential of 'written-off' vacant buildings and undervalued materials.

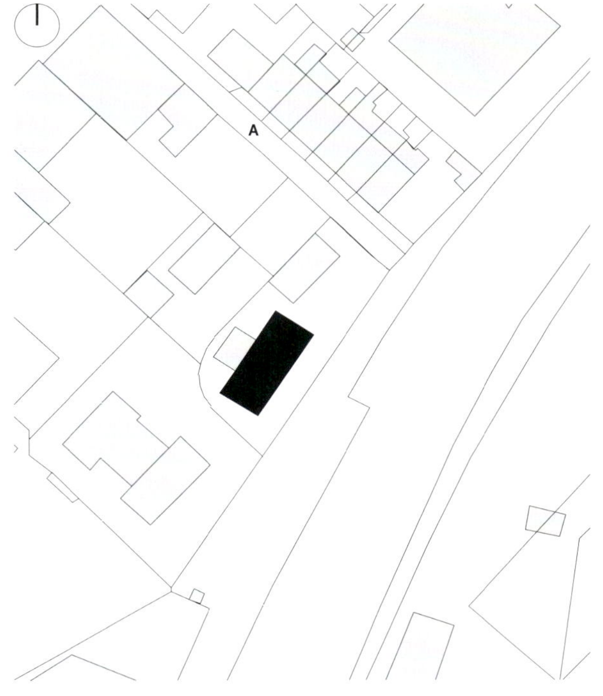

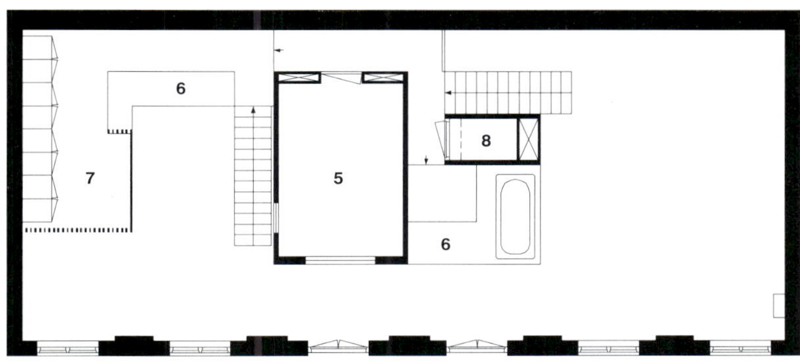

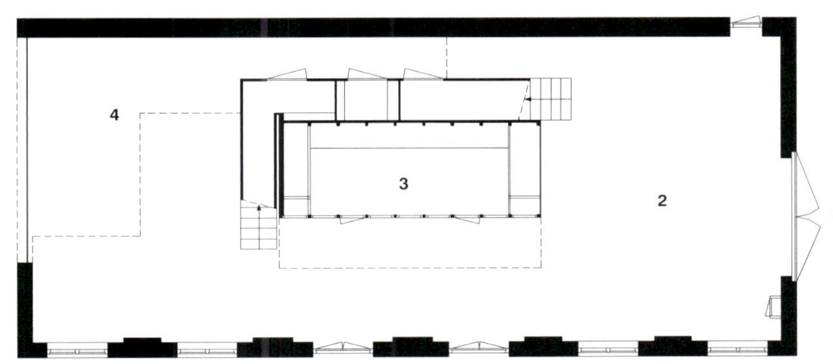

Situatie/Site plan
A 1e Korte Baanstraat

Eerste verdieping, begane grond/
First, ground floor
Doorsnede/Section

1 entree/entrance
2 atelier
3 keuken/kitchen
4 woonkamer/living room
5 slaapkamer/bedroom
6 bureau/desk
7 kast/cupboard
8 douche/shower

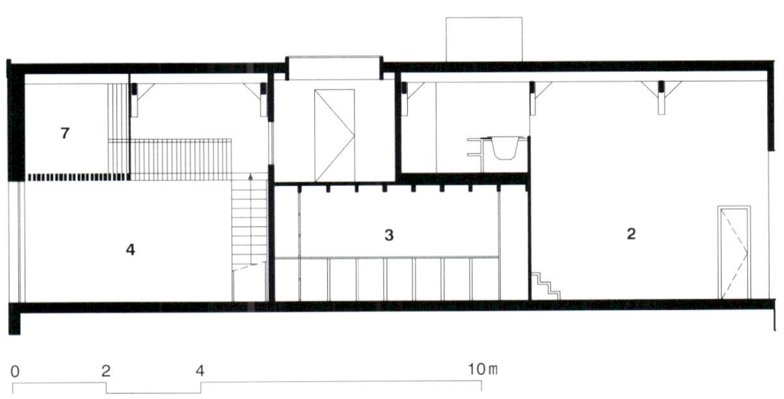

van Dongen-Koschuch

Schouwburg de Kampanje
De Kampanje Theatre

Willemsoord 30
Den Helder

Foto/Photo: **Peter van Aalst**

Foto's/Photos: **Allard van der Hoek**

Onder het motto 'het goud van Den Helder' heeft van Dongen Koschuch architecten een plan gemaakt om schouwburg de Kampanje te huisvesten op de voormalige marinewerf Willemsoord en de potentie van het terrein voor deze krimpstad te verzilveren. In opdracht van Napoleon werd hier in de negentiende eeuw een complex van gebouwen opgetrokken rond een dok. In 2000 heeft de marine het terrein verlaten, nu wordt het getransformeerd tot een nieuw stuk stad, waarin de schouwburg een sleutelrol vervult.
Om de kathedrale kwaliteit van de monumentale ketelmakerij zo min mogelijk aan te tasten, is een 'onzichtbaar' ontwerp gemaakt voor een glazen zaal. Deze is uiterst precies tussen de stalen spantconstructie ingepast, waarbij de benodigde installaties onder de vloer zijn weggewerkt terwijl de goudkleurige toneeltoren – de enige toevoeging aan het exterieur – als een kroon op de hal is geplaatst.
De houten luiken in de zaal hebben een akoestische functie, maar maken ook dat de ruimte op talloze manieren te programmeren is: de besloten concertkamer kan in een handomdraai omgetoverd worden tot een halfopen toneeldecor of een transparante conferentiezaal. Tegelijk wordt de rondom gelegen foyer op deze manier bij de zaal betrokken: het flanerend publiek en de architectuur van de oude hal worden onderdeel van het theater.
De glazen zaal draagt dit project; de uitwerking van de multifunctionele Stadshal, de vlakkevloerzaal, het restaurant en kantoorruimten overtuigt minder, met name doordat een heldere ontsluitingsstructuur ontbreekt.

Under the motto 'Den Helder's gold', the architects of van Dongen Koschuch produced a plan to house the Kampanje Theatre in the former Willemsoord naval dockyard and to realize the potential of the site for this shrinking city. It was in the nineteenth century, at the behest of Napoleon, that a complex of naval buildings was erected around a dock here. The navy departed the scene in 2000 and the site is currently being converted into a new piece of city in which the theatre plays a pivotal role.
In order to impact as little as possible on the cathedral-like quality of the monumental boilermaking factory, the architects produced an 'invisible' design for a glass auditorium. This was very precisely inserted between the steel truss construction, with the necessary services being concealed beneath the floor, while the golden fly tower – the only addition to the exterior – was perched like a crown on top of the hall.
The wooden shutters in the auditorium serve an acoustic function, but also mean that the space can be programmed in a number of different ways: the closed concert hall can be converted into a semi-open stage setting or a transparent conference hall in a matter of minutes. Similarly, the foyer can be drawn into the auditorium: promenading members of the audience and the architecture become part of the theatre.
It is the glazed auditorium that carries this project; the elaboration of the multifunctional Stadshal, the black box theatre, the restaurant and offices is less convincing, mainly because of the lack of a clear access structure.

Doorsnede/Section

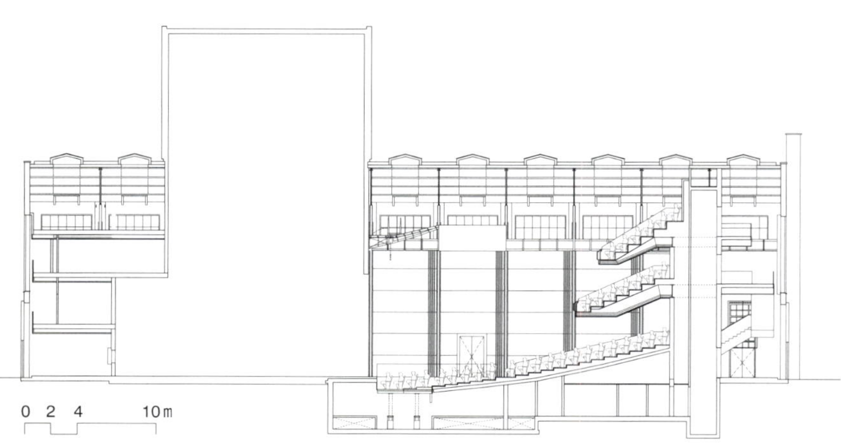

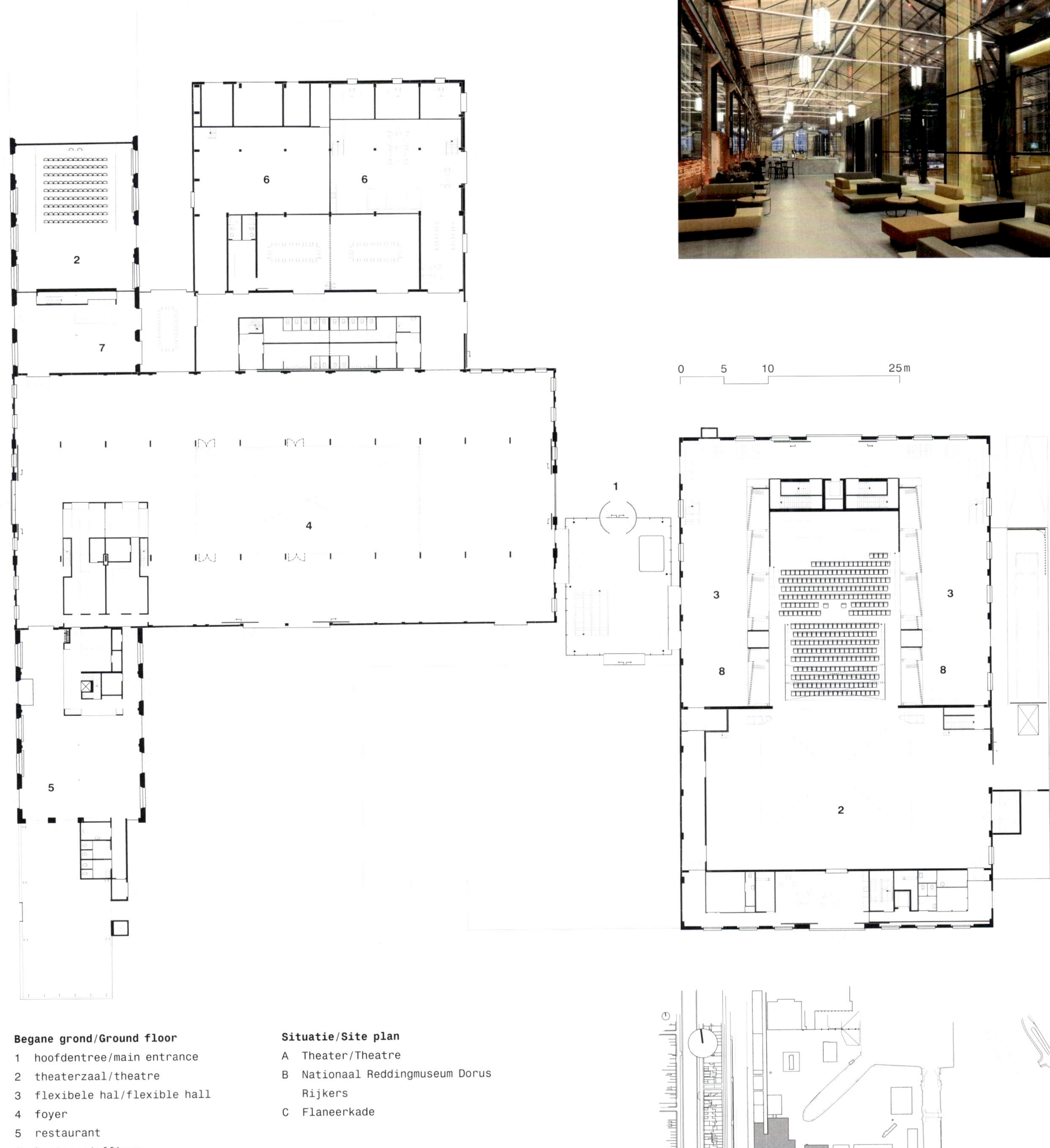

Begane grond/Ground floor

1 hoofdentree/main entrance
2 theaterzaal/theatre
3 flexibele hal/flexible hall
4 foyer
5 restaurant
6 kantoren/offices
7 bar

Situatie/Site plan

A Theater/Theatre
B Nationaal Reddingmuseum Dorus Rijkers
C Flaneerkade

studio PROTOTYPE

Villa Schoorl

Omloop 20
Schoorl

Foto's/Photos: **Jeroen Musch**

Villa Schoorl is een eigenzinnige herinterpretatie van de monumentale, zwartgeteerde boerderijen die het Noord-Hollandse landschap kenmerken. Regelgeving schreef voor dat op deze plek, aan de rand van de duinen, een 'boerenschuur' moest komen. Studio PROTOTYPE heeft deze beperking creatief aangewend en ontwierp een familiewoning met een strak, sculpturaal silhouet en een geheel eigen materialiteit. Het huisjes-in-een-huis-concept is een antwoord op het verlangen van de opdrachtgevers naar een woning die beslotenheid biedt, terwijl deze volledig open is richting het omringende landschap. De gevraagde functies (bibliotheek, atelier, muziekkamer, slaapkamers, berging) zijn in zes afzonderlijke volumes ondergebracht, die dwars door het dak in het hoofdvolume gestoken zijn. Een centrale as verbindt deze ruimten met elkaar, met in het midden de woonkeuken, van waaruit twee trappen naar boven leiden.
De huisjes hebben elk een eigen sfeer door het gebruik van verschillende materialen, in ton-sur-ton-kleuren: gepolijste betonnen vloeren tegenover ruwe plafonds waarin het reliëf van de bekisting zichtbaar is; glanzend leemstuc – nauwelijks te onderscheiden van het blauwstaal dat voor de grote bibliotheekkast is gebruikt; wanden van gebeitst esdoornhout naast muren bekleed met zachtgrijs vilt.
Het project onderscheidt zich door de uiterst zorgvuldige afwerking en de vele 'prototypes' die de architecten speciaal hiervoor ontwikkelden, zoals de dakramen die om de hoek doorlopen, de geperforeerde luiken en de markante kopgevel, vervaardigd uit een enkele plaat gecoat blauwstaal.

Villa Schoorl is an idiosyncratic reinterpretation of the monumental, black-tarred farmhouses characteristic of the North Holland landscape. Regulations stipulated the type of building acceptable for this site on the edge of the dunes: a 'barn'. Studio PROTOTYPE made a virtue of this limitation, designing a family home with a taut, sculptural silhouette and a very distinctive materiality. The houses-within-a-house concept is a response to the clients' desire for a house that provides privacy while remaining completely open to the surrounding landscape. The required functions (library, studio, music room, bedrooms, storage) are housed in six separate volumes inserted through the roof into the main volume. A central axis ties these spaces together, with the live-in kitchen in the centre, from where two stairs lead to the floor above.
Each of the 'houses' has its own ambience, generated by the use of different materials, in ton-sur-ton colours: polished concrete floors versus rough, board-marked ceilings; shiny clay plaster, scarcely distinguishable from the hot-rolled steel used for the big library bookcase; partition walls of stained maple next to walls covered with pale grey felt.
The project is distinguished by the extremely meticulous finishing and the many 'prototypes' the architects developed especially for this house, such as the skylights that continue around the corner, the perforated shutters and the striking end elevation fashioned from a single sheet of coated hot-rolled steel.

Situatie/Site plan
A Omloop

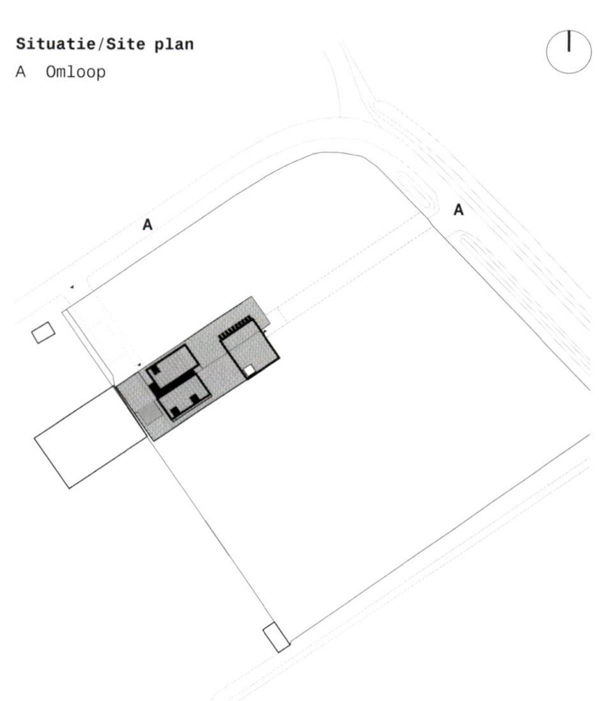

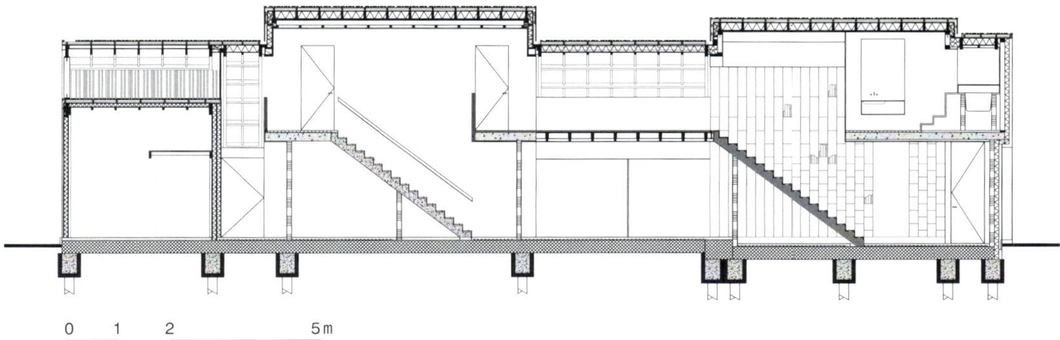

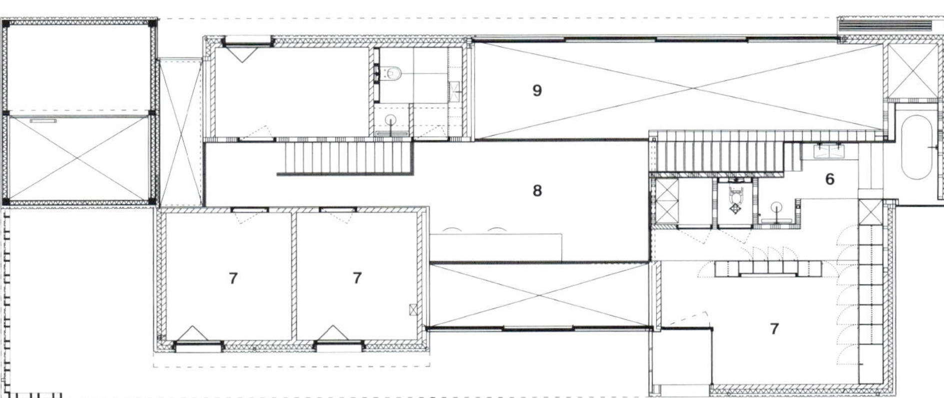

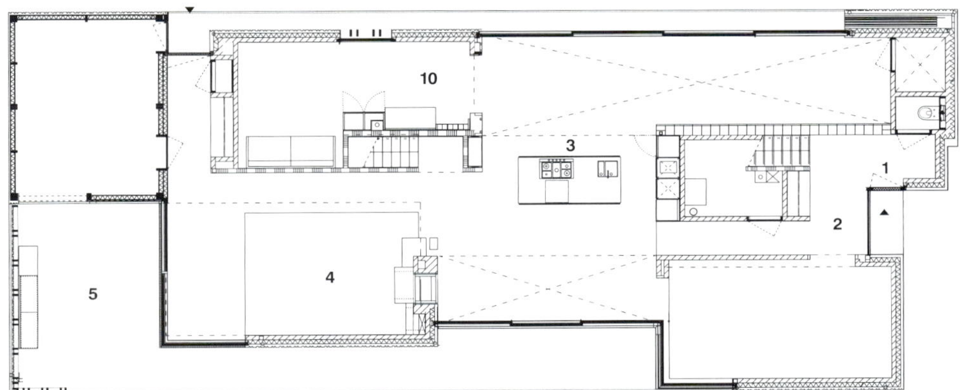

Doorsnede/Section
Eerste verdieping, begane grond/
First, ground floor

1 entree/entrance
2 hal/hall
3 keuken/kitchen
4 woonkamer/living room
5 patio
6 badkamer/bathroom
7 slaapkamer/bedroom
8 overloop/landing
9 vide/void
10 werkruimte/workspace

Uit de schaduw

Kirsten Hannema

In de coulissen van het podium voor Nederlandse architectuur staat een groep getalenteerde jonge ontwerpers te trappelen om het toneel te betreden. Acht crisisjaren hebben ze gewerkt aan dit stuk, aan een alternatieve praktijk, die gedurende de afgelopen periode langzaam gevoed is tijdens de debatten, workshops en studiereizen die ze ondernamen. De zaal gonst van verwachting: met wat voor verhaal zal het gezelschap komen?

De verrassing is groot als het doek opent en de acteurs het podium opkomen met in hun handen een baksteen, een kopgevel en het werk van het Schotse bureau Gillespie, Kidd & Coia. Baksteen: het banaalste materiaal dat je als architect kunt gebruiken. De kopgevel: doorgaans niet meer dan een blinde muur. Gillespie, Kidd & Coia – nog nooit van gehoord, zie je de mensen in de zaal denken, dus hoe interessant kan het zijn? Drie onspectaculaire onderwerpen, die nogal uit de toon vallen in een tijd waarin architectuur lijkt te draaien om *starchitects*, de coolste en nieuwste projecten die op Instagram en designblogs gepost worden, en de laatste innovaties op het gebied van bioplastics, robotisering en 3D-printen. Waarom zou je daar een voorstelling aan wijden?

Toch verschenen er recent publicaties over die de aandacht van het vakpubliek wisten te trekken. Twee bundels over baksteen: *Brick. An Exacting Material*, onder redactie van Jan Peter Wingender, lector aan de Amsterdamse Academie van Bouwkunst, en *Het Zinderend Oppervlak* van architect Koen Mulder, een echt 'freakboek' over patronen in metselwerkverband. *Koppen*, de vijfde uitgave in de zogenoemde *Freestyle*-serie van BNA Onderzoek, waarin architecten Marjolein van Eig en Lidwine Spoormans het fenomeen kopgevel verkennen. En de door Dennis Meijerink en Richard Proudley geschreven publicatie over Gillespie, Kidd & Coia – de veertiende editie van de reeks *Local Heroes*, die Office Winhov sinds 2010 online publiceert, over relatief onbekende architecten met een regionaal werkgebied.

Als 'toegift' is er nog *Het Ruimteboek*, een doorlopende, digitale publicatie van Marius Grootveld (Veldwerk Architecten, Antwerpen). Hiervoor reisde Grootveld als een 'parelvisser' langs meer dan duizend gebouwen over de hele wereld – verborgen juweeltjes, opgedoken uit de

Out of the Shadow

Standing in the wings of the Dutch architectural stage, a group of talented young designers waits impatiently to go on. For eight long crisis years they have worked on this piece – *An Alternative Practice* – during which time it has been fuelled by the debates, workshops and study trips they have undertaken. The auditorium is buzzing with anticipation: what sort of tale will the company present?

The surprise is thus great when the curtain opens and the actors come on stage carrying a brick, an end elevation and the work of the Scottish firm of Gillespie, Kidd & Coia. Brick: the most ordinary material a Dutch architect can use. End elevations: usually no more than a blank wall. Gillespie, Kidd & Coia – never heard of them, you can see people in the audience thinking, so how interesting can that be? Three unspectacular topics, that seem somewhat incongruous in an age when architecture appears to revolve around starchitects, the coolest and newest projects posted on Instagram and design blogs, and the latest innovations in the field of bioplastics, robotization and 3D printing. Why on earth would you devote a show to them?

Nevertheless, several recent publications about these unlikely stars have managed to attract the attention of a professional readership. Two compilations about brick: *Brick. An Exacting Material*, edited by Jan Peter Wingender, lecturer at the Amsterdam Academy of Architecture, and *Het Zinderend Oppervlak* by architect Koen Mulder, a real 'brick-freak' book about brickwork patterns. *End Walls*, the fifth publication in the *Freestyle* series issued by BNA Onderzoek, in which architects Marjolein van Eig and Lidwine Spoormans explore the phenomenon of the end elevation. And the book about Gillespie, Kidd & Coia by Dennis Meijerink and Richard Proudley in the *Local Heroes* series, which Office Winhov has been publishing online since 2010, about relatively unknown architects with a regional focus.

By way of an 'encore' there is *Het Ruimteboek*, a continuous, digital publication by Marius Grootveld (Veldwerk Architecten, Antwerp). Like a 'pearl fisher', Grootveld has travelled to over a thousand buildings across the world: hidden gems, prised out of obscurity, including Goethe's summer house in Weimar, the Palazzo della Ragione in Padua and the

vergetelheid, waaronder Goethes tuinhuis in Weimar, het Palazzo della Ragione in Padua en de Sankt Petri kerk in Klippan (Zweden) van architect Sigurd Lewerentz. Zijn doel: 'op regelmatige basis projecten te beschrijven, gebruik makend van observaties, foto's en ondersteunende plattegronden en doorsneden'. De (wekelijkse) nieuwsbrief is open voor eenieder die geïnteresseerd is. Inmiddels zijn er meer dan vijfhonderd abonnees.

Grootveld was samen met Jantje Engels gastredacteur van de 160e editie van het architectuurtijdschrift *FORUM*, *Building upon Building*, waarvoor zij vijfenveertig Europese architecten uitnodigden om op een van deze gebouwen te reageren met een (fictief) ontwerp dat het 'verhaal' van het betreffende bouwwerk complementeert en continueert. Onder hen veel jonge Nederlandse architecten waaronder Donna van Milligen Bielke, Anne Dessing, Monadnock en De Kort Van Schaik. De publicatie was een dusdanig succes dat deze vervolgens als boek is uitgebracht.

Hoe valt de belangstelling voor 'obscure' architectuur te verklaren?

De meeste boeken begonnen vanuit een persoonlijke interesse. 'Architecten zijn verzamelaars', constateert de BNA. 'Van inspirerende gebouwen, bijzondere vormen, fascinerende plekken – alles wat ze helpt bij het maken van een ontwerp.' Met de serie *Freestyle* brengt BNA Onderzoek deze verzamelingen in beeld. Maar achter de verzamelwoede schuilt ook een zeker ongenoegen, over hoe het er in de bouwpraktijk aan toe gaat. Spoormans, die veel aan transformatieprojecten in wederopbouwwijken werkt, verbaasde zich erover dat de koppen van galerijflats

- 87 -

Buikslotermeer en Bijlmer
Amsterdam

Uit: Marjolein van Eig & Lidwine Spoormans, *Koppen. Het Aanzien van de kopgevel in de woningbouw*, 2015

From: Marjolein van Eig & Lidwine Spoormans, *End Walls. Aspects of End Walls in Housing*, 2015

Sankt Petri church in Klippan (Sweden) designed by Sigurd Lewerentz. Grootveld's aim is to 'to describe projects on a regular basis, making use of observations, photographs and supporting floor plans and cross-sections'. The (weekly) newsletter is open to anyone who is interested. There are over five hundred subscribers meanwhile.

Grootveld, along with Jantje Engels, was guest editor of the 160th edition of the architecture magazine *FORUM, Building upon Building*. For this jubilee issue, they invited forty-five European architects to react to one of Grootveld's 'pearls' by designing a (fictional) extension that complements and continues the 'narrative' of the building in question. Among them were several young Dutch architects, including Donna van Milligen Bielke, Anne Dessing, Monadnock and De Kort Van Schaik. The publication was such a success that it was subsequently published in book form.

How is one to explain this interest in 'obscure' architecture?

Most of these books had their origins in a personal interest. 'Architects are magpies,' the BNA observes, 'collectors of inspiring buildings, exceptional forms, fascinating places – everything that helps them in making a design.' BNA Onderzoek highlights these collections in its *Freestyle* series. But behind the collecting frenzy lurks a certain dissatisfaction with the current state of building practice. Spoormans, who works on a lot of transformation projects in post-war districts, is surprised by the fact that although the end elevations of gallery-access blocks of flats have a huge surface area, they are always blank, whereas in her opinion it would be great to have a panoramic view from a bathroom window. Van Eig, a fan of 1950s end elevations, wondered in particular why the end wall – a potential urban design trendsetter because of its corner position – has over time degenerated into 'the poor relation of housing construction'.

The same amazement is evident in Koen Mulder's *Het Zinderend Oppervlak* (The Shimmering Surface). 'Now that the brick is virtually non-load-bearing, the design freedom should be pretty well infinite,' he writes. 'But with the advent of the separate half-brick false wall, creativity appears to have evaporated. Brick has become a surface filler, not even just one of the available materials, but the cheapest. ...But if you only use brick because it is the cheapest, barely acceptable building material, the great beauty that is inherent in stacking goes begging. And there's such an awful lot that can be done with it!' His book makes a compelling case for this.

Grootveld's plan for *Het Ruimteboek* (The Space Book) was hatched in the Architecture Faculty library at TU Delft. The books he consulted often lacked certain drawings, and projects were frequently documented with a single picture. 'I couldn't find any information about the context, detailing, materialization, colours; where does the building stand, how do you approach it, how do you enter it? I couldn't get any grip on any of that.' So he decided to visit the buildings himself and to set up his own 'library'. Unlike most architects, who Photoshop architectural shortcomings and the presence of people out of existence, he prefers the rough, lived-in version of buildings. And instead of Bjarke, Rem and Zaha, he focuses on 'grey' architecture and the local heroes of the past. His rule is to publish only photographs he has taken himself. He wants 'to provide a slow alternative to the large number of rapid-fire blogs that often confine themselves to airing PR material provided by the architectural firms'.

Add together brick, end elevations, Gillespie, Kidd & Coia and *Het Ruimteboek*, and you can start to discern a trend. There is a need for alternative frames of reference, beyond the ones architects are familiar with from their architectural education and the well-known publications, which all feature the same projects and focus mainly on the latest news.

enorm in oppervlak zijn, maar altijd gesloten. Terwijl het haar juist geweldig leek om vanuit de badkamer een raam met een enorm uitzicht te hebben. Van Eig, fan van jaren-vijftig-kopgevels, vroeg zich vooral af waarom de kop – door zijn hoekpositie in potentie een stedenbouwkundige smaakmaker – mettertijd verworden is tot 'het stiefkindje van de woningbouw'.

Uit *Het Zinderend Oppervlak* van Koen Mulder spreekt eenzelfde verwondering. 'Nu de steen nauwelijks meer draagt zou de vormgevingsvrijheid welhaast oneindig moeten zijn', schrijft hij. 'Maar met de komst van het losse halfsteens voorzetwandje lijkt de creativiteit juist verdampt. Baksteen is vlakvulling geworden, niet eens gewoon één der beschikbare materialen, maar het goedkoopste. (...) Maar als je baksteen alleen toepast omdat dit het goedkoopste, nog net acceptabele bouwmateriaal is, dan blijft de grote schoonheid die besloten ligt in de stapeling liggen. En er kan zo verschrikkelijk veel mee!' Dat laat het boek overtuigend zien.

Grootvelds plan voor *Het Ruimteboek* ontstond in de bibliotheek van de faculteit Bouwkunde in Delft. In de boeken die hij raadpleegde, ontbraken vaak bepaalde tekeningen, en projecten waren dikwijls gedocumenteerd met slechts een enkele foto. 'Ik miste informatie over de context, detaillering, materialisatie, kleuren; waar staat het gebouw, hoe loop je erop af, hoe kom je er binnen? Ik kreeg er geen grip op.' Daarom besloot hij om de gebouwen zelf te bezoeken, en een eigen 'bibliotheek' op te zetten. In tegenstelling tot de meeste architecten, die bouwkundige tekortkomingen en de aanwezigheid van mensen

DE LIJST

VERJONGEN MET RELIËF EN PATROON

Uit/From: Koen Mulder, *Het Zinderend Oppervlak*, 2016

A need for a different design stance, one aimed not at architectural revolution, but at evolution. But what you sense above all else in these books is an enormous enthusiasm to start putting these alternative frames of reference into practice. To design a perfectly proportioned 'end elevation' with window; or a building that makes an as 'overwhelming' an impression as the Brutalist St. Bride's Church in East Kilbride ('a poetic Acropolis and simultaneously a brick colossus', according to Meijerink and Proudley). Or a brickwork pattern, 'a shimmering moiré', as Mulder puts it, 'that beguiles the eyes – beyond comprehension'.

There is a name for this collection of less well-known, but no less interesting buildings and architects: the shadow canon of architecture. The term was coined in 2010 by Hans van der Heijden in the programme notes for a series of debates in the Rotterdam architecture centre AIR. But the phenomenon has existed for over a hundred years, ever since the rise of modernism in European architecture. With the industrial revolution and the ensuing technological and social developments – the steam engine, factories, the mass production of materials like glass, steel and concrete – a new era dawned. The modernists went in search of an architecture that could give expression to the New Age, to modernity. They were keen to break with nineteenth-century revivalism. A 'style struggle' developed with the traditionalists who saw no reason to throw the norms and values of the past overboard. De Stijl versus the Delft School, The New Tradition versus Superdutch: it is a struggle that persists today in the Netherlands.

You might almost forget that there were (and are) other architects as well. They too were committed to modernity, but felt that this did not necessarily mean that you had to build a white-plastered box, or renounce ornament. They wanted to modernize on the basis of the existing architecture, by reinterpreting and radicalizing classic concepts like composition, typology and tectonics. Dutch architects who belong to this 'middle group' include Dom Hans van der Laan, Jan de Jong, David Zuiderhoek and the Kraaijvanger brothers. Other European examples are the Frenchman Fernand Pouillon, the German Heinrich Tessenow, and the Danish architect Kay Fisker. With their highly diverse, nuanced approaches to modernity they never managed to attract the attention lavished on their more mediagenic contemporaries: Le Corbusier, inventor of the 'Five Points towards a New Architecture', Mies 'less is more' van der Rohe, and Jørn Utzon with this iconic Sydney Opera House.

Now their work is being rediscovered. Not, however, for the first time. Le Corbusier's freely subdivisible floor plan ('plan libre') was inspired by Adolf Loos's 'Raumplan'. Another example is Tendenza, the 1960s neo-rationalist movement in Italy, to which Aldo Rossi and Giorgio Grassi belonged. They based their work on patterns from existing architecture and urban design, which were 'recast' into elements for new designs. The British husband-and-wife team of Alison and Peter Smithson looked specifically at the work of Sigurd Lewerentz.

The current interest extends beyond the fascination of a few architects or study groups, and also beyond the Netherlands. One has only to look at the list of subscribers to *Het Ruimteboek*, which includes architects from the Netherlands, Belgium, Italy, Germany, Denmark, Switzerland, Japan and America. It is also telling that the presentation of *Building upon Building* took place in the AA School of Architecture in London, the centre of European architecture. Is this then the moment

met photoshop wegpoetsen, geeft hij de voorkeur aan de ruwe, geleefde versie van gebouwen. En liever dan op Bjarke, Rem en Zaha, richt hij de aandacht op 'grijze' architectuur en de lokale helden uit het verleden. Stelregel is dat er alleen zelfgemaakte foto's worden gepubliceerd. Hij wil 'een traag alternatief bieden voor de grote hoeveelheid aan snelle blogs, die vaak enkel het door bureaus aangeboden PR-materiaal ventileren'.

Als je baksteen, kopgevels, Gillespie, Kidd & Coia en *Het Ruimteboek* bij elkaar optelt, ontwaar je een trend. Er is een behoefte aan alternatieve referentiekaders – buiten wat architecten kennen uit de architectuuropleiding en de bekende publicaties, die allemaal dezelfde projecten laten zien en vooral gericht zijn op het laatste nieuws. Aan een andere ontwerphouding – niet gericht op een architectonische revolutie, maar op evolutie. Maar bovenal proef je in deze boeken een enorm enthousiasme om met deze referenties aan de slag te gaan. Om een perfect geproportioneerde 'kop' mét raam te ontwerpen; een gebouw dat net zo'n 'verpletterende' indruk maakt als de brutalistische St. Bride's Church in East Kilbride ('een poëtische Akropolis en tegelijkertijd een bakstenen kolos', aldus Meijerink en Proudley). Of een metselwerkpatroon dat, zoals Mulder het omschrijft, 'als een zinderend moiré door de oogharen trekt – het verstand te boven'.

Er is een naam voor deze verzameling van minder bekende, maar daarom niet minder belangwekkende gebouwen en architecten: de schaduwcanon van de architectuur. De term werd in 2010 gemunt door Hans van der Heijden in de programmateksten van een reeks debatten in het Rotterdamse architectuurcentrum AIR. Maar het fenomeen bestaat al ruim honderd jaar, sinds de opkomst van het modernisme in de Europese architectuur. Met de industriële revolutie en de technische en maatschappelijk ontwikkelingen die daaruit voortvloeiden – de stoommachine, fabrieken, de massaproductie van materialen als glas, staal en beton – brak een nieuw tijdperk aan. De modernisten gingen op zoek naar een architectuur die uitdrukking kon geven aan de Nieuwe Tijd, aan moderniteit. Ze wilden breken met de neostijlen uit de negentiende eeuw. Zo ontstond een 'stijlstrijd' met de traditionalisten, die geen reden zagen om de normen en waarden uit het verleden overboord te gooien. De Stijl versus de Delftse School, De Nieuwe Traditie versus Superdutch: het is een strijd die in Nederland voortduurt tot op de dag van vandaag.

Je zou bijna vergeten dat er ook nog andere architecten waren (en zijn). Zij streefden wel degelijk naar moderniteit, maar vonden dat je daarvoor niet per se een witgestuukte doos hoefde te bouwen, of het ornament af te zweren. Zij wilden vernieuwen vanuít de bestaande architectuur, door klassieke begrippen als compositie, typologie en tectoniek opnieuw te interpreteren, te radicaliseren. Nederlandse architecten die tot deze 'middengroep' behoren zijn onder anderen Dom Hans van der Laan, Jan de Jong, David Zuiderhoek en de gebroeders Kraaijvanger. Buitenlandse voorbeelden zijn de Fransman Fernand Pouillon, de Duitser Heinrich Tessenow en de Deense architect Kay Fisker. Met hun zeer uiteenlopende, genuanceerde benaderingen van moderniteit wisten ze nooit de aandacht te trekken die hun meer mediagenieke tijdgenoten wel kregen: Le Corbusier – bedenker van de 'Vijf punten van een Nieuwe Architectuur', Mies *less is more* van der Rohe en Jørn Utzon met zijn iconische Sydney Opera House.

Nu wordt hun oeuvre herontdekt. Overigens niet voor het eerst. Zo liet Le Corbusier zich voor zijn vrij indeelbare plattegrond ('plan libre') inspireren door het 'Raumplan' van Adolf Loos. Een ander voorbeeld is Tendenza, de neorationalistische beweging in het Italië van de jaren zestig, waartoe Aldo Rossi en Giorgio Grassi behoren. Zij baseerden hun werk op patronen uit de bestaande architectuur en stedenbouw,

Giovanni Muzio, Ca Brutta, 1922, Milaan, IT

Het Ca Brutta (het lelijke huis) heeft geen uitgesproken materialisering behalve de grauwe vuile waas die de stad over het gebouw heeft geworpen. In de gevel zijn drukke composities van klassieke, Franse en soms oriëntale fragmenten getekend. Elementen worden vaak op komische wijze uitvergroot. Het geheel krijgt iets karikaturaals maar ook iets archetypisch. Het doet hierdoor denken aan Giulio Romano's Palazzo del Te (volgende ruimteboek) of Sebastiano Serlio's poorten

ruimteboek #139

Giulio Romano, Palazzo del Te, 1524-34, Mantova, IT

Het lustslot Palazzo del Te bestaat uit een serie gelijk materiaalloze maar uitermate variërende decors, ieder een centrale doorgang tot de volgende. Bij de toegangspoort zie je de verschillende wereldjes achter elkaar liggen. Het hof omringt door aaneengeschakelde kamers, de brug en de grote buitenplaats

ruimteboek #140

Marius Grootveld, *Het Ruimteboek*, 2012–

when the shadow canon finally steps out of the darkness? And if so, why is that happening right now?

Introducing *Building upon Building*, Grootveld and Engels write that, 'In this age of the individual we seem to work at cross purposes and to have become detached from our environment, resulting in a fragmented landscape ... Today the city is growing as a collection of individual projects, side by side; every architect does their own thing and has their own theory.' An altruistic gaze would, according to the architects, yield more: the city as one big structure on which every successive architect builds. Their book is intended to promote that idea of the altruistic architect.

The economic crisis, which began in 2008 with the enormous losses on mortgages and real estate at the American Lehman Brothers bank, offered an opportunity in this respect. Engels: 'A crisis compels reflection.' Grootveld: 'In the 1990s and 2000s there was no time for that; there was an imperative to build, because the next commission was always waiting.' The conceptual way of thinking with which the Superdutch architects, inspired by Rem Koolhaas, were raising a furore at that time, was perfectly in tune with this. 'The designs were schematic and rational, that system worked well. It allowed you to make a lot of architecture quickly for speculative developments.' And it resulted in spectacular buildings that attracted a lot of people: architecture as the 'engine' for the urban economy. Engels: 'Now that the finance for those kinds of projects has disappeared, we look back at those year and wonder, how can we connect all those "incidents" together?' Grootveld: 'Connecting the lines in the city, that's what's needed now.' And it's precisely in terms of their connective power that brick (the embodiment of 'urbanity', according to *Brick*), end elevations as urban design focus, and the architects of the shadow canon – mediators between the existing and the new – distinguish themselves.

The bursting of the economic bubble gave rise to more than just the realization that icons have had their day. Architecture finds itself in a crisis of confidence. For if we are not building for speculation and city marketing, what are we building for? And for whom? The government is withdrawing as client, consumers and housing associations can consult the catalogue builder and IKEA. The architect is often not much more than an aesthetic adviser. Politicians no longer see architecture as a necessity – a way of making people's lives better – but as a luxury product, part of the creative industry.

die 'omgevormd' werden tot elementen voor nieuwe ontwerpen. Het Britse architectenechtpaar Alison en Peter Smithson keek specifiek naar het werk van Sigurd Lewerentz.

De huidige belangstelling reikt verder dan de fascinatie van een enkele architect of vakgroep, en speelt ook buiten Nederland. Kijk naar het abonneebestand van *Het Ruimteboek*: daarin vind je architecten uit Nederland, België, Italië, Duitsland, Denemarken, Zwitserland, Japan en Amerika. Het zegt ook iets dat de boekpresentatie van *Building Upon Building* op de AA School of Architecture in Londen werd gehouden – het brandpunt van de Europese architectuur. Wordt dit dan het moment dat de schaduwcanon definitief uit de duisternis treedt? En zo ja: waarom gebeurt dat dan nu?

'In deze tijd van het individu lijken we langs elkaar te werken en losgezongen te zijn van onze omgeving', schrijven Grootveld en Engels als introductie op *Building upon Building*. 'Er ontstaat een gefragmenteerd landschap (...) De stad groeit vandaag als een verzameling individuele projecten naast elkaar, iedere architect doet zijn eigen ding en heeft zijn eigen theorie.' Een altruïstische blik zou volgens de architecten meer opleveren: de stad als één groot bouwwerk waar iedere volgende architect aan voortbouwt. In de publicatie willen zij dit idee van de altruïstische architect simuleren.

De economische crisis, die in 2008 begon met enorme verliezen op hypotheken en onroerend goed bij de Amerikaanse bank Lehman Brothers, bood wat dat betreft een kans. Engels: 'Een crisis dwingt tot reflectie.' Grootveld: 'In de jaren negentig en nul was daar geen tijd voor; er moest gebouwd worden, want de volgende opdracht lag alweer te wachten.' De conceptuele manier van denken, waarmee de Nederlandse Superdutch architecten – geïnspireerd door Rem Koolhaas – in die periode furore maakten, sloot daar mooi op aan. 'De ontwerpen waren schematisch en rationeel, dat systeem werkte goed. Je kon er snel en veel architectuur mee maken voor speculatie.' En het leverde spectaculaire bouwwerken op, die veel publiek trokken; architectuur als 'motor' voor de stedelijke economie. Engels: 'Nu de financiering voor dat soort projecten is weggevallen, kijken we terug op die jaren en is de vraag: hoe kunnen we al die "incidenten" aan elkaar knopen?' Grootveld: 'Het verbinden van de lijnen in de stad; dat is wat er nu moet gebeuren.' En het is juist die verbindende kracht waardoor baksteen (volgens *Brick* de belichaming van 'stedelijkheid'), de kopgevel als stedenbouwkundig brandpunt, en de architecten van schaduwcanon – bemiddelaars tussen het bestaande en het nieuwe – zich onderscheiden.

Het barsten van de economische bubbel heeft meer teweeggebracht dan de constatering dat het welletjes is geweest met al de iconen; de architectuur verkeert in een inhoudelijke crisis. Want als we niet bouwen voor speculatie en citymarketing, waarvoor dan wel? En voor wie? De overheid trekt zich terug als opdrachtgever, consumenten en woningcorporaties kunnen terecht bij de catalogusbouwer en IKEA. De architect is vaak niet veel meer dan een esthetisch adviseur. Architectuur wordt door de politiek niet langer gezien als een noodzaak – een middel om het leven van mensen beter te maken – maar als een luxeproduct, een onderdeel van de creatieve industrie.

Tegelijk spelen er grote maatschappelijke problemen: het veranderende klimaat, de opvang van vluchtelingen, de groeiende kloof tussen arm en rijk. Zou architectuur daarvoor een oplossing kunnen bieden, en op die manier zichzelf weer legitimiteit verschaffen? Dat is de vraag die Lara Schrijver, hoogleraar architectuurtheorie aan de Universiteit Antwerpen, zichzelf stelt in *Building upon Building*. Het antwoord laat zich raden; het is naïef om te denken dat architectuur de wereld gaat 'redden'. En is het toebedelen van zo'n heroïsche rol niet precies waar het modernistische project op stukliep?

Uit/From: Jan Peter Wingender (red./ed.), *Brick. An Exacting Material*, 2015

1.13 COLUMBUSSTRAAT

Type	Houses	
Location	Columbusstraat / Columbusplein	
Architect	Willem Noorlander	
Year	1925	
Brick	Size	93 × 50 × —
	Colour	Dark brown
	Type	Stock, sandfaced
	Bond type	Header
Joint	Size	[horizontal] 20 / [vertical] 15
	Colour	Dark grey
	Type	Flush

1.14 PATRIMONIUM, BLOCK C

Type	Houses	
Location	Oostzaanstraat 272 / Hembrugstraat	
Architect	Karel Petrus Cornelis de Bazel	
Year	1928	
Brick	Size	210 × 50 × 100
	Colour	Red, black
	Type	Rockfaced, painted
	Bond type	Cross
Joint	Size	[horizontal] 10 / [vertical] 10
	Colour	Yellow
	Type	Flush

86 Facing the City

1.15 BERLAGE PLAN TRANSVAALBUURT

Type	Houses	
Location	Joubertstraat 17	
Architect	J.R. Roodenburgh	
Year	1929	
Brick	Size	210 × 47 × 98
	Colour	Red
	Type	Handmade
	Bond type	Cross
Joint	Size	[horizontal] 17 / [vertical] 13
	Colour	Dark grey
	Type	Raked

1.16 VAALRIVIERSTRAAT

Type	Houses	
Location	Vaalrivierstraat / Afrikanerplein	
Architect	Gemeentelijke Woningdienst	
Year	1931	
Brick	Size	206 × 53 × 100 / 97 × 50 × —
	Colour	Bright red, bright yellow, cokes fired
	Type	Extruded (not vacuum), smooth
	Bond type	Cross, contrasting coloured courses
Joint	Size	[horizontal] 10 / [vertical] 10
	Colour	Grey
	Type	Flush

87 Brickwork Amsterdam

Dan nog blijft de vraag: waar moet het heen met de architectuur? Er is geen theorie. Maar is dat erg? In dat verband verwijst Schrijver naar het essay 'Architecture: The Entrepreneurial Profession', dat de Amerikaanse socioloog Robert Gutman in 1977 schreef – ook in een tijd van crisis. Gutman merkte op 'dat de theoretische problemen in het veld misschien nog wel een grotere bedreiging vormen voor de professie dan zijn industrialisatie'.[1] Dat geldt volgens Schrijver eens te meer. 'De theorie heeft zich ontkoppeld van het maken; dat is op dit moment het grootste probleem van het vak. Meer dan aan introspectie, heeft deze tijd behoefte aan ontwerpers die investeren in het kijken, bestuderen, verteren en herbewerken.' En dat is wat deze jonge architecten met hun fictieve ontwerpen doen in *Building upon Building*.

Er is nog een reden om terug te grijpen op de 'vaste' waarden in de architectuur. We leven immers in een postmoderne conditie. Er is geen leidende theorie, je kunt bouwen in elke stijl die je wilt, in elke denkbare vorm, kleur en materiaal. Zoals de Weense wetenschapsfilosoof Paul Feyerabend het zei: *anything goes.* Die vrijheid is een verworvenheid, maar kan paradoxaal genoeg ook belemmerend werken. Want waar begin je als ontwerper, en hoe voorkom je dat je je laat leiden door toeval en trends? Het spelen met 'regels' als proportie en patronen kan houvast bieden. En zo komen *local heroes* als Jan de Jong, meester van het Plastische Getal, en Giovanni Muzio, uitblinker in het gebruik van rasters en reliëfs, terug in beeld. Of het oude vertrouwde metselwerkverband – bij uitstek geschikt als compositiegereedschap, zo toont

Uit/From: J. Engels & M. Grootveld (red./eds.), *Building upon Building*, 2016

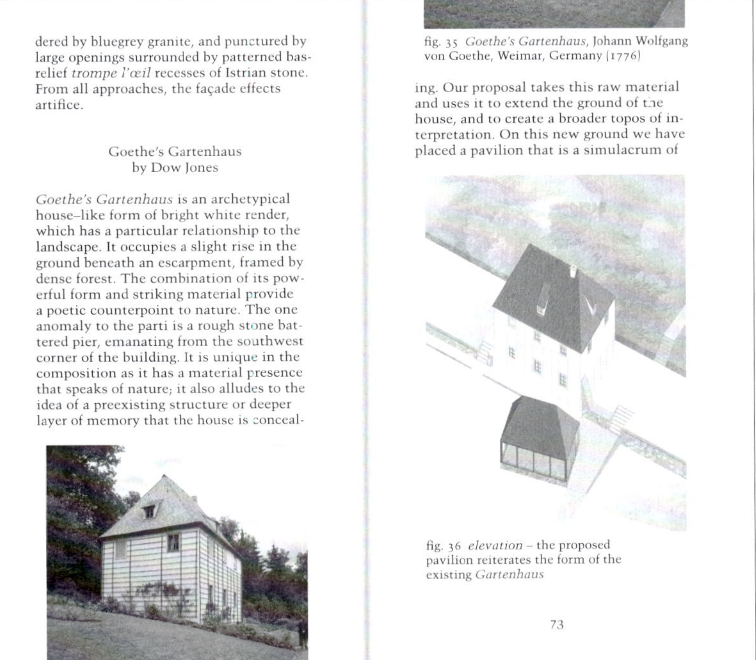

dered by bluegrey granite, and punctured by large openings surrounded by patterned bas-relief *trompe l'œil* recesses of Istrian stone. From all approaches, the façade effects artifice.

Goethe's Gartenhaus
by Dow Jones

Goethe's Gartenhaus is an archetypical house-like form of bright white render, which has a particular relationship to the landscape. It occupies a slight rise in the ground beneath an escarpment, framed by dense forest. The combination of its powerful form and striking material provide a poetic counterpoint to nature. The one anomaly to the parti is a rough stone battered pier, emanating from the southwest corner of the building. It is unique in the composition as it has a material presence that speaks of nature; it also alludes to the idea of a preexisting structure or deeper layer of memory that the house is conceal-

fig. 35 *Goethe's Gartenhaus*, Johann Wolfgang von Goethe, Weimar, Germany (1776)

ing. Our proposal takes this raw material and uses it to extend the ground of the house, and to create a broader topos of interpretation. On this new ground we have placed a pavilion that is a simulacrum of

fig. 36 *elevation* – the proposed pavilion reiterates the form of the existing *Gartenhaus*

73

At the same time, there are big social issues at play: the changing climate, the flood of refugees, the growing gap between rich and poor. Could architecture provide a solution for these and in so doing regain its legitimacy? That is the question Lara Schrijver, professor of architectural theory at the University of Antwerp, asks herself in *Building upon Building*. The answer is not hard to guess: it is naive to think that architecture is going to 'save' the world. And wasn't it precisely the assignment of such a heroic role that proved the undoing of the modernist project?

So the question remains: what direction is architecture to take? There is no theory. But is that such a bad thing? Schrijver refers in this connection to the essay 'Architecture: The Entrepreneurial Profession' the American sociologist Robert Gutman wrote in 1977 – another time of crisis. Gutman observed that 'the theoretical problems of the field perhaps pose an even greater threat to the profession than does its industrialisation'. That is even truer than ever, according to Schrijver. 'Theory has detached itself from making; that is the discipline's biggest problem at the moment. Rather than introspection, the current time has need for those who spend their time looking, studying, digesting and reworking, as presented in these projects.' And that is what these young architects do with their fictional designs in *Building upon Building*.

There is another reason to hark back to the 'permanent' values in architecture. We are living in a post-modernist condition. There is no dominant theory, you can build in any style you like, and in every conceivable form, colour and material. As the Viennese philosopher of science Paul Feyerabend put it: anything goes. That freedom is an achievement, but paradoxically enough, it can also act as an impediment. For where do you begin as designer, and how do you avoid being governed by chance and trends? Playing with 'rules' like proportion and patterns can give you something to hold onto. And thus local heroes like Jan de Jong, master of the Plastic Number, and Giovanni Muzio, a genius in the use of grids and reliefs, come back into the picture. Or the old reliable brickwork bond – an ideal compositional tool, as Koen Mulder demonstrates in *Het Zinderend Oppervlak*. 'As a stepping stone it can specify how things should be done, for every brickwork bond has its own specific edge solutions. It forms a link between the detail and the whole. Pattern edge and connection are part of the same architectural order, united by size, position and proportion. Corner, pier and opening acquire a place within an earthly and material-specific measurement system.'

Yet there is something double-edged about this story. Because while 'forgotten' design tools, buildings and architects are finally getting the airing they deserve, the young architects who worked on these publications and projects are in danger of being overshadowed by their famous predecessors. The ideas behind Superdutch may well be passé, and Rem Koolhaas of pensionable age, but in practice it is still OMA, MVRDV and Mecanoo – with the references and turnover required for competitive tenders, plus their star status – who pull in the big commissions and determine the image of the Netherlands' successful 'creative industry' vis à vis the outside world. No-one begrudges them those commissions. But in the meantime the opportunities for the new generation of designers to actually build continues to decline.

Grootveld and Engels are aware of this. They point to the difference between the Netherlands and Flanders, where in 2000 – ironically, following the Dutch example – the Flemish Government Architect established the Open Tender, a competition system that does not require references or a certain turnover, so that even fledgling practices can submit a plan. And with the intended effect, for young talent is flourishing. Flemish architectural firms like OFFICE Kersten Geers David Van Severen, De Vylder Vinck Taillieu and Dierendonckblancke

Koen Mulder in *Het Zinderend Oppervlak*. 'Als kapstok kan het voorschrijven hoe de dingen gedaan moeten worden, want elk metselwerkverband kent zijn eigen specifieke randoplossingen. Het vormt een verbinding tussen detail en geheel. Patroonrand en aansluiting maken deel uit van dezelfde architectonische orde, verbonden door maat, positie en proportie. Hoek, penant en opening krijgen een plek binnen een aards en materiaaleigen maatsysteem.'

Toch zit er iets dubbels aan dit verhaal. Want terwijl 'vergeten' ontwerpinstrumenten, bouwwerken en architecten eindelijk het podium krijgen dat ze verdienen, dreigen de jonge architecten die aan deze publicaties en projecten werkten, in de schaduw van hun beroemde voorgangers te verdwijnen. Het gedachtegoed achter Superdutch mag dan wel passé zijn, en Rem Koolhaas inmiddels pensioengerechtigd, in de praktijk zijn het nog steeds OMA, MVRDV en Mecanoo – met de voor prijsvragen vereiste referenties en omzet, plus hun sterrenstatus – die de grote opdrachten binnenhalen en het gezicht van Nederlands succesvolle 'creatieve industrie' naar buiten bepalen. Die opdrachten zijn hun van harte gegund. Maar ondertussen nemen de kansen voor de nieuwe generatie ontwerpers om daadwerkelijk te bouwen steeds verder af.

Grootveld en Engels zijn zich ervan bewust. Ze wijzen naar het verschil tussen Nederland en Vlaanderen, waar – nota bene naar Nederlands voorbeeld – door de Vlaams Bouwmeester in 2000 de Open Oproep in het leven is geroepen. Een prijsvraagsysteem waarbij niet naar referenties of een bepaalde omzet gevraagd wordt, en zodoende ook beginnende bureaus een plan kunnen indienen. Met succes: jong talent

Monadnock, Hydra. Uitbreiding voor het Binnenhof, Den Haag, 2015
Extension to Binnenhof complex, The Hague, 2015
Tekening/Drawing: Monadnock

STUDIO Donna van Milligen Bielke, *Vervreemding en adaptatie*. Uitbreiding voor het Palazzo della Ragione, Padua, 2015
STUDIO Donna van Milligen Bielke, *Alienation and Adaptation*. Extension to the Palazzo della Ragione, Padua, 2015
Tekening/Drawing: Donna van Milligen Bielke (Studio DvMB)

Monadnock, Hydra, juni/June 2015
Tekening/Drawing: Monadnock

bloeit op. Vlaamse architectenbureaus zoals OFFICE Kersten Geers David Van Severen, De Vylder Vinck Taillieu en Dierendonckblancke Architects (alle drie met een plan vertegenwoordigd in *Building upon Building*) gelden als zeer succesvol. Nederland zou wat dat betreft bij zichzelf te rade moeten gaan.

Maar met kijken naar de overheid kom je er niet. Het is aan de jonge ontwerpers om hun plek op het podium op te eisen. Tot nog toe voerden zij het debat uiterst beschaafd, met – terecht – ultiem respect voor de oudere generatie. Veelzeggend is dat bij de presentatie van *Brick* niet de studenten van de Academie, maar architecten Rudy Uytenhaak en Herman Zeinstra het laatste woord kregen. Wat de vraag oproept: hoe gaat dit geïmproviseerde, veelstemmige architectenkoor boven de uitversterkte soli van het establishment uitkomen? Waar blijft de assertiviteit?

Grootveld is ervan overtuigd dat de schaduwcanon een uitweg kan bieden uit de impasse waarin de architectuur verkeert, en uit de schaduw van Superdutch. 'Wat mij in de steden die ik tijdens mijn reizen bezocht, het meest heeft getroffen, is hoe klassieke elementen en thema's – het raam, de deur, de gevel, sequentie, herinnering, materialiteit – steeds weer in een nieuwe gedaante terugkeren. Er ontstaat een dialoog tussen de gebouwen, een resonantie op een groter niveau.' Of, zoals Lara Schrijver het zegt: 'de 'altruïstische architect' bezit een kracht die de 'starchitect' niet heeft: het vermogen om een langlopende culturele logica bloot te leggen die het pure individualisme overstijgt, om een groter, meer fundamenteel menselijk verhaal te vertellen.'

1 Robert Gutman, 'Architecture. The Entrepreneurial Profession', *Progressive Architecture* 58 (1977) 5, p. 55-58.

Besproken publicaties

Marjolein van Eig en Lidwine Spoormans, *Koppen. Het aanzien van de kopgevel in de afgelopen 125 jaar* (Freestyle 05), Amsterdam: BNA, 2015

Koen Mulder, *Het Zinderend Oppervlak. Metselwerkverband als patroonkunst en compositiegereedschap*, uitgave in eigen beheer, 2016

Jantje Engels en Marius Grootveld (red.), *Building Upon Building* (*Forum Magazine*; 160; 9/2015); heruitgave als boek: Rotterdam: nai010 uitgevers, 2016

R.S. Proudley en D.M. Meijerink, *Gillespie, Kidd & Coia* (*Local Heroes*; #14), 2016, www.winhov.nl/site/assets/files/1756/160131_local_heroes_gillespie_kidd_coia_definitief.pdf

Jan Peter Wingender (red.), *Brick. An Exacting Material*, Amsterdam: Architectura & Natura, 2015

Inschrijven voor de nieuwsbrief van *Het Ruimteboek* kan door een e-mail te sturen naar info@mariusgrootveld.nl.

Architects (all three represented with a plan in *Building upon Building*) are regarded as highly successful. The Netherlands would do well to consult itself on that score.

But looking to the government will get us nowhere. It is up to young designers to demand their place on the stage. Until now they have conducted the debate in a very civilized manner, with – rightly – utmost respect for the older generation. It is revealing that at the presentation of *Brick*, the final word did not go to the students of the Academy, but to the architects Rudy Uytenhaak and Herman Zeinstra. Which raises the question: how is this improvised, multi-voice architects' choir going to rise above the amplified solos of the establishment? Where is their assertiveness?

Grootveld is convinced that the shadow canon can offer a way out of the impasse in which Dutch architecture finds itself, and out of shadow of Superdutch. 'What struck me most in the cities I visited during my travels, was how classical elements and themes – the window, the door, the facade, sequence, memory, materiality – keep coming back in a new guise. A dialogue develops between the buildings, a resonance at a higher level.' Or, as Lara Schrijver puts it: 'the "altruistic architect" has a strength the "starchitect" does not: the ability to reveal a longstanding cultural logic that transcends pure individualism to build a larger, more fundamental human narrative.'

1 Robert Gutman, 'Architecture. The Entrepreneurial Profession', *Progressive Architecture* 58 (1977) 5, pp. 55-58.

Works cited

Marjolein van Eig and Lidwine Spoormans, *End Walls. Aspects of End Walls in Housing* (Freestyle 05), Amsterdam: BNA, 2015

Koen Mulder, *Het Zinderend Oppervlak. Metselwerkverband als patroonkunst en compositiegereedschap*, self-published, 2016

Jantje Engels and Marius Grootveld (eds.), *Building Upon Building* (*Forum Magazine*; 160; 9/2015); republished as book: Rotterdam: nai010 uitgevers, 2016

R.S. Proudley and D.M. Meijerink, *Gillespie, Kidd & Coia* (*Local Heroes*; #14), 2016, www.winhov.nl/site/assets/files/1756/160131_local_heroes_gillespie_kidd_coia_definitief.pdf

Jan Peter Wingender (ed.), *Brick. An Exacting Material*, Amsterdam: Architectura & Natura, 2015

To subscribe to the English-language newsletter *Het Ruimteboek* send an email to info@mariusgrootveld.nl.

Marcel Lok

Houthaven BlokO – IJ4you

Haparandaweg 650-706, Houthavenkade 5-13
Amsterdam

Atelier PUUUR

Houthaven BlokO – PUUUR BLOK

Houthavenkade 19
Amsterdam

Foto's/Photos: **Luuk Kramer**

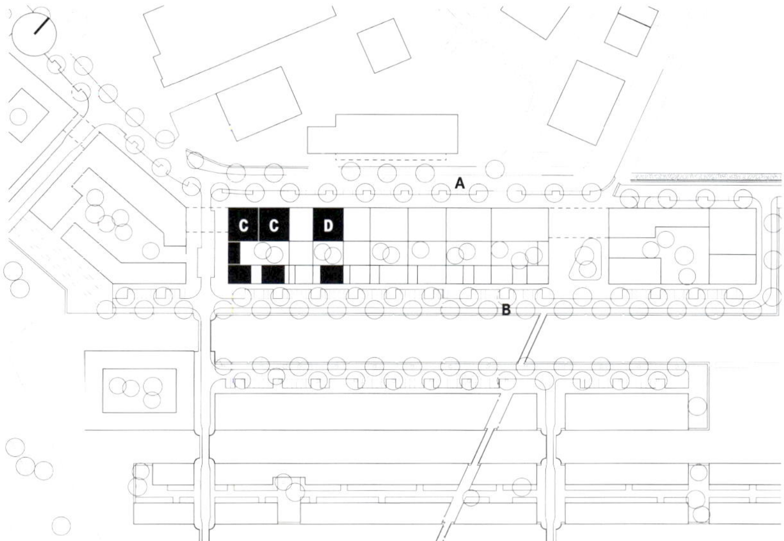

Situatie/Site plan

A Haparandaweg
B Houthavenkade
C IJ4you
D PUUUR BLOK

Blok 0 markeert de start van de ontwikkeling van de nieuwe Amsterdamse woonwijk Houthaven. De grond was in eigendom van een ontwikkelaar en een woningcorporatie die op het hoogtepunt van de crisis in 2011 architecten en veelal kleine aannemers de kans boden om samen met de toekomstige bewoners tot een gevarieerde invulling te komen van in totaal negen kavels. De inmiddels opgeleverde bouwblokken IJ4you en Puuur Blok bevinden zich in het zuidwestelijk deel van het 'superblok', dat 170 meter lang is en 41 meter diep. De blokken bestaan uit negenlaagse bouwdelen met appartementen aan de Haparandaweg en vier- tot vijflaagse bouwdelen met grondgebonden kadewoningen aan de (toekomstige) Houthavenkade. De bouwblokken omsluiten een halfverdiepte, dubbellaagse parkeergarage met daar bovenop een collectieve daktuin. Vanwege de weidsheid en openheid van de locatie aan het IJ en het industriële karakter van het havengebied is in beide bouwblokken gekozen voor een robuuste gevelmaterialisatie met strak metselwerk en verfijnd natuursteen. Aan de stadszijde bieden aluminium schuifpuien en balkons met hardglazen balustrades optimaal uitzicht over de stad en het IJ. In de architectuur van beide bouwblokken wordt gerefereerd aan zowel de ruige sfeer van het havengebied als aan de rijkheid in detaillering van de monumenten van de Amsterdamse School in de aanliggende Spaarndammerbuurt. Mede door de inbreng van de bewoners is een rijkdom aan verschillende plattegronden en functies ontstaan, zoals bijvoorbeeld een kantoor aan huis en een gemeenschappelijke fitnessruimte.

Blok 0 marks the beginning of the development of Amsterdam's new Houthaven district. The land was owned by a developer and a housing association who in 2011, at the height of the economic crisis, gave architects and mainly small contractors the opportunity to devise a varied housing programme for a total of nine plots, in consultation with the future residents. The two recently completed blocks, IJ4you and Puuur Blok, are in the south-west section of the 'superblock', which is 170 metres long and 41 metres deep. The new blocks are made up of nine-storey buildings with apartments on Haparandaweg, and of four- to five-storey buildings with ground-access quayside dwellings on the (future) Houthavenkade. The blocks enclose a semi-sunken, two-level car park topped by a communal garden. Because of the expansiveness and openness of the waterside location and the industrial character of the harbour area, the architects opted for a solid facade materialization of taut brickwork and elegant stone. On the city side, aluminium sliding doors and balconies with toughened glass balustrades offer excellent views of the city and the IJ. The architecture of both blocks refers both to the rugged ambience of the harbour area and to the rich detailing of the Amsterdam School heritage buildings in the neighbouring Spaarndammerbuurt. Thanks in part to residents' input, the blocks boast a wealth of different floor plans and functions, such as a home office and a communal gym.

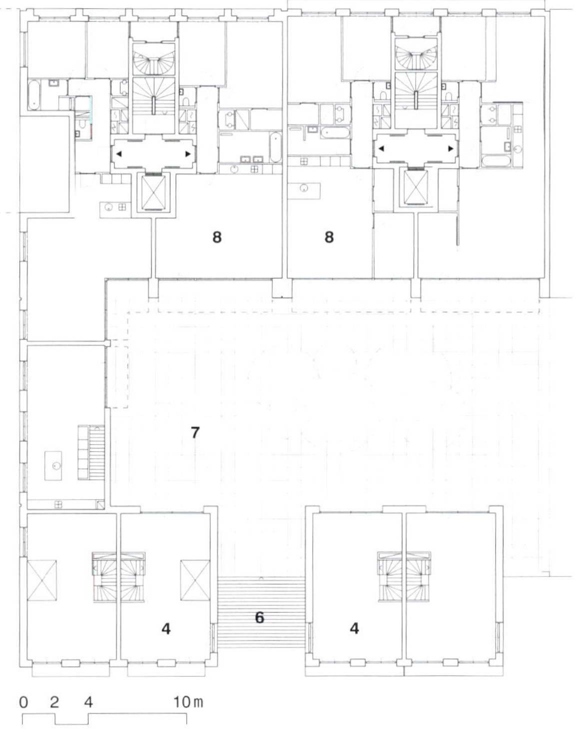

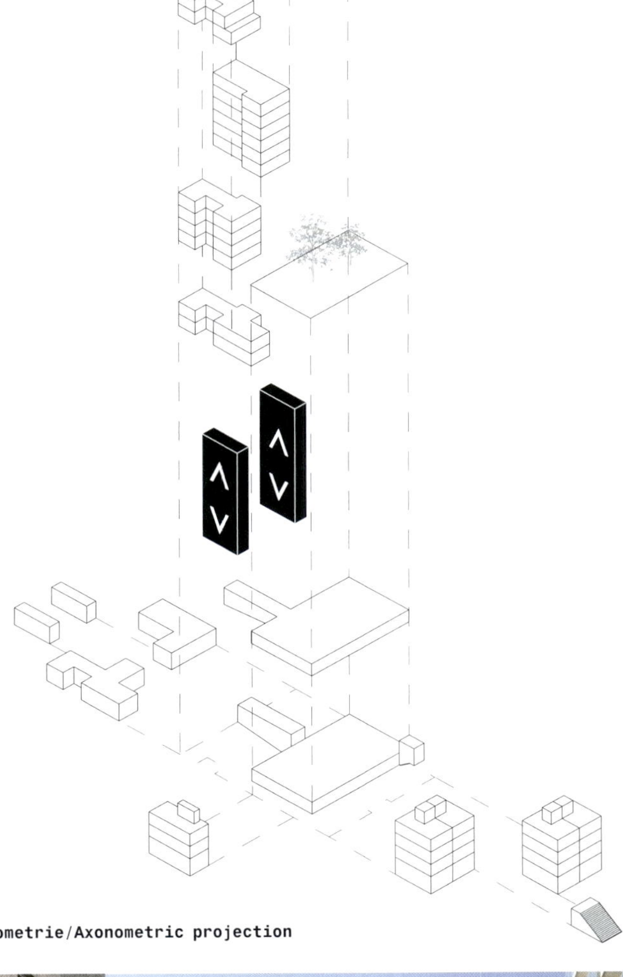

Axonometrie/Axonometric projection

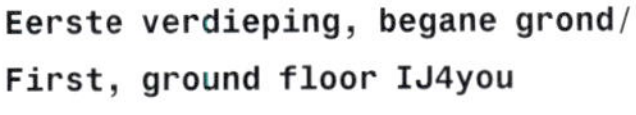

Eerste verdieping, begane grond/
First, ground floor IJ4you

1 entree/entrance
2 in/uitrit parkeergarage/ car park entrance/exit
3 parkeergarage/car park
4 kadewoningen/quayside housing
5 berging/storage
6 trap/stairs
7 collectieve daktuin/ communal roof garden
8 appartement/apartment

Foto/Photo: **Furkan Köse**

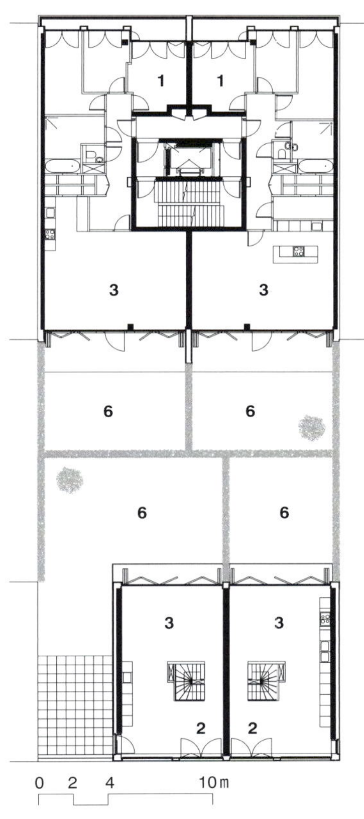

Eerste verdieping/First floor
Doorsnede/Section
PUUUR BLOK

1 kadewoningen/quayside housing
2 appartement/apartment
3 woonkamer en keuken/ living room and kitchen
4 in/uitrit parkeergarage/ car park entrance/exit
5 parkeergarage/car park
6 privétuin/private garden
7 binnenhof/courtyard
8 fietsenstalling/bicycle storage
9 werkruimte aan huis/ in-home workspace
10 fitnessruimte/gym
11 dakterras/roof terrace

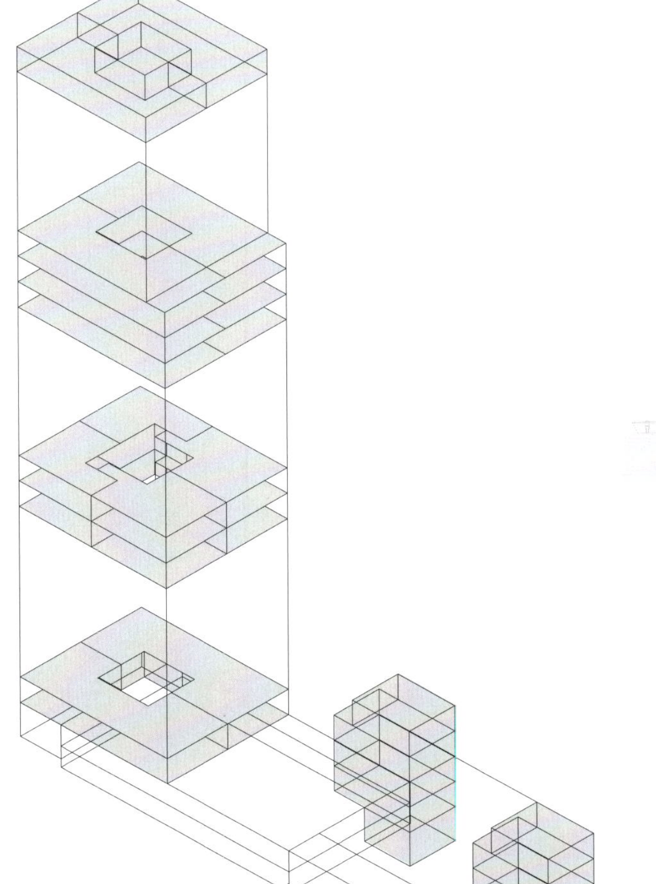

Axonometrie/Axonometric projection

Happel Cornelisse Verhoeven

Paardenpension Lentevreugd
Lentevreugd Horse Stables

Wassenaarseweg 87
Katwijk

Foto's/Photos: **René de Wit**

Voor de uitbreiding van een voormalig melkveebedrijf met een paardenpension namen de architecten de historische typologie van een hofstoeterij (een keizerlijke paardenfokkerij) als inspiratiebron. Zij brachten de verschillende functies onder in een even sober als krachtig U-vormig volume, waardoor een centrale hof wordt gevormd. Uitgangspunt voor Hoeve Lentevreugd, gelegen op de grens tussen Katwijk en Wassenaar, vlak bij de duinen, was een zo laag mogelijk gebouw dat het omliggende landschap zo veel mogelijk met rust zou laten. Een accent wordt gevormd door een verhoogd volume met grote schuifdeur waarachter de hooischuur en de opstelplaats voor tractoren schuilgaan. Het is een mooie, bijna abstracte en sculpturale gevel, uitgevoerd in vergrijsd hout. Verder blijft het materiaal in dit project voornamelijk beperkt tot de stalen grijze platen waarmee de schuin aflopende daken zijn bedekt. De verhoogde hooischuur loopt over in de lagere U-vorm waarin veertig stallen zijn ondergebracht en een winkel. Een houten arcade vormt de overgang tussen de staldeuren en het binnenhof. De paarden staan altijd gestald met zicht op het binnenhof. Een grote opening in de U-vorm aan het eind van de centrale as van het paardenpension biedt vanuit het binnenhof zicht op het achtergelegen weidelandschap. Deze opening vormt de toegang tot de buitenbak, een openbaar ruiterpad alsook tot het aan de buitenzijde gesitueerde ruitercafé, dat net als de hooischuur iets is verhoogd ten opzichte van de paardenstallen.

When asked to add a horse stables to a former dairy farm, the architects drew on the historical typology of an imperial horse stud for inspiration. They housed the various functions in a simple but powerful U-shaped volume that generates a central courtyard. The basic premise for Hoeve Lentevreugd, situated on the edge of the dunes between Katwijk and Wassenaar, was a low-rise building that would impact as little as possible on the surrounding landscape. There is a vertical accent in the form of an elevated volume with a big sliding door, behind which are the hay store and tractor garage. It is a beautiful, almost abstract and sculptural facade, executed in pre-aged timber. For the rest the materials in this project are mainly confined to the grey steel sheeting used to cover the sloping roofs. The tall hay store segues into the lower U-shaped volume containing forty horse stalls and a shop. A wooden veranda forms the transition between the stalls and the courtyard; all the horses stand facing this open space.
A large opening in the U-shape at the end of the central axis of the horse stables provides a view of the meadows beyond. This opening leads to the outdoor riding ring, a public bridle path and to the riders' café which, like the hay store, is somewhat taller than the stables.

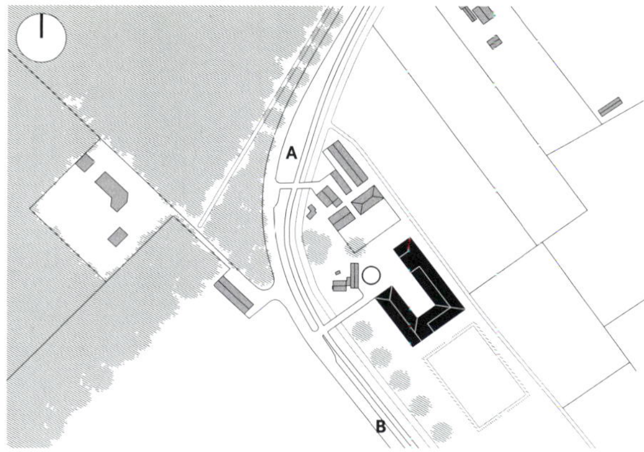

Situatie/Site plan

A Wassenaarseweg
B Katwijkseweg

Begane grond/Ground floor

1 centrale hof/central courtyard
2 paardenstallen/horse stalls
3 stallen/stalls
4 hooischuur/hay store
5 kraamstal/foaling stall
6 huismeester/caretaker
7 ruiterscafé/riders' café

Doorsneden/Sections

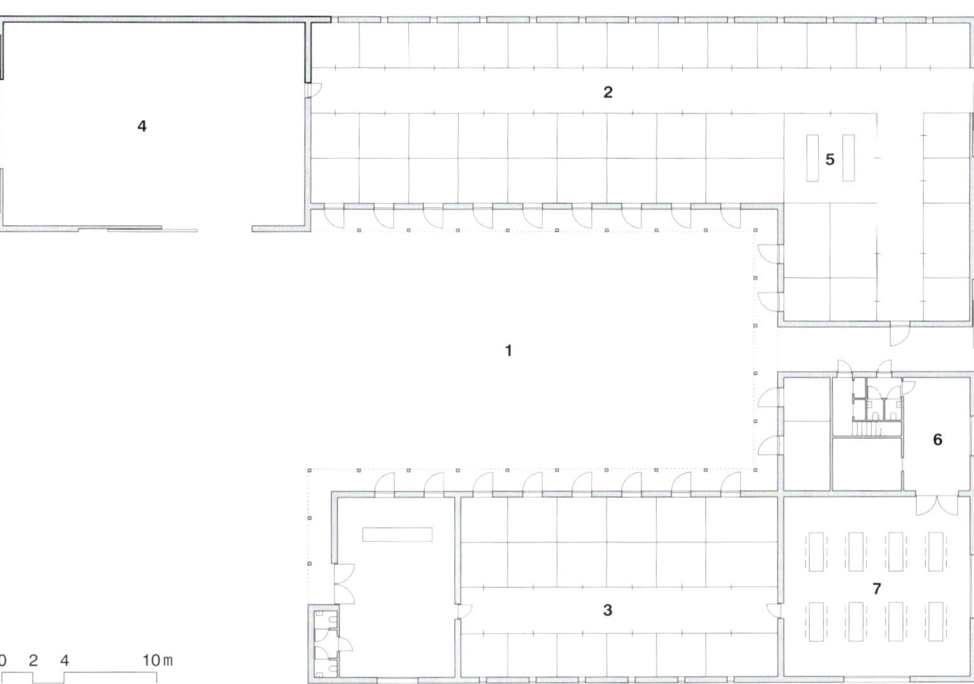

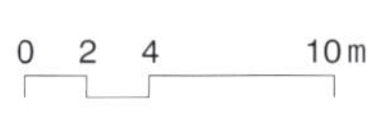

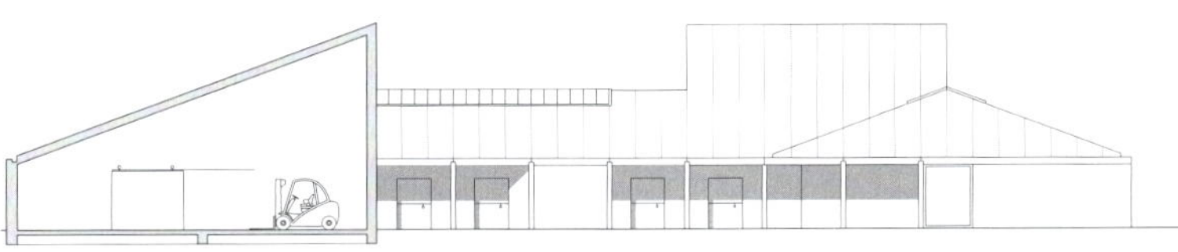

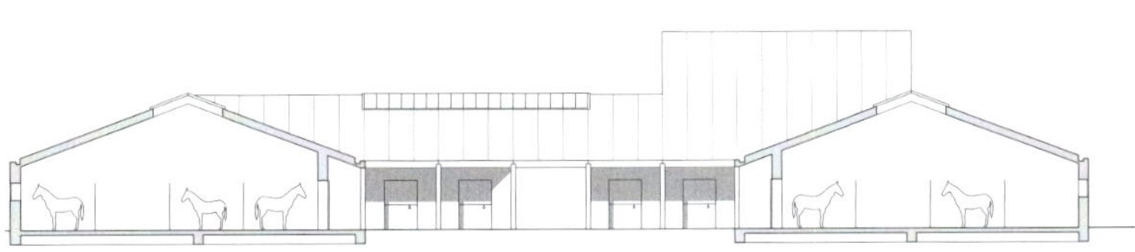

BureauVanEig

’t Melkhuisje

Spaarne 70
Haarlem

De Melkbrug (1886) over het Spaarne in het historische stadscentrum van Haarlem is een rijksmonument dat intensief wordt gebruikt door fietsers en voetgangers. Toen het oude brugwachtershuisje enkele jaren geleden werd verwoest door een brand, besloot de gemeente om het te herbouwen. De randvoorwaarden waren streng: een footprint van 3 x 5 meter (zoals het oude huisje had), een kap met een overstek van maximaal 5 meter en plaats voor een transformatorruimte van 3 x 3 x 3 meter op de begane grond. Architect Marjolein van Eig bedacht een slimme sculpturale strategie: uit baksteen boetseerde zij een volume dat strak om de verschillende programmaonderdelen heen is gelegd en nauwkeurig in de stedelijke context is gepositioneerd. De begane grond heeft naast de transformatorruimte een kleine entreehal, die een genereus hoekraam naar het water kreeg en zo ook dienst kan doen als toeristisch informatiepunt. Een trap leidt naar de brugwachtersruimte met twee niveaus. Grote ramen bieden hier uitzicht over het Spaarne. Boven dit volume modelleerde Van Eig een forse bakstenen kap, die het zonlicht tempert. De bakstenen sculptuur, met aan alle zijden een verschillende gedaante, is op een betonnen sokkel geplaatst, zodat een overkraging naar het water en een terras naar de straat ontstaan. Het ontwerp van Van Eig is een onderzoek naar, en ontwikkeling van, wat een brugwachtershuis altijd is geweest: een stedelijk baken dat tegelijkertijd uitzonderlijk en dienstbaar is.

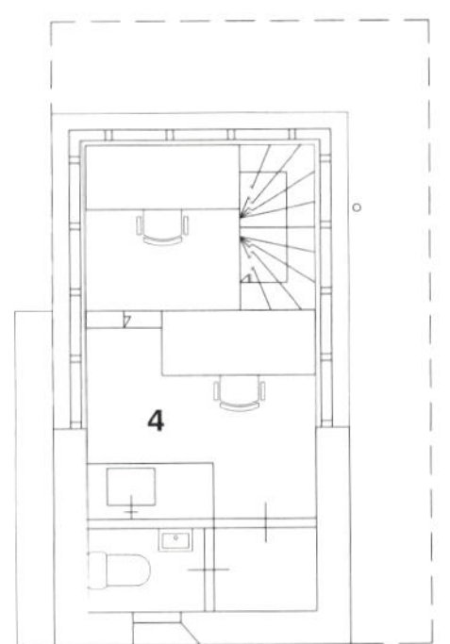

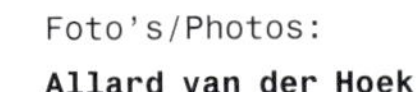

Foto's/Photos:
Allard van der Hoek

Doorsnede/Section

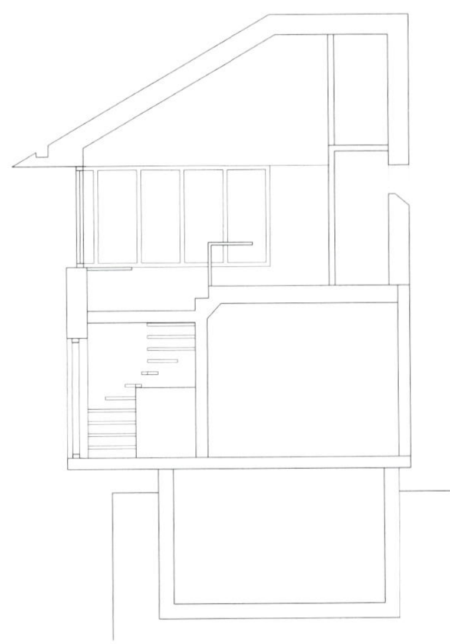

0 1 2,5m

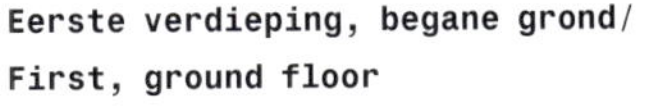

Eerste verdieping, begane grond/ First, ground floor

1 entree/entrance
2 toeristisch informatiepunt/tourist information point
3 transformatorruimte/transformer room
4 brugwachtersruimte/ bridge operator's quarters

Situatie/Site plan

A Spaarne
B Melkbrug
C Hoogstraat

The Melkbrug (1886) over the River Spaarne in the historical centre of Haarlem is a nationally listed swing bridge used intensively by cyclists and pedestrians. When the old bridge operator's house burned down a few years ago, the city council decided to rebuild it. The preconditions were strict: a footprint of 3 x 5 metres (the same as the old building, a roof with eaves of no more than five metres, and space for a transformer room of 3 x 3 x 3 metres on the ground floor.

Architect Marjolein van Eig came up with a clever sculptural strategy: she modelled a taut brick volume to contain the various programmatic elements and positioned it very carefully in the urban context. On the ground floor, in addition to the transformer room, there is a small entrance hall with a generous corner window facing the water, so that it can also serve as a tourist information point. A stair leads to the two levels of the bridge operator's quarters, with large windows overlooking the Spaarne. On top of this volume Van Eig modelled a substantial brick roof that tempers the sunlight. The brick sculpture, each side of which has a different appearance, was placed on a concrete plinth in such a way as to generate a cantilever over the water and a terrace on the street side. Van Eig's design is an exploration and elaboration of what a bridge operator's house has always been: an urban landmark that is both exceptional and subservient.

Office Winhov

W Hotel Amsterdam

Spuistraat 175
Amsterdam

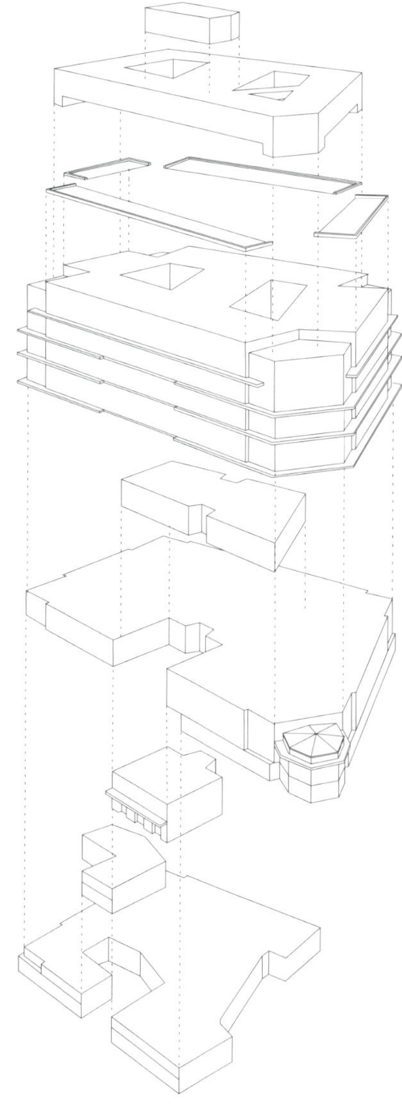

Axonometrie/Axonometric projection

Foto/Photo: **Office Winhov**

Foto's/Photos: Stefan Müller

Het Rijkskantoor voor Geld- en Telefoonbedrijf uit 1927 achter het Paleis op de Dam in Amsterdam is verbouwd tot luxueus hotel. Dit voormalige PTT-kantoor werd ontworpen door rijksbouwmeester J. Crouwel, die zich hierbij liet inspireren door het monumentale Larkin Building van Frank Lloyd Wright in Buffalo, New York. Het kreeg een uitgekiende betonconstructie met twee binnenhoven en een centrale hal, en een expressieve façade met horizontale stroken metselwerk tussen betonnen randen en plint van natuursteen. De monumentale, plastische gevels zijn bij de verbouwing zoveel mogelijk teruggebracht in de oorspronkelijke staat. De later toegevoegde ramen in de vierde verdieping van het gebouw zijn dichtgemetseld. Zo is een ingetogen contrast ontstaan met de nieuwe glazen dakopbouw, waarin de receptie, lobby en restaurant zijn ondergebracht. Deze publieke functies zijn naar boven verhuisd, omdat de begane grond al in gebruik was bij een supermarkt en een slijterij. Op de eerste tot en met de vijfde verdieping zijn 169 'contemporary lifestyle-kamers' ondergebracht, waaronder tien suites en één Extreme Wow Suite (het equivalent van een presidentiële suite). De kamers op de vierde en vijfde verdieping kijken uit op de binnenhoven, waar alle andere kamers op de stad zijn georiënteerd. De binnenhoven werden voorzien van een compleet nieuwe aluminiumbronzen constructie. Een van de voormalige bankkluizen was groot genoeg voor een transformatie tot zwembad. Met het Paleis op de Dam als overbuurman is dit het eerste *rooftop*-zwembad van de stad: 22 meter lang, verwarmd in de winter, met een panoramisch uitzicht over de historische binnenstad.

The 1927 Bank and Telephone Exchange behind the Royal Palace on Dam Square in Amsterdam has been converted into a luxury hotel. This former office building was designed by the government architect of the day, J. Crouwel, who drew inspiration from Frank Lloyd Wright's monumental Larkin Building in Buffalo, New York. It had a sophisticated concrete structure with two internal courtyards and a central hall, and an expressive facade with horizontal bands of brickwork between concrete edging, and a stone plinth. The monumental, sculptural elevations were restored as far as possible to their original state during the renovation. The window openings in the fourth floor facades, a later addition, were bricked up. It all makes for a restrained contrast with the new glazed rooftop structure housing the reception, lobby and restaurant. These public functions were moved to the roof because the ground floor was already occupied by a supermarket and bottle shop. On the first to fifth floors are 169 'contemporary lifestyle rooms', including ten suites and one Extreme Wow Suite (the equivalent of a presidential suite). The rooms on the fourth and fifth floors look out over the courtyards, whereas all the other rooms are oriented towards the city. The courtyard elevations were given a completely new aluminium bronze construction. One of the former bank vaults was large enough to be converted into a swimming pool. With the Royal Palace as its neighbour, this is the city's first rooftop swimming pool: 22 metres long, heated in winter and with a panoramic view of the historical city centre.

Foto/Photo: **Office Winhov**

Situatie/Site plan

A Rozengracht

B Nieuwezijds Voorburgwal

C Koninklijk Paleis/Royal Palace

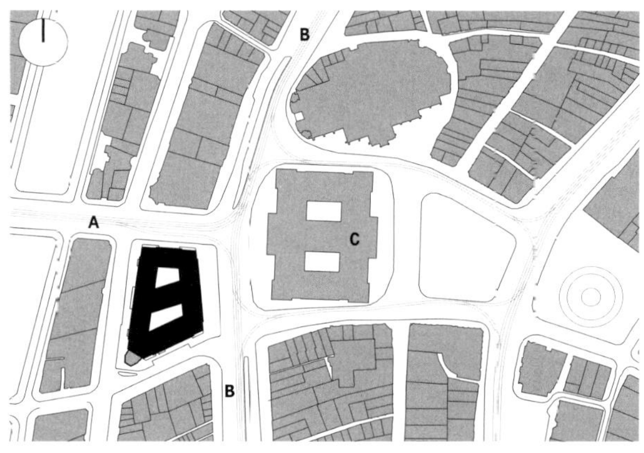

Bovenste, tweede, eerste verdieping, begane grond/Top, second, first, ground floor

1 entree/entrance hotel
2 commerciële ruimten/commercial spaces
3 hotelkamers/hotel rooms
4 multifunctionele ruimte/multifunctional room
5 receptie/reception desk
6 lobby
7 W lounge
8 W bar
9 restaurant
10 keuken/kitchen
11 zwembad/swimming pool
12 terras/terrace

Foto/Photo: **Stadsarchief Amsterdam**

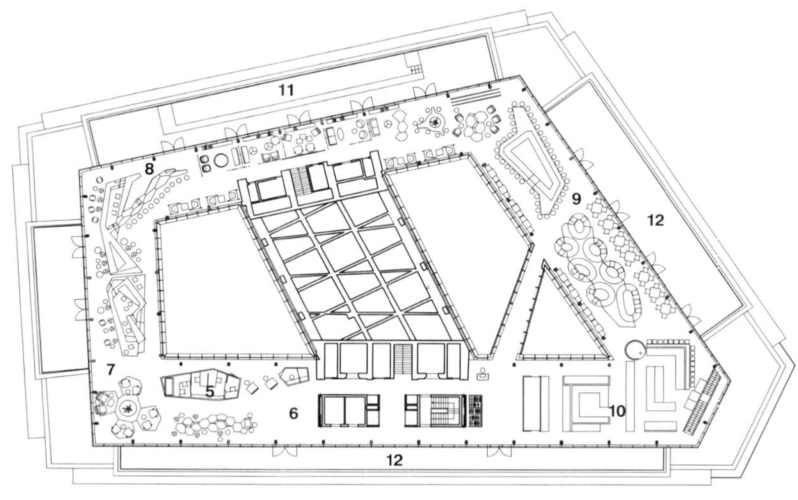

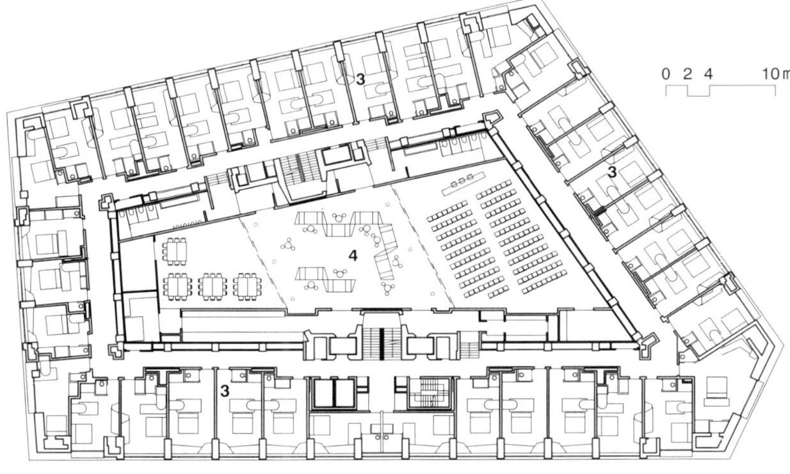

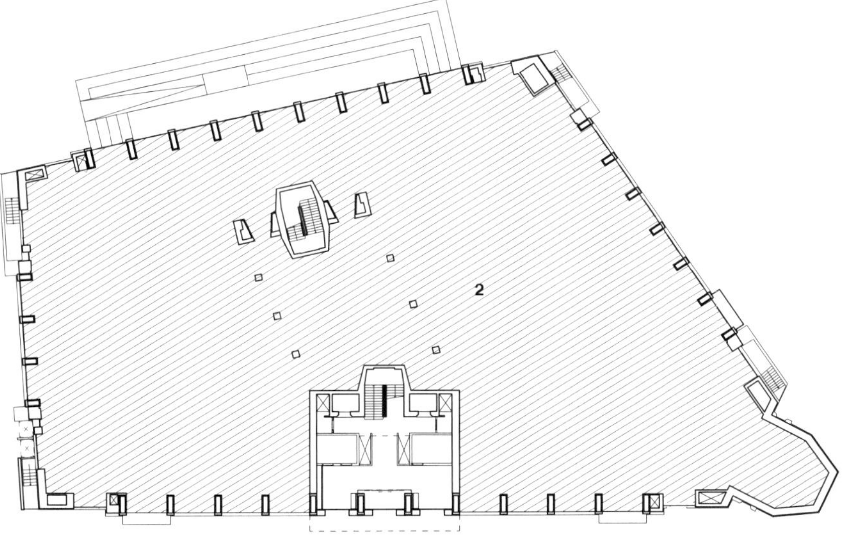

STUDIO MAKS

Deventer House

Mr. H.F. de Boerlaan 125
Deventer

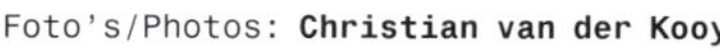

Foto's/Photos: **Christian van der Kooy**

Ooit lag er een ambitieus masterplan voor het Havenkwartier in Deventer. Hierin zou het voormalige havengebied aan de IJssel plaatsmaken voor een hoogstedelijke woonwijk met woontorens en urban villa's. De grote hoeveelheid woningen dreigde een probleem te vormen voor de omliggende industrie. Ook werden de bestaande kwaliteiten, zoals het industriële karakter, nauwelijks meegenomen in het ontwerp. In 2006 belandde het plan dan ook in de prullenbak. Er kwam een nieuwe ontwikkelstrategie die ruimte moest bieden aan meer functies en meer gebruikers. Ruige industrie en bedrijvigheid blijken zich goed te kunnen verhouden tot horeca, cultuur en 'stoer wonen'. Voor veel mensen bleek dit de plek om hun ideale huis te laten bouwen. Alleen reiken wensen vaak verder dan het beschikbare budget. Dat gold ook voor de bewoners van dit woonhuis, waarin elke vierkante centimeter is benut. Om de woning binnen het budget te kunnen realiseren, is er gebruikgemaakt van bestaande bouwsystemen in combinatie met specifieke maar eenvoudige detaillering. De gevels zijn gemaakt uit ruw beton, maar krijgen door hun detaillering een geheel eigen karakter. Ook de installaties zijn standaard, maar met veel aandacht verwerkt in de speciaal op maat gemaakte kastenwanden. Architectuur en meubilair lopen in elkaar over. Openingen in wanden en vloeren verbinden de open ruimten horizontaal en verticaal en geven de woning een grote mate van ruimtelijkheid. Fundering en gevels zijn zo gedetailleerd dat de woning uitgebreid kan worden met een extra verdieping, corresponderend met de toekomstige ambities van het gezin.

Once upon a time there was an ambitious master plan for the Havenkwartier in Deventer, which would have seen the former harbour area on the River IJssel make way for a centrally located residential area of apartment towers and urban villas. The large number of dwellings threatened to be a problem for the surrounding industry, while the area's positive qualities, such as its industrial character, had been largely ignored in the design. In 2006 the plan was duly ditched, to be replaced by a new development strategy aimed at accommodating more functions and more users. It turns out that rugged industry and economic activity provide a good setting for cafés and restaurants, culture and 'trendy living'. Many people saw this as a good place to build their ideal home. Unfortunately, ambitions often outstrip the available funds. That was also the case for the occupants of this house, in which every square centimetre has been put to good use. In order to realize the house within the tight budget, the architects used existing building systems in combination with specific but simple detailing. The facades are made from undressed concrete, but are saved from anonymity by the detailing. The services are standard as well, but very carefully incorporated in the made-to-measure wall units. Architecture and furniture coalesce. Openings in the walls and floors connect the open spaces horizontally and vertically and give the house a great sense of space. Foundations and elevations are detailed in such a way that the house can be extended with an extra floor to match the family's future ambitions.

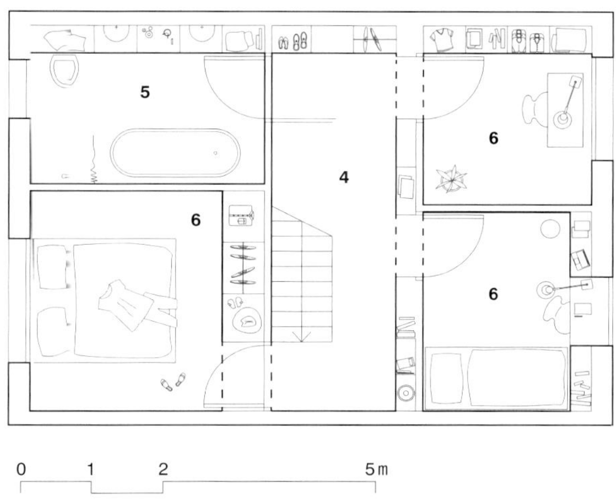

Eerste verdieping, begane grond/
First, ground floor
Doorsnede/Section

1 entree/entrance
2 keuken/kitchen
3 woonkamer/living room
4 overloop/landing
5 badkamer/bathroom
6 slaapkamer/bedroom

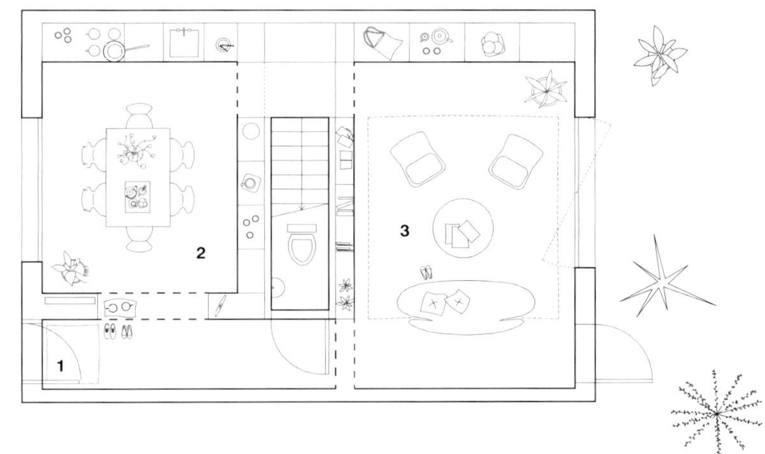

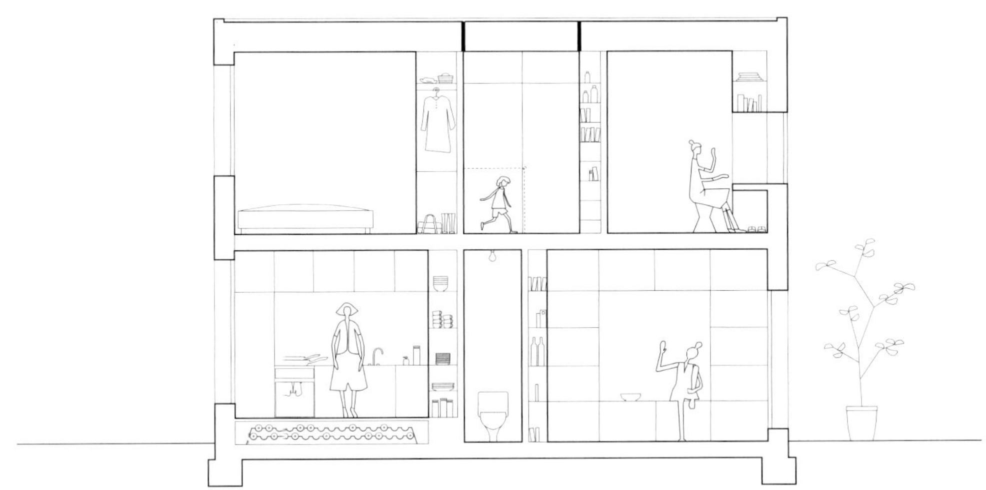

Situatie/Site plan

A Mr. H.F. de Boerlaan
B Scheepvaartstraat
C Industrieweg

Met het hoofd in de wolken en beide benen op de grond

Edwin Oostmeijer

Waar nog de wind het stof verstuift
Over het kale land
Waar nou de bulldozer nog schuift
Door een woestijn van zand

Daar zal straks, stoer en nieuwerwets
Een trotse wijk verrijzen
Met grote, grijze torenflats
Nog mooier dan paleizen

En ik kijk uit mijn vensterraam
Op het gewemel neer
Met op mijn lippen deze naam
Bijlmermeer... Bijlmermeer

Uit *'t Schaep met de 5 pooten*

Het is een mastodont, een uitgestorven dier dat op een mammoet lijkt. Je zou het ook een slagschip kunnen noemen. Een olietanker, die begin jaren zeventig van de vorige eeuw is aangespoeld in de Bijlmermeer, Amsterdam-Zuidoost. Kleiburg – vernoemd naar de boerderij die ooit stond in wat later de K-Buurt is gaan heten – is de laatst overgebleven honingraatflat hier in de buurt. Architect Fop Ottenhof stierf een paar jaar voordat deze *machine à habiter* in 1971 werd opgeleverd. Het jaar waarin meer dan duizend hippies de hele dag muziek maakten in het Vondelpark, elkaar de hasjpijp doorgaven en daar bleven slapen tot de zon weer opkwam. Sean Connery reed als James Bond in *Diamonds Are Forever* over de Amsterdamse grachten en in de Bijlmermeer werd *Blue Movie* opgenomen, de eerste Nederlandse film waarin expliciete seksscènes werden getoond en die een van Nederlands meest succesvolle films werd. Overheid en woningcorporaties deden toen waar ze goed in waren: het volk verheffen door goede sociale woningbouw te realiseren. De sociaal-democratie was op haar hoogtepunt. De PvdA was voor het eerst sinds 1956 weer de grootste politieke partij van het

With Their Head in the Clouds and Both Feet on the Ground

Where the wind still blows the dust
Over the bare land
Where now the bulldozer still shovels
Through a desert of sand

There soon will arise, tough and progressive
A proud new district
With tall, grey tower blocks
More beautiful than palaces

And I look out of my window
On the confusion below
With on my lips this name
Bijlmermeer... Bijlmermeer.

From the 1969 Dutch television series
't Schaep met de 5 poten (The sheep with five legs)

It's a mastodon, an extinct animal that looks like a mammoth. You could also call it a battleship. Or an oil tanker, run aground in the Bijlmermeer in Amsterdam-Zuidoost in the 1970s. Kleiburg – named after the farm that once stood in the area later designated as K-Buurt – is the last remaining honeycomb tower flat in the area. Its architect, Fop Ottenhof, died a few years before this *machine à habiter* was completed in 1971. That was the same year when over a thousand hippies made music all day long in the Vondelpark, passing the hash pipe from hand to hand and sleeping until the sun came up again. Sean Connery, alias James Bond, drove along the Amsterdam canals in *Diamonds Are Forever*, and the Bijlmermeer provided the setting for *Blue Movie*, the first Dutch film to include explicit sex scenes, which went on to become one of the most popular Dutch films ever. The government and the housing associations did what they were good at: elevating the masses by building good quality social housing. Social democracy was at its height and the Dutch labour party (PvdA) was once again the biggest political party for the

land. Iedereen was gelijk en iedereen had recht op een goed huis met licht en ruimte. Het is nu bijna niet meer voor te stellen, maar in de binnensteden waren vervallen huizen dichtgespijkerd en hadden veel woningen nog geen douche en soms zelfs geen keuken. De stadsvernieuwing moest nog op stoom komen.

Dit verhaal gaat over een fascinerende flat die dankzij een speling van het lot is blijven staan, waar andere flats sneuvelden onder de slopershamer. Dankzij zakenbank Lehman Brothers, die in 2008 viel en de financiële crisis die daarop volgde. Dankzij woningcorporatie Rochdale, die geen geld had voor een grootschalige renovatie en niet wist wat met dit enorm grote bezit aan te vangen. Bij wijze van experiment werd het gebouw begin 2011 voor één euro te koop aangeboden. In vloeroppervlakte is Kleiburg misschien wel een van de grootste gebouwen van Nederland: 500 appartementen in een gebouw van 400 meter lengte, elf lagen hoog. Het gebouw bleef staan ook mede dankzij het enthousiasme en de bravoure van een stel vrienden die niet toevallig allemaal iets van doen hebben met architectuur en vastgoed: Martijn, William, Hella en Frank. Dit verhaal gaat ook over nieuw opdrachtgeverschap in tijden die voorgoed lijken te zijn veranderd. Bijvoorbeeld als het gaat om het financieren van projecten. Waar vroeger het grote geld door banken werd verstrekt, zijn het tegenwoordig steeds meer vele kleine bedragen van particulieren die ervoor zorgen dat projecten daadwerkelijk van de grond komen. Die vele kleine beetjes komen bijvoorbeeld van toekomstige bewoners.

Er zijn inmiddels voorbeelden te over van architecten die niet alleen een gebouw tekenen, maar zelf ook het initiatief nemen en zich als ondernemer manifesteren. Kijk bijvoorbeeld naar de woongebouwen die architecten Marcel Lok, Furkan Köse en Brecht Goeman dit jaar hebben gerealiseerd in Blok 0 in de Houthavens in Amsterdam. Bijna ouderwets goede gebouwen in materialisatie en detaillering, met een diversiteit aan appartementen en plattegronden. Deze appartementengebouwen passen in de rijke traditie van de Nederlandse woningbouw, ze zijn alleen op een andere manier tot stand gekomen. De Houthavens zouden eerst door één grote ontwikkelaar worden gebouwd, maar de crisis zorgde ook hier voor een pas op de plaats. Ook bij andere projecten bleven kavels onbebouwd en uiteindelijk ging overal de geldkraan dicht. Het ene plan nog gekker en megalomaner dan het andere stierf een zachte dood. Ontwikkelaars, bouwers, architecten gingen achter elkaar failliet. De vraag naar vastgoed is gebleven, alleen is ze meer gedifferentieerd en steeds specifieker van vorm en functie. Projecten zijn kleinschaliger geworden, risico's worden over meer partijen gespreid en er wordt veel meer flexibiliteit ingebouwd, zowel wat betreft de inhoud als de fasering van de plannen. Gebieden laten zich niet meer in één of enkele grote fasen ontwikkelen volgens iets wat lijkt op een blauwdruk. Dat is ook niet nodig. In gewilde steden als Amsterdam en Utrecht zijn gebieden opgeknipt in kleinere kavels, kleiner dan oorspronkelijk gedacht, en gevarieerd in grootte en vorm. Zo worden in de Houthavens van Amsterdam dit jaar meerdere appartementengebouwen opgeleverd die kavel voor kavel door architecten zijn ontwikkeld. Zij hebben in een vroeg stadium toekomstige bewoners om zich heen weten te verzamelen die samen het geld voor de ontwikkeling van het project bijeenbrachten. Met dat geld bleken bouwers vervolgens bereid garant te staan voor de nog onverkochte woningen.

Het businessmodel voor nieuwbouwprojecten is veranderd, een ontwikkeling die nu zelfs al door de reclame wordt gesignaleerd. 'Wat mij dwarszit aan de woningbouw is dat er niet wordt samengewerkt wordt met de bewoners', zegt architect Marc Koehler in een spotje van telefoongigant Vodafone, terwijl hij op de fiets onderweg is naar de

Bijlmermeer, begin jaren 1970
Bijlmermeer, early 1970s
Foto/Photo: Dienst Ruimtelijke Ordening, Amsterdam

first time since 1956. Everyone was equal and everyone had a right to a good home with light and space. It's difficult to imagine now, but in the inner cities dilapidated houses were boarded up and many homes still had no shower and sometimes not even a kitchen. Urban renewal had yet to get going.

This is the story of a fascinating apartment building that, thanks to a quirk of fate, has remained standing while others like it fell victim to the wrecker's ball. Thanks to the collapse of the merchant bank Lehman Brothers in 2008 and the ensuing financial crisis. And thanks also to the Rochdale housing association, which had no money for a sweeping renovation and had no idea what to do with this massive piece of real estate. In early 2011, by way of an experiment, the building was offered for sale for one euro. In terms of floor area, the Kleiburg may well be one of the largest buildings in the Netherlands: 500 apartments in a building 400 metres in length and eleven storeys high. Another reason why the building remained standing, was the enthusiasm and bravura of a group of friends who all 'just happened' to have something to do with architecture and/or real estate: Martijn, William, Hella and Frank. This is also the story of new forms of commissioning in times that appear to have changed for good, for example when it comes to financing projects. Whereas the big money used to be provided by banks, nowadays it is increasingly the many small sums of money contributed by individuals which ensure that a project actually gets off the ground. Those many small sums come from, among others, future residents.

There are by now plenty of examples of architects who not only draw the building, but also take the initiative to act as entrepreneur. One only has to look at the apartment buildings realized this year by Marcel Lok, Furkan Köse and Brecht Goeman in Blok 0 of the Houthavens development in Amsterdam. Almost old-fashioned in the quality of their materialization and detailing, and with a diversity of apartment types and floor plans, these apartment buildings are in keeping with the rich tradition of Dutch housing construction. The only difference is the way they came about. The Houthavens development was originally intended to be built by a single big developer, but the crisis put paid to that as well. In other projects, too, plots remained unbuilt and eventually the supply of money dried up everywhere. Plan after plan, the one crazier and more megalomanic than the other, quietly fizzled out. Developers, builders and architects went bankrupt in quick succession. The demand for property is still there, but it is more differentiated and increasingly specific as regards form and function. Projects are smaller in scale, risks are spread across more parties and there is more in-built flexibility, in terms of both the content and the phasing of plans. Gone are the days when vast areas could be developed in one or two big phases in accordance with something resembling a blueprint. Nor is it

bouwplaats. 'Waar veel traditionele ontwikkelaars het contact met de klant zijn verloren, zetten wij direct met bewoners grote projecten op.' Staande in een casco van beton omschrijft hij vervolgens wat zijn project behelst. 'Een superloft is eigenlijk een grote bak lege ruimte die je helemaal kan invullen naar eigen idee, zonder tussenkomst van derden. Er is maar één aanspreekpunt en dat zijn wij. Omdat we met een klein team veel onderweg zijn, hebben wij een virtuele telefooncentrale zodat wij altijd bereikbaar zijn – waar wij ook zijn. Met onze eigen app hebben bewoners ook met elkaar contact, bijvoorbeeld om ideeën uit te wisselen over gemeenschappelijke ruimten. De eerste superlofts zijn bijna af en binnenkort gaan wij van start in Utrecht en Delft. Mensen meer ruimte bieden, dat is wat wij doen.'

De commercial schetst een aantrekkelijk beeld van de architect die buiten de gebaande paden om bewoners weet te verleiden en aan zich weet te binden. Alles kan. *The sky is the limit*. In de praktijk blijkt oneindige keuzevrijheid ook een *hell of a job* te zijn, die heel moeilijk is te managen. Bewoners lopen vroeg of laat toch aan tegen technische dan wel financiële beperkingen die veelal niet door de architect, maar vooral door de bouwer moeten worden opgelost. Het is een romantisch idee, de architect op zijn fiets die dag en nacht voor zijn bewoners klaarstaat, maar met zo veel bewoners en zo veel appartementen in één gebouw is dat niet te doen. Bewoners hebben ook een duidelijk kader nodig. Ze moeten vooraf weten wat de mogelijkheden zijn. Welke muren zijn dragend, kunnen appartementen horizontaal of verticaal met elkaar worden verbonden, wel of geen vide. Weten ook wat alles kost en op welk moment keuzes gemaakt moeten zijn.

Dit was bij DeFlat Kleiburg allemaal goed geregeld. Consortium DeFlat bleek een meester in verwachtingsmanagement. Toen architect Martijn Blom in de krant las dat de enorme flat voor één euro zou worden verkocht, sms'te hij zijn oude studievriend Willem Gaymans, die directeur is van KondorWessels Vastgoed. 'Zullen we dit samen kopen? Ieder de helft?' Waarop Willem antwoordde: 'Even aan mijn vriendin vragen :)'. Enkele dagen daarna sloten zich nog een paar bekenden aan die ervaring hadden met kopersbegeleiding en het financieren van projecten. Binnen een week werd de deal beklonken tijdens een borrel in de Parooltoren, het voormalige krantengebouw waar zich destijds tijdelijk kleine bedrijfjes hadden gevestigd. De vrienden verenigden zich in 'consortium DeFlat' en werkten aan een businessplan. Begin 2011 boden zij samen met 79 anderen één euro voor het gebouw, dat anders gesloopt zou worden. Eerdere plannen van bijvoorbeeld architect Greg Lynn waren zo spectaculair, met golvende gevels en roltrappen die omhooggingen, dat ze nooit verder zijn gekomen dan tekentafel – te buitenissig, te duur.

De buurt kampte als vanouds met grote problemen. Van een moord in het plantsoen tot het handelen in drugs in de overdekte gang tussen parkeergarage en galerij op de eerste verdieping. Plus het over de reling gooien van vuilniszakken door sommige huurders. De conclusie

Sloop van de externe lifttoren van Kleiburg
Demolition of the external lift tower of Kleiburg
Foto/Photo: Marcel van der Burg

Kijkdagen in DeFlat Kleiburg
Viewing days in DeFlat Kleiburg
Foto/Photo: DeFlat Kleiburg

necessary. In popular cities like Amsterdam and Utrecht, development sites are cut up into smaller plots, smaller than originally conceived, and of varied size and shape. In the Houthavens area in Amsterdam, for example, several apartment buildings have been built that were developed plot by plot by architects. Early on in the process, they managed to assemble a group of future residents who together raised the capital needed to fund the development. With that money on the table, builders were prepared to underwrite the as yet unsold dwellings.

The business model for new-build projects has changed, a trend that is already being spotlighted in advertising. 'What annoys me about housing construction is that there is no collaboration with the residents,' says architect Marc Koehler, as he cycles to the building site in an commercial for mobile phone giant Vodafone. 'While many traditional developers have lost contact with the client, we work directly with the residents in setting up big projects.' Now standing inside a concrete shell, Koehler proceeds to describe what his project involves. 'A super loft is actually one big empty space that you can subdivide to suit yourself, without any interference from third parties. There's just one point of contact, and that's us. Because we're a small team and often out and about, we have a virtual switchboard so that we can be reached at all times – wherever we may be. We have our own app that allows residents to contact one another, for example to exchange ideas about common areas. The first super lofts are almost finished and we'll shortly be starting in Utrecht and Delft. Offering people more space, that's what we do.'

The commercial paints an appealing picture of the architect who manages to attract and retain residents with an unconventional approach. Everything's possible. The sky is the limit. In practice, endless freedom of choice turns out to be a hell of a job and hellishly difficult to manage. Sooner or later residents run up against technical or financial constraints that often have to be solved not by the architect, but by the builder. It's a romantic notion, the architect on his bicycle who is always on call for his residents, but with so many residents and so many apartments in a single building, it's just not practicable. Besides, residents need a clear framework. They need to know beforehand what the possibilities are. Which walls are load-bearing, can apartments be linked horizontally or vertically, void or no void? They also need to know what everything costs and at which points decisions have to be made.

All those matters were well organized in Kleiburg. Consortium DeFlat proved to be a master in expectation management. When architect Martijn Blom read in the newspaper that the massive apartment building was to be sold for one euro, he texted his old university friend Willem Gaymans, who is director of the construction company KondorWessels. 'Shall we buy it together? Half each?' To which Willem replied: 'I'll just ask my girlfriend :)'. A few days later they were joined by a couple of acquaintances with experience in supporting buyers and funding projects. Within a week a deal had been sealed over drinks in the Parool Tower, the former newspaper premises that was temporarily tenanted by a lot

van corporatie en gemeente was al gauw dat sloop de enige optie was en dat laagbouw, ieder zijn eigen huis met tuin, veel leefbaarder was dan zo'n grote flat waarin niemand elkaar kende. Er waren voorstellen van andere partijen waarin grote delen van het gebouw zouden worden gesloopt. In het businessplan van het consortium zou het hele woongebouw blijven staan en nieuwe lading krijgen door bewoners van nu ruimte te bieden voor zoveel mogelijk individuele woonwensen binnen een bestaand en opgeknapt casco.

Het idee van het consortium was even simpel als doeltreffend: het gebouw tot zijn meest basale en originele staat terugbrengen. Later aangebouwde liften zijn gesloopt en in het gebouw ondergebracht. In de plint waar vroeger bergingen zaten en enge doorgangen bevinden zich nu de voordeuren van maisonettes verdeeld over twee of drie lagen. Twee majestueuze openingen in de knikken van het gebouw, twee verdiepingen hoog, bieden zicht op en toegang tot het groene landschap rondom. Bergingen zijn bijna onzichtbaar ondergebracht op de eerste verdieping. Asbest is verwijderd en enkel glas is vervangen door dubbel glas. Pistachegroen en andere kleuren op de balkonplaten, panelen en kozijnen zijn verwijderd en het beton is overal schoongespoten. Daarna zijn mooie houten relingen aangebracht boven de balkon- en galerijplaten. Er is geschilderd, vooral veel geschilderd. Op advies van landschapsarchitect en supervisor Michael van Gessel werd dat RAL 7039, kwartsgrijs. Een rustige, bijna chique kleur die de horizontale lijnen van het gebouw versterkt.

Schrijver en vertaler August Willemsen, die ooit in Kleiburg woonde, vond dat de horizontale belijning van het gebouw ervoor zorgde dat het lager leek dan het in werkelijkheid was. Hij was een echte *Bijlmer believer*, zoals de initiatiefnemers van het consortium meer tegenkwamen toen zij aan dit grote avontuur begonnen. Willemsen schreef: 'Bijna niemand beseft het, maar de Bijlmer heeft een karakter dat uniek is. Toen ik hier in oktober 1971 kwam wonen was de omgeving natuurlijk nog een puinhoop (braakliggend land, bouwketen, modder, troep). Sindsdien zijn de voorzieningen verbeterd, maar dat karakter was er vanaf het begin. Ik rook het, ik snoof het op, ik zag de ruimte, het licht, de verhoudingen, het beviel me – en het bevalt me nog steeds. Wat me hier aanstaat is niet alleen die vervlechting van veel groen met moderne bouwmaterialen in de zuiverste Corbusier-traditie, maar meer nog de combinatie van enerzijds grootschaligheid, een onburgerlijke, kosmopolitische sfeer, en anderzijds rust en een bijna dorps aandoende intimiteit. Dat laatste zit in de mogelijkheid tot gemakkelijk buurcontact, hetzij via de balkons, of op de galerij, op de markt, of ook op de besloten veldjes en hoekjes bij de waterpartijen en speelplaatsen binnen de zeshoeken van de flatgebouwen. Het ruime, het kosmopolitische, het lef, zit in de onbekrompen architectonische opzet en in de bevolkingssamenstelling. Sommigen, die de Bijlmer een zekere allure niet willen ontzeggen maar het er toch moeilijk mee hebben, zeggen wel dat deze wijk "in het verkeerde land is gebouwd". Ik kan ze geen ongelijk

DeFlat Kleiburg, borstwering
De Flat, Amsterdam, balustrades
Foto/Photo: StijnStijl/Stijn Poelstra

of small businesses. The friends formed 'consortium DeFlat' and worked out a business plan. In early 2011, together with 79 other individuals, they offered one euro for the building, which would otherwise have been demolished. Previous plans by the architect Greg Lynn, for example, had been so spectacular, with undulating facades, ramps and escalators, that they never got beyond the drawing board – too eccentric, too expensive.

The neighbourhood was still burdened by the same old problems, ranging from a murder in the park to drug dealing in the covered passageway between car park and first-floor walkway. Some tenants were also in the habit of throwing their rubbish bags over the railing. The conclusion reached by the housing association and the city council was that demolition was the only option and that low-rise, where every house had its own garden, was more liveable than such a huge apartment building where nobody knew anyone else. There were also proposals that involved the demolition of large sections of the building. By contrast, in the business plan drawn up by the consortium, the entire building would remain standing and acquire a new ambience as a result of offering present-day residents the scope to realize as many of their individual housing wishes within an existing, refurbished shell.

The consortium's idea was both simple and effective: reduce the building to its most basic and original state. Lifts added to the exterior at a later stage were removed and placed inside the building. The base, which had contained storage spaces and creepily narrow aisles, now contains the front doors of two and three-storey maisonettes. Two majestic, two-storey-high openings in the angles of the building offer views of and access to the surrounding green landscape. Storage areas are accommodated, almost invisibly, on the first floor. Asbestos was removed and single glazing replaced by double. Pistachio green and other colours on the balcony slabs, panels and frames were removed and the concrete thoroughly hosed down, after which attractive wooden railings were installed above the balcony and walkway slabs. Painting – a great deal of painting – was carried out, and on the advice of landscape architect and supervisor Michiel van Gessel, they opted for RAL 7039, quartz grey. A tranquil, almost chic colour that emphasizes the horizontal lines of the building.

August Willemsen, a distinguished writer and translator, who once lived in Kleiburg, felt that the building's horizontal lines made it look lower than it really was. He was a true 'Bijlmer believer', one of several the consortium initiators came across when they embarked on this big adventure. Willemsen had written: 'Very few people realized it, but the Bijlmer has a unique character. When I came to live here in 1971 the surroundings were still a mess of course (waste land, site huts, mud, clutter). Since then the amenities have been improved, but that character was there from the beginning. I smelt it, I inhaled it, I saw the space, the light, the proportions, it suited me – and it still suits me. What I like about it is not just the interweaving of abundant greenery with modern

geven. Alleen: ik geef de schuld aan het land. En aan de stad – ofschoon ik zelf Amsterdammer ben. Maar ik geloof dat een stadsdeel als dit, in de buurt van bijvoorbeeld Rotterdam (ik heb het nu uitsluitend over het bouwkundige aspect), veel minder commotie zou hebben veroorzaakt dan hier bij Amsterdam, waar het artistieke en intellectuele klimaat het meest bedillerige, intolerante, dictatoriale, eenkennige, zelfgenoegzame en van vooroordelen verstikte is dat ik ken. In één van de vele discussies over de Bijlmer heeft iemand eens gezegd: "De Amsterdammer wil geen ruimte, de Amsterdammer wil een straat." Het zal best waar zijn, maar ik denk dan alleen maar: "Jammer voor die Amsterdammer, maar wat fijn voor mij." Een straat is nu juist waar ik van mijn leven niet meer wil wonen – evenmin als in een omgeving met uitsluitend "witten".'[1]

Het consortium liet een film maken over de Bijlmer, over de omgeving en de bewoners, toen en nu, om de toekomstige bewoners kennis te laten maken met de Bijlmer. Dat bleek een goede tactiek – niet alleen een woning aanbieden, maar vooral ook een verhaal vertellen. Een verhaal over de bewoners als ambassadeurs van de Bijlmer. Het consortium organiseerde iedere zaterdag verkoopdagen in Kleiburg, die toen nog onderhanden moest worden genomen. Ter inspiratie werden meerdere modelwoningen ingericht. Het aanlokkelijke idee dat je hier je eigen leefomgeving naar je hand kon zetten voor belachelijk lage prijzen, bleek de sleutel, het vliegwiel voor de verkoop. *Pick and choose*: wil je twee appartementen naast elkaar, of wil je boven en onder? Zeg het maar. Wij hebben alleen het casco in orde gemaakt en jij doet de rest. En dat voor € 1.200 per vierkante meter woonoppervlakte, waar elders in de Bijlmer tussen de € 1.600 en € 1.800 wordt betaald, tegenover € 5.000 en € 7.000 binnen de Ring. Tel uit je winst. Weliswaar ben je er met het casco alleen nog niet, maar met verschillende inbouwpakketten – van keuken tot verschillende kozijnindelingen – bleek het nog altijd een meer dan goede koop.

DeFlat borduurt voort op een trend die in Nederland is begonnen in 2006 met het Wallisblok in Rotterdam. Het project Wallisblok, 'De Dichterlijke Vrijheid', is een woonblok in de Rotterdamse wijk Spangen. De woningen in dit grotendeels vooroorlogse blok verkeerden in een zeer slechte staat van onderhoud en de gemeente Rotterdam zocht naar een mogelijkheid om met het opknappen van de woningen een impuls te geven aan de verbetering van de gehele wijk. De woningen werden 'gratis weggegeven' aan nieuwe bewoners onder de voorwaarde dat deze nieuwe bewoners een Vereniging van Eigenaren (VvE) vormden die als opdrachtgever en financier kon fungeren voor het verdere opknapwerk. Deze VvE moest ingrijpende werkzaamheden laten uitvoeren, zoals betere, brandwerende muren, nieuw gevelwerk, een nieuw dak en centrale verwarming. De woningen waren de eerste zogenaamde

Studio Aa, Kleiklooster/Kleiklooster 'monastery' in DeFlat Kleiburg
Foto/Photo: Millad Pallesh

building materials in the purest Corbusier tradition, but more especially the combination of large scale on the one hand, an unconventional, cosmopolitan atmosphere, and on the other hand, peace and quiet and an almost village-like intimacy. The latter is due to the ease of neighbourly contact, either via the balconies, or on the walkway, at the market, or even in the enclosed fields and corners near the ponds and play areas inside the hexagon of the apartment buildings. The spaciousness, the cosmopolitan aura, the gutsiness, lies in the generous architectural set-up and in the population make-up. Some people, who don't want to deny the Bijlmer a certain allure, but still find it hard to accept, say that this district "was built in the wrong country". I can't altogether blame them. Except, I blame the country. And the city – even though I'm an Amsterdammer myself. But I think that a district like this, close to Rotterdam for example (I'm talking only about the architectural aspect now), would have caused much less commotion than here near Amsterdam, where the artistic and intellectual climate is the most interfering, intolerant, dictatorial, stuffy, smug and prejudiced that I know. In one of the many discussions about the Bijlmer, someone once said: "Amsterdammers don't want space, Amsterdammers want a street." It may well be true, but then I think: "A pity for those Amsterdammers, but how very fine for me." A street is precisely somewhere I never want to live again, any more than in an exclusively "white" environment.'[1]

Consortium DeFlat commissioned a film about the Bijlmer, about the surroundings and the residents, then and now, to introduce prospective residents to the area. It turned out to be a good tactic – rather than simply offering a dwelling, to also tell a story. A story about the residents as the ambassadors of the Bijlmer. Every Saturday the consortium organized a sales day in Kleiburg, which was at that point still awaiting refurbishment. Several model homes were fitted out to serve as inspiration. The enticing idea that you could create your own living environment here for ridiculously low prices, proved to be the key, the flywheel that drove the sale. Pick and choose: do you want two apartments next to one another, or above and below? Just say the word. We've merely repaired and spruced up the shell, you do the rest. And all for € 1,200 per square metre of habitable space, while elsewhere in the Bijlmer people are paying between € 1,600 and € 1,800, compared with € 5,000 and € 7,000 inside the canal ring. It's a steal. True, with a shell there is still a lot to do, but with the array of fit-out packages available – from the kitchen to variously configured window walls – it was still a more than favourable deal.

DeFlat continues a trend that began in the Netherlands in 2006 with the Wallisblok in Rotterdam. The Wallisblok project, 'The Poetic Licence', concerned an apartment block in the Rotterdam district of Spangen. The dwellings in this largely prewar block were very run down and the city council was considering the possibility of refurbishing them as a way of kick-starting the regeneration of the entire district. The dwellings were 'given away' for free to new residents on condition that they form an Owners' Corporation (Vereniging van Eigenaren, VvE), that could act as client and financier for the renovation work. The VvE had to commission extensive works, such as the installation of better, fire-resistant walls, new facades, a new roof and central heating. Those apartments were the first so-called self-help homes in the Netherlands. The city council hoped this approach would attract a different type of resident that would help raise the social and cultural profile of Spangen. Since then, the idea behind the scheme – that giving residents control over their homes increases their involvement and consequently the liveability of the neighbourhood – has been picked up by other projects, such as Eén Blok Stad and Solids: old and new buildings where all that buyers and

kluswoningen in Nederland. De gemeente hoopte op deze wijze een ander type bewoners aan te trekken, om de wijk Spangen sociaal en cultureel op een hoger niveau te brengen. De gedachte achter het project, dat door bewoners het heft in eigen handen te geven de betrokkenheid groter is en de leefbaarheid in de buurt zo wordt vergroot, heeft sindsdien navolging gevonden in projecten als Eén Blok Stad en Solids: oud- en nieuwbouw waarbij voor kopers en huurders alleen het casco tiptop in orde is en waarbij bewoners het interieur naar eigen smaak afbouwen.

2006, het jaar waarin het Wallisblok opnieuw tot leven kwam, is ook het jaar waarin Frank Bijdendijk als directeur van woningcorporatie Het Oosten (later Stadgenoot) *Met andere ogen* schreef, dat de opmaat bleek voor het Solids-concept. Bijdendijk verbaasde in de roerige jaren tachtig iedereen toen hij een akkoord sloot met de krakers van De Rode Tetter, het voormalige bedrijfsgebouw van drukkerij Tetterode in Amsterdam-Oudwest. Hij won destijds het vertrouwen van de krakers. Samen werkten ze een formule uit waarbij de nieuwe eigenaar Het Oosten alleen het casco zou opknappen en de huurders de zeggenschap kregen over de binnenkant van het gebouw. Zo konden de huren laag blijven. In 1996 introduceerde Het Oosten het concept koophuur in Amsterdam, waarbij huurders de binnenkant van hun woning konden kopen. Binnen twee jaar werden er 440 appartementen via deze formule verkocht, maar de constructie verloor zijn aantrekkelijkheid toen de fiscus besloot geen hypotheekrenteaftrek toe te staan.

Bijdendijk is de bedenker van de zogenaamde Solids, een vorm van casco-verhuur waarbij huurders zelf alles mogen bepalen: bestemming, indeling en grootte. 'De huurder is daar de baas, niet de verhuurder of de politiek', zei Bijdendijk daarover. Tijdens zijn afscheid als corporatiedirecteur in 2011 ontvouwde Bijdendijk enthousiast een nieuw concept voor particulier opdrachtgeverschap met de naam 'democratische projectontwikkeling'.

Iedere bewoner in Kleiburg is de projectontwikkelaar van zijn eigen woonwereld, hoe klein die soms ook is. Dit is Kraken Nieuwe Stijl, alleen wordt er nu voor betaald. Vele kleine beetjes waardoor het casco kon worden opgeknapt. Dit is eerder een strategisch project dan een architecturaal project. Bijna als door een chirurg is hier bepaald welke ingrepen wel en welke niet nodig waren. Dit project gaat over het faciliteren van individuele dromen zoals bijvoorbeeld vijf gezinnen die hier samen een 'klooster' zijn begonnen en hun eigen kloosterbier brouwen. Zij betreden hun nieuwe wereld op de begane grond in een gemeenschappelijk huis verdeeld over drie lagen, met op de eerste verdieping een gemeenschappelijke kapel, waar iedere avond om negen uur samen wordt gebeden. Dit is de verdieping waar zich vroeger de droogloop bevond waar in heroïne werd gehandeld. De parkeergarage is gesloopt en de overdekte gang op de eerste verdieping is nu een ruimte waar kinderen samen spelen en waar gasten worden ontvangen. Op de tweede verdieping wonen de gezinnen van het klooster ieder in hun eigen appartement.

Dit is een project om vrolijk van te worden, omdat het zo bescheiden is en tegelijkertijd zo gedurfd. Op een schaal die ongekend groot is: 500 nieuwe huishoudens. Met zoveel kleurrijke bewoners hoeft er niets meer te worden opgeleukt aan de buitenkant. Verbeeldingskracht is hier gekoppeld aan pragmatisme en Hollandse nuchterheid. Met het hoofd in de wolken en beide benen op de grond is hier een toon gezet die navolging verdient.

1 August Willemsen, 'Een buitenissig soort Nederland', *Ons Erfdeel* 36 (1993), p. 672-676.

tenants get is a shell in first-rate condition, which they can then fit out to suit their own tastes and requirements.

The year 2006, when the Wallisblok came to life again, is the same year in which Frank Bijdendijk, director of Het Oosten housing association (later Stadgenoot), wrote *Met andere ogen* (With other eyes), which turned out to be the prelude to the Solids concept. Back in the turbulent 1980s, Bijdendijk had surprised everyone when he struck a deal with the squatters in De Rode Tetter, the former Tetterode printworks in Amsterdam-Oudwest. He gained the squatters' trust and together they worked out a formula whereby the new owner, Het Oosten would only renovate the shell and the tenants would get to decide what happened to the inside of the building. In this way the rents could remain low. In 1996, Het Oosten introduced the concept of the rent-purchase mortgage in Amsterdam, whereby tenants could buy the interior of their dwelling. Within two years 440 apartments had been sold via this formula, but the construction lost its appeal when the taxation office decided not to allow any mortgage interest relief.

It is Bijdendijk who came up with the 'Solids' concept, a form of shell-leasing whereby tenants can determine everything for themselves: function, layout and size. 'The tenant is the boss, not the landlord or the government,' Bijdendijk remarked. During his farewell speech in 2011, Bijdendijk enthusiastically revealed a new concept for private commissioning called 'democratic property development'.

Every Kleiburg resident is the project manager of their own residential world, however small that may sometimes be. This is New Style Squatting, except that it is now paid for – many small sums, which together made it possible to refurbish the shell. This is more of a strategic project than an architectural project. With almost surgical precision decisions were made about which interventions were necessary and which not. This project is about facilitating individual dreams, like that of five families who have together started a 'monastery' here and who even brew their own monks' beer. They enter their new world on the ground floor in a shared house distributed over three storeys and with a communal chapel on the first floor where they pray together at nine o'clock every evening. This is the floor where heroin used to be trafficked in the covered passageway to the car park. The car park has been demolished and the covered passageway is now a place where children play together and where guests are received. On the second floor each monastery family lives in its own apartment.

Kleiburg is the kind of project that warms the heart, because it is so modest and yet so daring. And on an unprecedentedly large scale: 500 new households. With so many colourful residents, there is no longer any need to jazz up the exterior. Imagination has been coupled here with pragmatism and Dutch commonsense. By people with their head in the clouds and both feet on the ground, a tone has been set that deserves to be emulated.

1 August Willemsen, 'Een buitenissig soort Nederland', *Ons Erfdeel* 36 (1993), pp. 672-676.

NL Architects/ XVW architectuur

DeFlat Kleiburg

Kleiburg
Amsterdam

Jan van Grunsven

K-1023

Kleiburg 1023
Amsterdam

Foto's/Photos: **Stijnstijl/Stijn Poelstra**

Situatie/Site plan
A Kleiburg
B Kraaiennest
C Metro

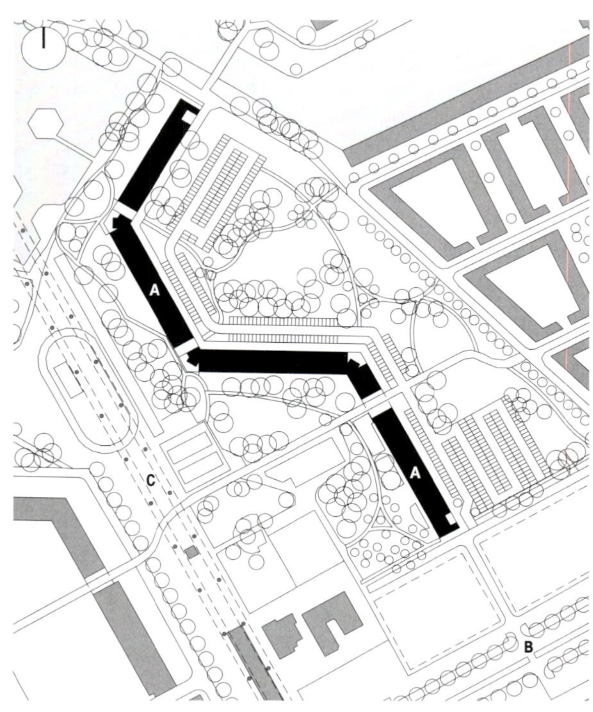

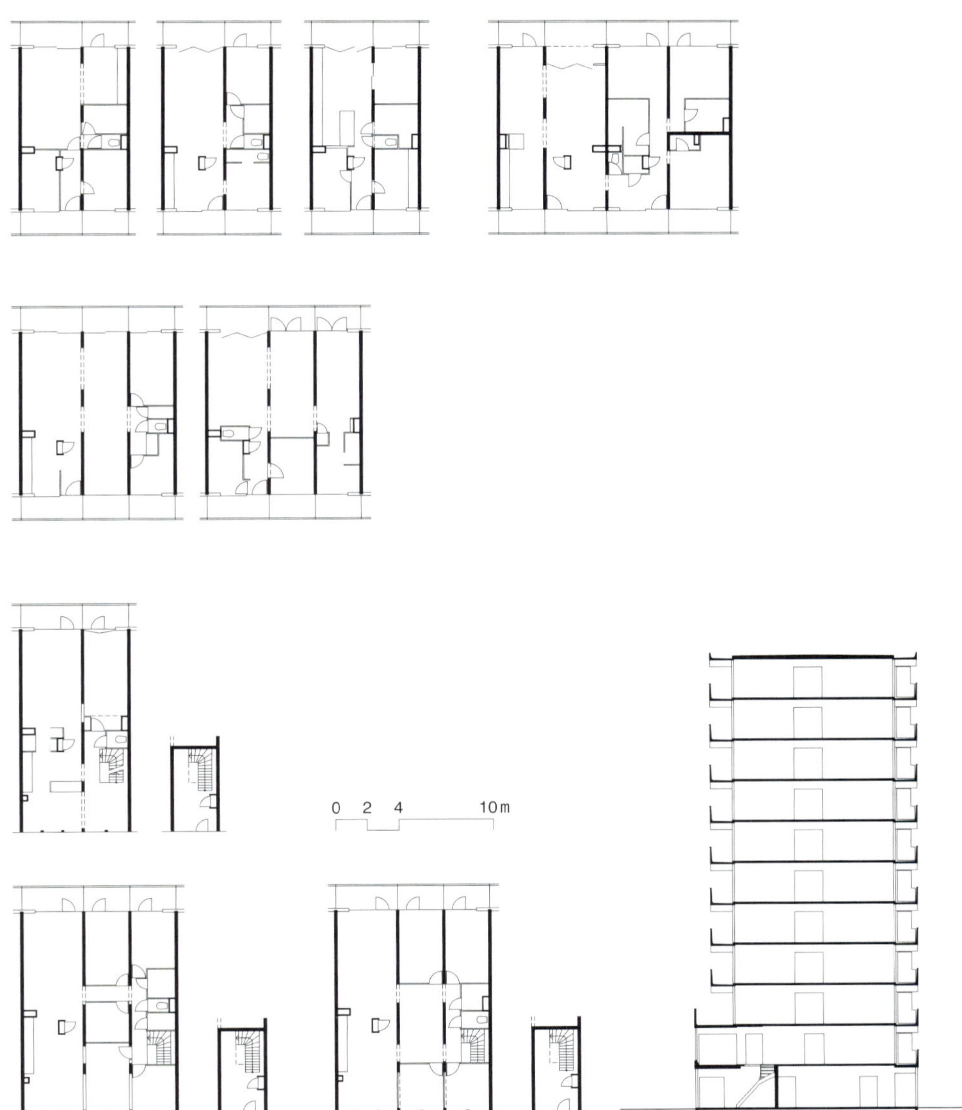

Plattegronden/Floor plans
type A, A+C, B, F, G

Doorsnede/Section

Foto/Photo: Marcel van den Burg

De Amsterdamse wijk Bijlmermeer is in de ogen van velen een onaantrekkelijk woonomgeving. De architectuur van de flatgebouwen, waaraan in de loop der tijd felle kleuren, extra liften en compartimenteringen waren toegevoegd, wordt vaak verantwoordelijk gesteld voor de sociale problemen in de wijk. Consortium DeFlat, een samenwerking tussen verschillende ontwikkelaars, bedacht samen met NL Architects een strategie om honingraatflat Kleiburg, een typische Bijlmerflat, nieuw leven in te blazen. Uitgangspunt hierbij was het concept 'kluswoningen'.
Voor de herontwikkeling is Kleiburg geherinterpreteerd als collectieve stedelijke infrastructuur. Alle toevoegingen zijn weggehaald en binnen de rationele structuur van het gebouw zijn waar vroeger de trappenhuizen zaten ruime lobby's gecreëerd die functioneren als toegangspartij; ze verbinden de liften en de galerijen tot een nieuw netwerk van collectieve ruimten. Specifieke materiële keuzes ondersteunen deze ingrepen. De gevels van grindbeton en de galerijen zijn schoongespoten en de borstweringen kregen nieuwe hardhouten handgrepen. De ingrepen geven een fris aanzien aan het collectieve domein van Kleiburg en leggen nieuwe visuele relaties met de groene publieke ruimte van de Bijlmer. Binnenin hebben de ontwerpers vooral de eenvoud en helderheid van de oorspronkelijke rationele architectuur laten spreken. Dankzij de neutraliteit en grootschaligheid van de infrastructuur is er plaats voor een keur van individuele en collectieve woonvormen. Bewoners kunnen het casco afbouwen aan de hand van voorbeeldplattegronden, door tussenkomst van een architect of naar eigen inzichten, en hebben daarbij volledige vrijheid wat betreft afwerking, indeling en inrichting.

Amsterdam's Bijlmermeer district is viewed by many as an unattractive place to live. The architecture of the apartment blocks, which over time have been revamped and upgraded with bright colours, extra lifts and fire compartmentation, is often held responsible for the social problems that have dogged the district. Consortium DeFlat, a collaboration between several developers, and NL Architects came up with a strategy to breathe new life into Kleiburg, a hexagonal apartment block typical of the Bijlmer. The starting point was the concept of 'DIY housing'.
For the redevelopment, Kleiburg was reinterpreted as collective urban infrastructure. All additions were removed and within the rational structure of the building spacious lobbies were created where the staircases had formerly been. They function as access zones linking the lifts and walkways to form a new network of collective spaces. Specific material choices support these interventions. The gravel concrete facades and the walkways were spray-cleaned and hardwood handrails were added to the balustrades. The modifications give Kleiburg's collective domain a fresh appearance and establish new visual relations with the Bijlmer's green public space. Inside the designers have been keen to allow the simplicity and clarity of the original rational architecture to speak for itself. The neutrality and large scale of the infrastructure allows scope for an array of individual and collective living arrangements. Residents can finish the shell on the basis of sample floor plans, with the help of an architect, or according to their own ideas, and are completely free with regard to finishings, layout and fittings.

Foto's/Photos: **Kees Hummel**

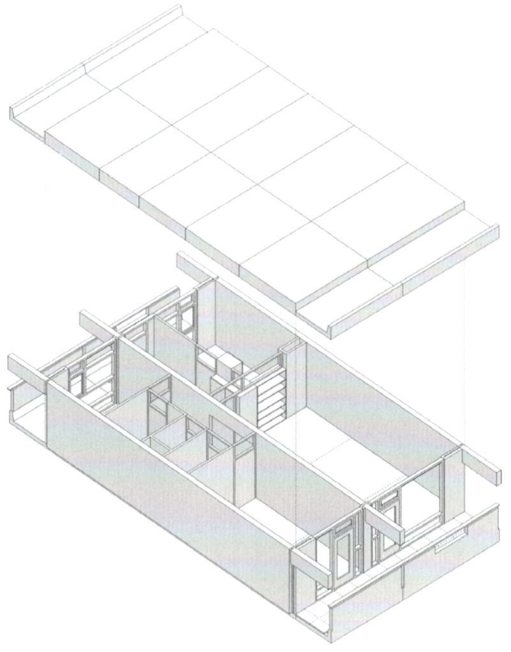

Axonometrie bestaand appartement/
Axonometric projection existing apartment

Foto/Photo: **Jan van Grunsven**

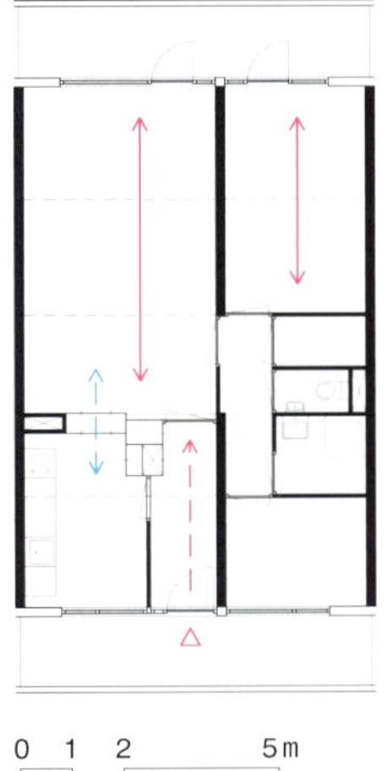

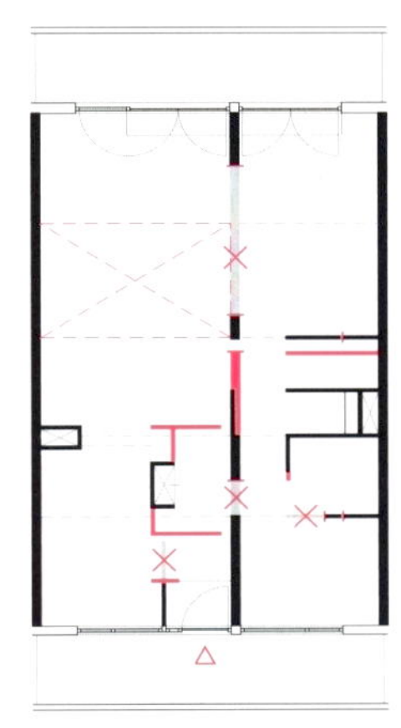

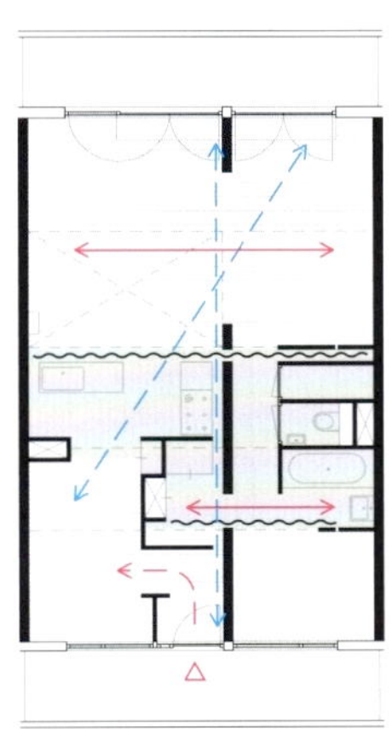

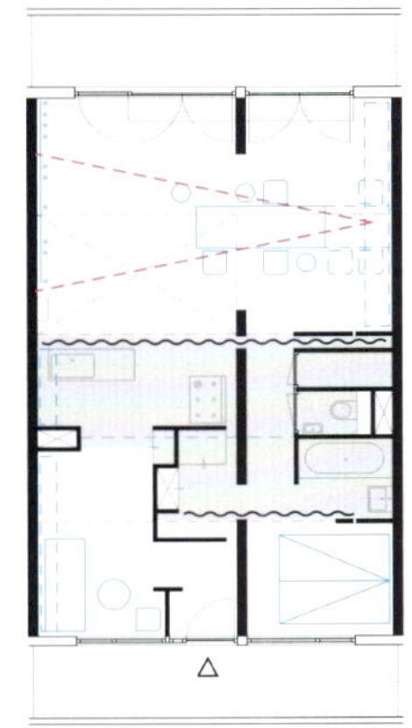

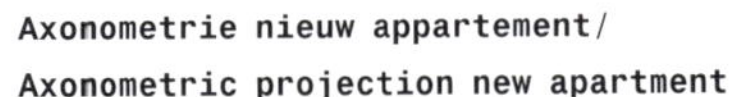

Ontwikkeling plattegrond, v.l.n.r.: bestaand, muren slopen, muren bouwen, nieuw/
Floor plan development, from left to right: existing, walls demolished, building walls, new

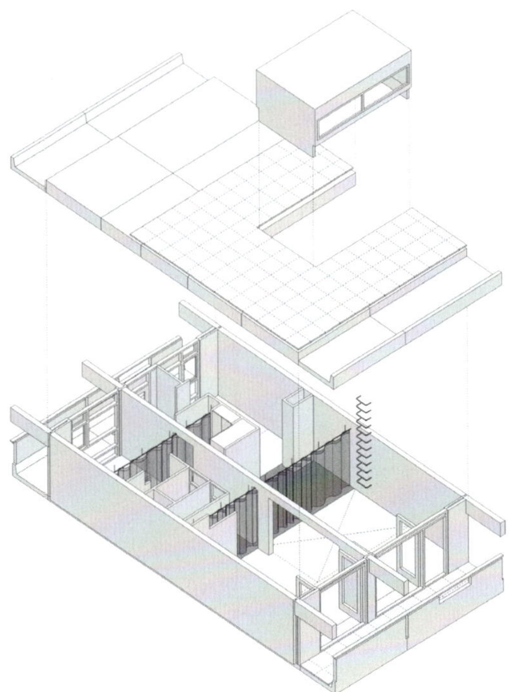

Axonometrie nieuw appartement/
Axonometric projection new apartment

Office Winhov

Zorgcomplex Maisbaai
Maisbaai Care Complex

Compagnieplein 2
Middelburg

Foto's/Photos: **Stefan Müller**

Het zorgcomplex Maisbaai ligt in de binnenstad van Middelburg op een locatie waar in de zeventiende en achttiende eeuw Oost-Indiëvaarders voor de VOC werden gebouwd. Aan de ene zijde bevindt zich de historische bebouwing aan de Kinderdijk, aan de andere zijde het Maisbaaigebied, naar een stedenbouwkundig plan van Aldo van Eyck. De architecten kregen de opdracht om hier een nieuw woonensemble te ontwikkelen voor de sociale huursector en voor de groepszorg van mensen met een psychogeriatrische aandoening. Belangrijke uitdaging was de groepswoningen een normale huiselijke sfeer te geven, omdat de bewoners een veilige omgeving en intensieve zorg nodig hebben.
Office Winhov concipieerde het zorgcomplex als een nieuw stuk stedelijk weefsel. Zij plaatsten haaks op het dok een serie langgerekte bakstenen gebouwen met een licht hellend zadeldak. Ze herinneren vaag aan de kleinschalige architectuur van loodsen en woningen langs de haven. Een aantal van de gebouwen is wat verder van het dok geplaatst, zodat een klein besloten plein is ontstaan in het centrum van het zorgcomplex.
De rationeel uitgewerkte bakstenen gevels met gemetselde balkons bieden het gehele zorgcomplex een zekere samenhang, maar laten tegelijkertijd een grote diversiteit aan functies toe. Binnen zijn via ruime en lichte circulatieruimten de verschillende programmaonderdelen aan elkaar geschakeld. Individuele appartementen, collectieve woonvormen, consultatieruimten en gemeenschappelijke ruimten zijn zo op een vanzelfsprekende en genereuze wijze ondergebracht in het nieuwe stuk stedelijk weefsel. De woningen van het zorgcomplex zijn daarmee geen uitzonderingen, maar veeleer deel en deelgenoot van de stad.

The Maisbaai Care Complex stands in the centre of Middelburg on a site where, in the seventeenth century, East Indiamen sailing ships were built for the Dutch East India Company. On one side are the historical buildings along Kinderdijk, on the other side the Maisbaai district, planned by Aldo van Eyck. The architects were commissioned to design a new residential ensemble for the subsidized rental sector and for group care for people with a psychogeriatric disorder.
A major challenge with the group housing was to provide a normal domestic ambience for residents requiring a safe environment and intensive care.
Office Winhov conceived the care complex as a new piece of urban fabric. At right angles to the dock basin, they placed a series of elongated brick buildings with gently sloping gabled roofs, which bear a vague resemblance to the small-scale architecture of harbourside sheds and houses. Some of the buildings were placed a little further from the dock, generating a small enclosed square in the centre of the care complex.
The rationally elaborated brick facades with brick balconies provide the entire care complex with a sense of unity, but also allow a great variety of functions. Inside, wide and well-lit circulation spaces link the various programmatic elements together. Individual apartments, collective living arrangements, consulting rooms and communal areas have been accommodated in the new piece of urban fabric in such a natural and generous manner that rather than standing out as exceptions, the dwellings in the care complex are part and parcel of the city.

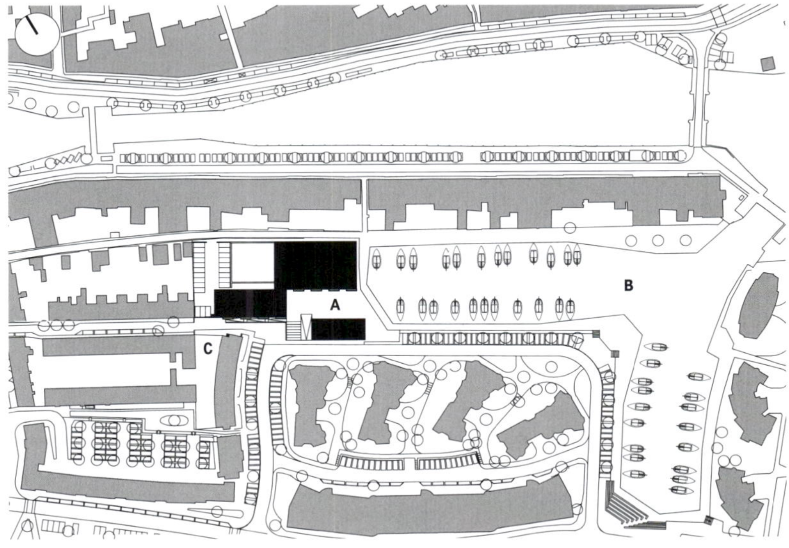

Doorsnede/Section

Tweede, eerste verdieping, begane grond/Second, first, ground floor

1 entree/entrance
2 groepswoningen/group housing
3 huurwoningen/rental apartments
4 multifunctionele ruimte/multifunctional area
5 bergingen/storage
6 gemeenschappelijk terras/communal terrace

Situatie/Site plan

A Compagnieplein
B Dokhaven
C Dokstraat

Dick van Gameren

Boerhaave

Van Rijsselpad
Leiden

Foto's/Photos: **Marcel van der Burg**

Foto/Photo: **Annenies Kraaij**

Het masterplan dat Studio Hartzema maakte voor het Bio Science Park in Leiden voorzag in het behoud van een aantal historische gebouwen op de te ontwikkelen Campus Boerhaave. In opdracht van De Stichting Boerhaave werd in 2015 het Anatomiegebouw uit het begin van de twintigste eeuw geschikt als tijdelijk verblijf voor gastonderzoekers, promovendi en postdoc. De twee vleugels van dit verder symmetrische gebouw hebben een ongelijke lengte. Een door Dick van Gameren ontworpen slanke woontoren maakt de symmetrische plattegrond af. De toren is tegen de korte vleugel van het Anatomiegebouw geplaatst, waardoor de buitenruimte een besloten hofachtige kwaliteit krijgt. Analoog aan de colleges in Oxford en Cambridge speelt de buitenruimte een belangrijke rol in de circulatie door het ensemble. De entree van de toren ligt diep in het hof. Op microniveau verheldert de plaatsing van het gebouw de overigens wat rommelige typologie van het universiteitscomplex. De toren is door sprongen in de gevel en door verticale vensterstroken geleed in ranke verticale volumen. De sprongen maken overhoeks uitzicht vanuit alle woonvertrekken mogelijk. De baksteen gevelbekleding zorgt ervoor dat het Anatomiegebouw en de nieuwe toren behalve door de typologie ook door de materiaalvoering zich tot een samenhangend bouwwerk verenigen.

Studio Hartzema's master plan for the Bio Science Park in Leiden provided for the preservation of a number of historical buildings on the proposed Boerhaave campus. In 2015, at the behest of Stichting Boerhaave, the early twentieth-century Anatomy Building was converted into temporary accommodation for guest researchers, doctoral students and postgraduates. The two wings of this otherwise symmetrical building are of unequal length, but a slender apartment tower designed by Dick van Gameren has now completed the symmetrical plan. The tower stands at the end of the shorter wing of the Anatomy Building giving the outdoor area a closed, courtyard-like character. As in the colleges at Oxford and Cambridge, the outdoor space plays an important role in circulation through the ensemble. The entrance to the tower is located deep inside the courtyard. At the micro level, the positioning of the new building serves to clarify the somewhat muddled typology of the university complex. Projections in the elevations and vertical strips of fenestration articulate the tower into slender vertical volumes. The projections allow for cross-corner views from all living rooms. The brick facade cladding ensures that the Anatomy Building and the new tower together form a coherent whole, united not only by typology, but also by materialization.

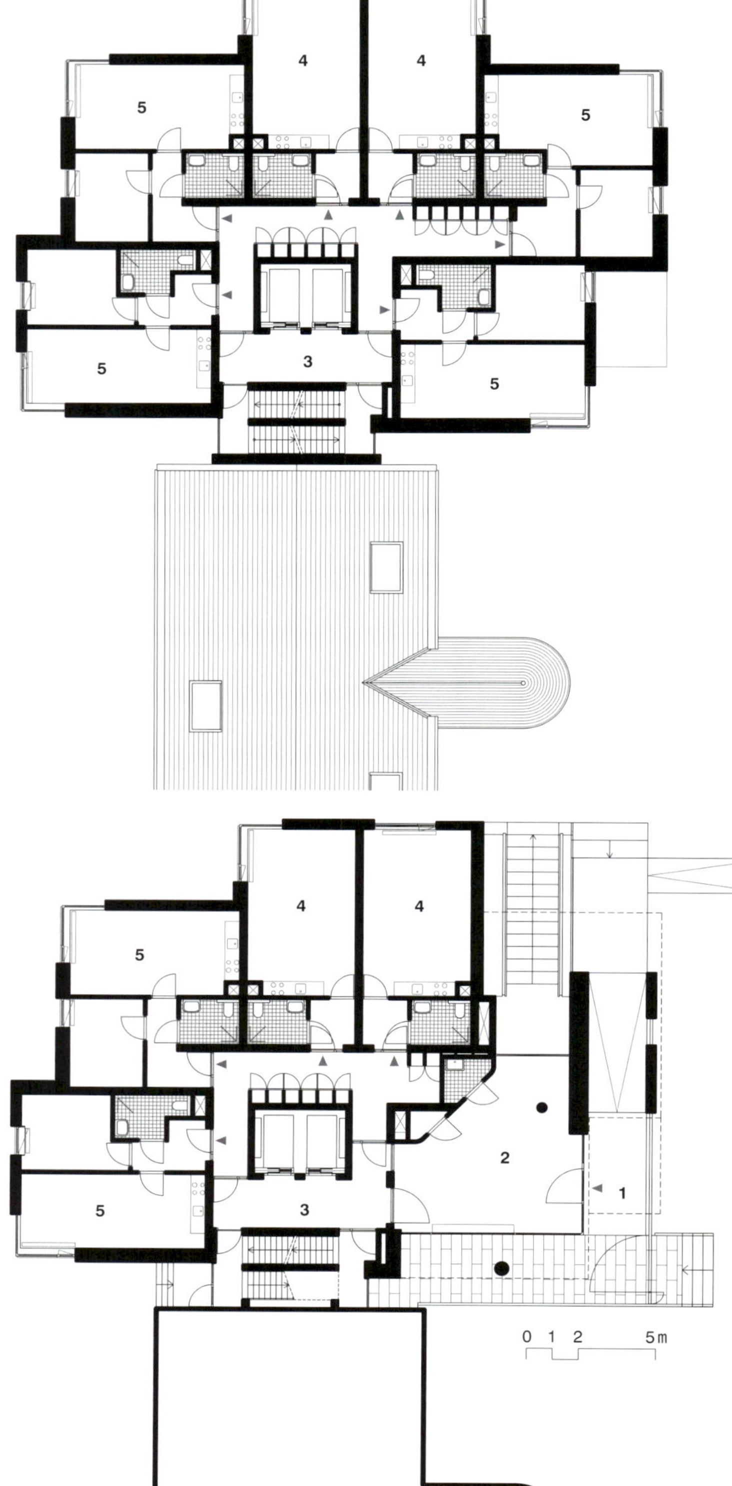

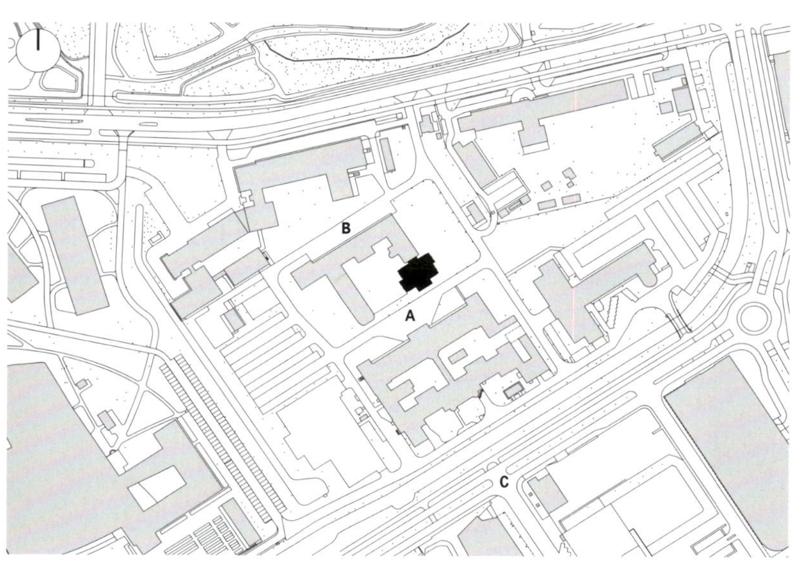

Situatie/Site plan
A Van Rijsselpad
B Dankmeijerpad
C Sandifortdreef

Vijfde verdieping, begane grond/ Fifth, ground floor
1 hoofdentree/main entrance
2 hal/hall
3 lifthal/lift lobby
4 eenkamerwoning/one-room apartment
5 tweekamerwoning/two-room apartment

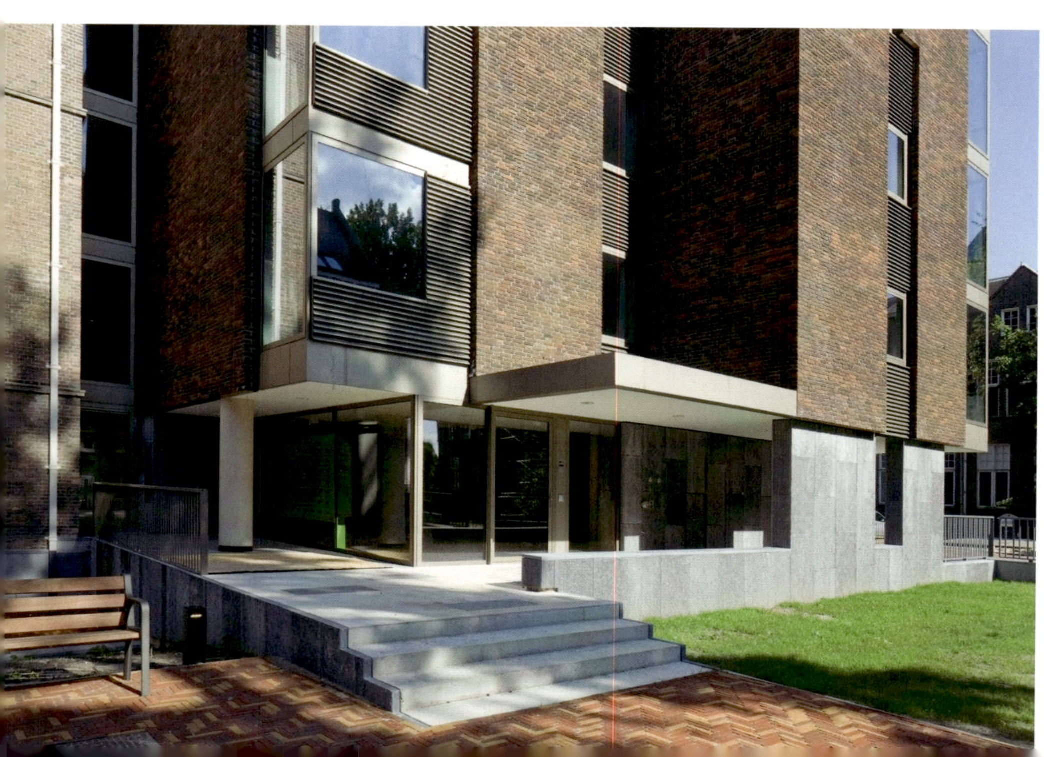

Foto/Photo: **Annenies Kraaij**

M3H Architecten

De Tugelablokken

Tugelaweg 32-49, Laing's Nekstraat 1-12, Retiefstraat 30-54, Magersfonteinstraat 1-11, Hertzogstraat 2-12 Amsterdam

Foto's/Photos: **Allart van der Hoek**

Foto/Photo: **Stadsarchief Amsterdam**

Op de plek van twee woonblokken aan weerszijden van de Laing's Nekstraat in de Amsterdamse Transvaalbuurt zijn nieuwe woningen gebouwd. M3H actualiseerde de typologie van het gesloten bouwblok in deze door H.P. Berlage ontworpen buurt. Waar ooit binnentuinen lagen, is plaats gemaakt voor een inpandige garage. Het dak ervan is ingericht als gemeenschappelijke ruimte met privéterrassen en wordt zo aan het zicht onttrokken. Op de begane grond bevinden zich eenzijdig georiënteerde woningen en maisonettes met een buitenruimte op het garagedak. De parkeergarage, de hoekwoningen (die in het gesloten bouwblok noodzakelijkerwijs afwijken van de standaard), en de verschillen in kavels, uitzicht en bezonning hebben tot een hoge mate van woningdifferentiatie geleid. De collectieve ruimten zijn zeer genereus. De detaillering van de baksteengevels, de interieurs en de daarin verwerkte kunstwerken van geglazuurde baksteen zijn precies op elkaar afgestemd. De baksteenarchitectuur en de kunsttoepassing borduren voort op de lokale bouwhistorie zonder deze te imiteren. Zo komen de kleuren van de geglazuurde bakstenen voort uit een bewaard gebleven tegeltableau van de Handwerkers Vriendenkring, dat zich nu in een van de entreehallen bevindt. De geglazuurde stenen vormen geometrische patronen in de gevelbekleding. De wisselwerking tussen de kunst en het architectonisch ontwerp (in de tijd van Berlage heel gewoon) draagt bij aan de kwaliteit van de openbare stedelijke ruimte. Deze doorwerking ontbreekt bij de hekwerken en de kunststof gevelbekleding die zijn toegepast aan de gevels langs de binnenterreinen.

Two housing blocks flanking Laing's Nekstraat in Amsterdam's Traansvaal district have been replaced by new dwellings. M3H architects updated the perimeter block typology in a housing development designed a hundred years ago by H.P. Berlage. Where the courtyard gardens once lay, space has been created for an internal garage. Its roof is concealed beneath a common area combined with private terraces. The ground floor contains single-orientation dwellings and maisonettes with an outdoor space on the garage roof. The car park, the corner dwellings (which necessarily deviate from the standard in a perimeter block), and the differences in plots, views and sunlighting have resulted in a high degree of residential differentiation. The common internal areas are exceptionally generous. The detailing of the brick elevations, the interiors, and the glazed brick artworks incorporated into the interiors are precisely coordinated. The brick architecture and the application of art elaborate on the local building history without simply imitating it. Thus the colours of the glazed bricks that form geometrical patterns in the facade cladding, derive from a surviving tile picture of the Handwerkers Vriendenkring (Craftsmen's Friendly Society), which is now located in one of the entrance halls. The interplay between the art and the architectural design, quite common in Berlage's day, contributes to the quality of the public urban space. This effect is lacking in the balustrades and the synthetic cladding used for the courtyard elevations.

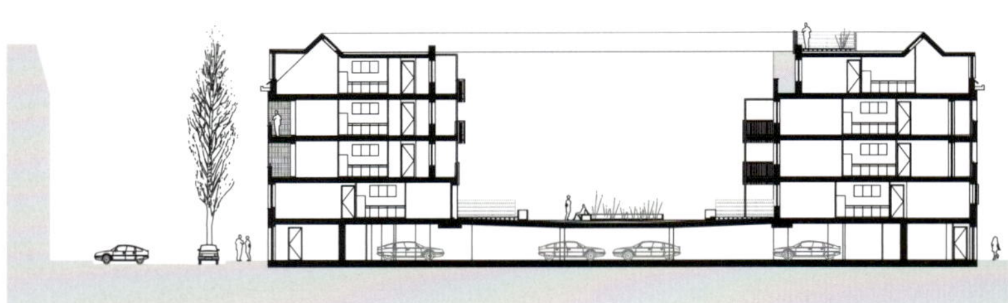

Doorsnede/Section

Situatie/Site plan

A Tugelaweg
B Laing's Nekstraat
C Steve Bikoplein
D Spoordijk

Derde, tweede verdieping, begane grond/Third, second, ground floor

1 entree/entrance
2 in/uitrit parkeergarage/car park entrance/exit
3 parkeergarage/car park
4 bergingen/storage
5 fietsenstalling/bicycle storage
6 trappenhuis/stairwell
7 binnenhof/courtyard
8 galerij/gallery
9 privétuin/private garden

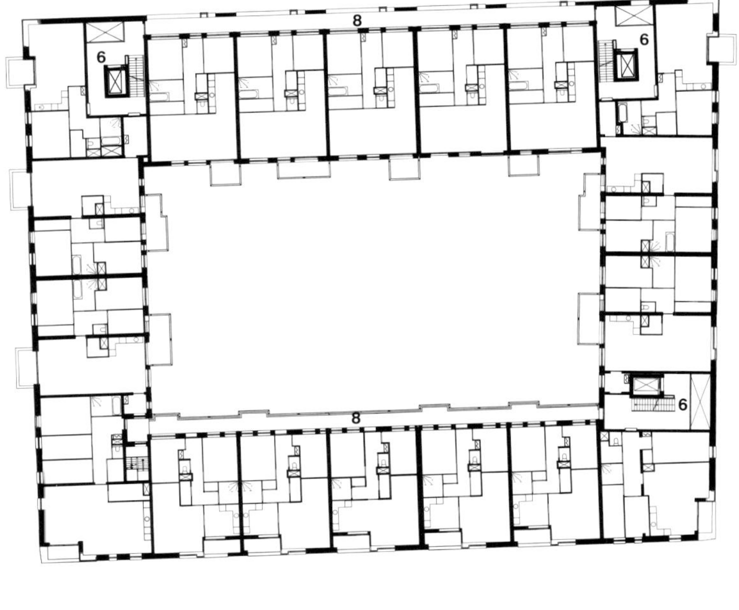
8
6
6
8
6

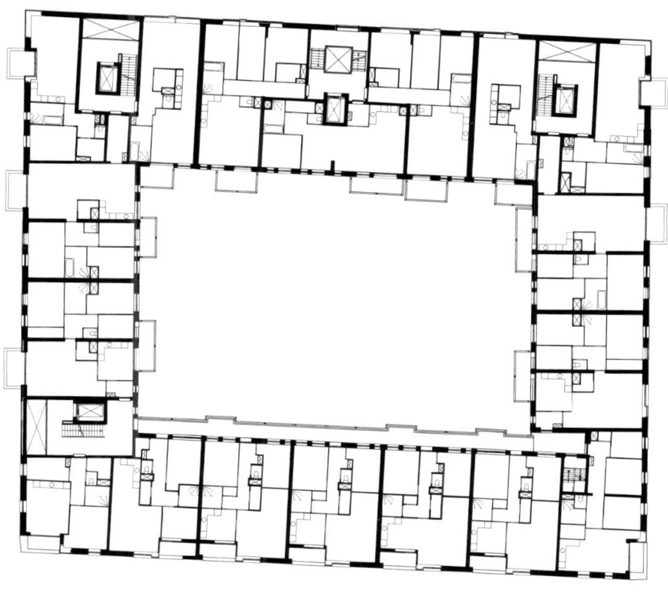

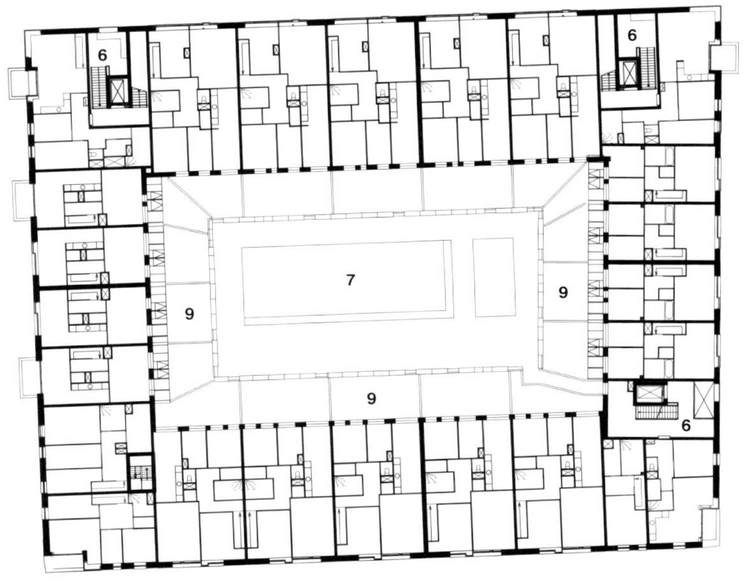
6
6
7
9
9
9
6

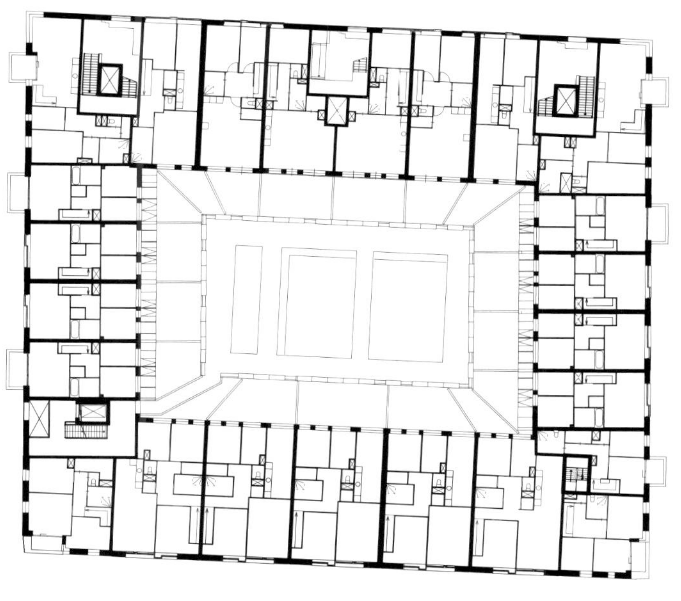

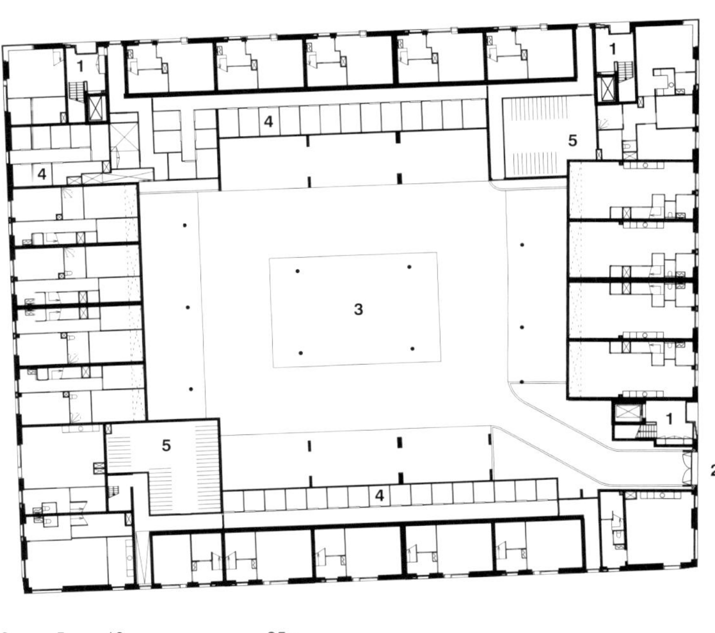
1
1
4
4
5
3
1
5
2
4
0 5 10 25 m

Pascal Cornips

MC Huis
MC House

Menno van Coehoornstraat 38A
Utrecht

Foto's/Photos: **Ronald Tilleman**

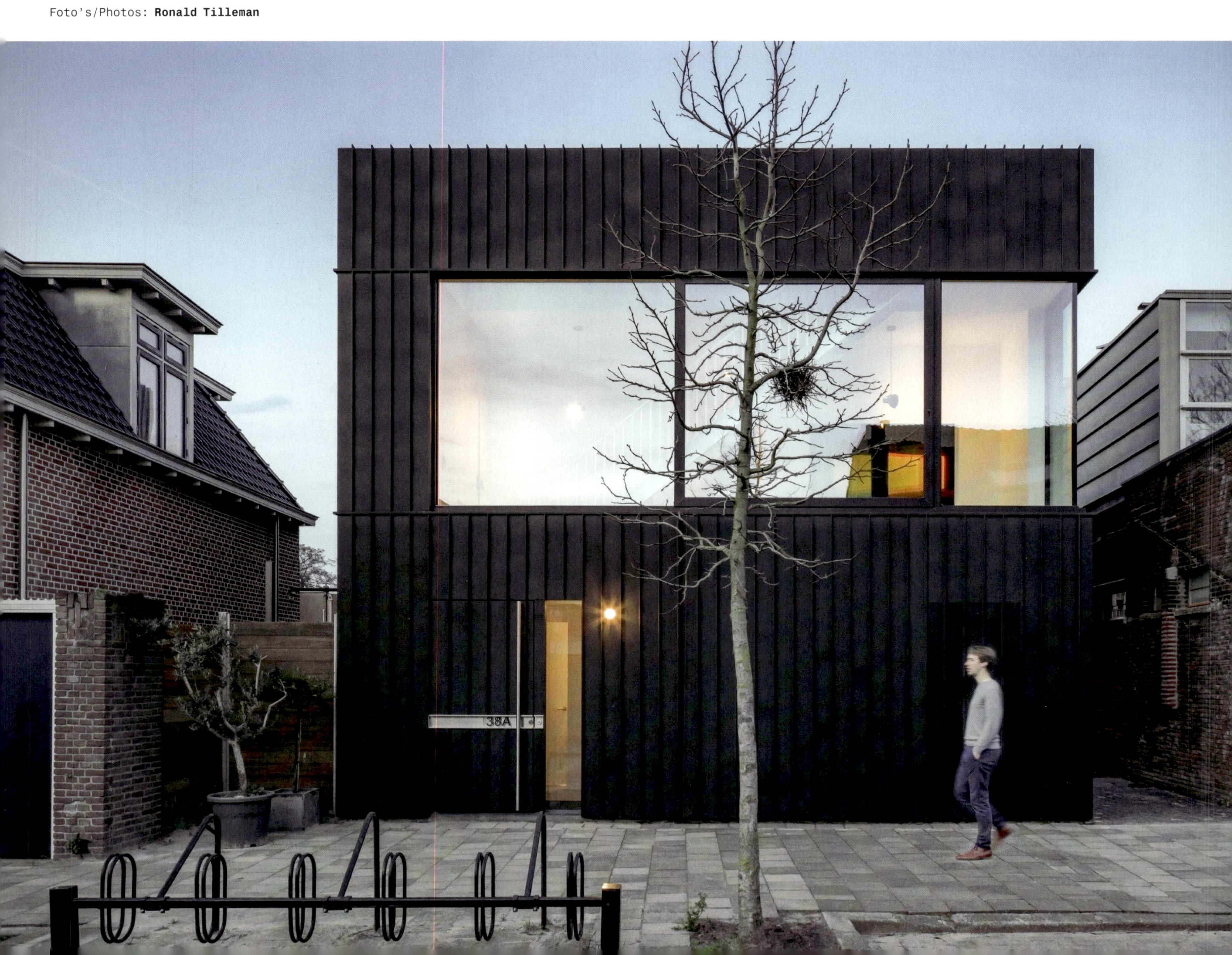

De eengezinswoning die architect Pascal Cornips aan de rand van het Utrechtse Griftpark bouwde, valt op door de kloeke verschijning en de doordachte woningtypologie, waarin de spanning tussen private en publieke ruimte het leitmotiv vormt. Het project is onderdeel van een kleinschalige (her)ontwikkeling van vijf kavels, waarvan drie met te renoveren gebouwen. Aansluitend op deze vrijstaande panden is het huis ontworpen als een autonoom object – afgewerkt in antraciet, geprepatineerd zink. Binnen de gegeven grenzen (een voetafdruk van 8 x 10 meter; twee bouwlagen van elk 3,5 meter verdiepingshoogte) en inspelend op de specifieke oriëntatie, is het beschikbare volume maximaal benut.
De woning wordt van de straat gescheiden door een smalle strook waarin de entree, wc, berging en trap zijn opgenomen. Daarachter ligt een grote woonruimte aan de tuin. Op de eerste verdieping is de indeling omgedraaid. De bad- en slaapkamers zijn in een gesloten volume samengebracht aan de achterzijde, terwijl de open circulatieruimte aan de voorgevel – met een grote schuifpui op het zuiden en vrij zicht richting de Dom – dubbelt als lobby van het huis.
Door de 'servicestrook' en slaapkamers ook in hoogte zo compact mogelijk te houden, kon een dakterras worden toegevoegd. De aldus ontstane verspringing in het vloerniveau van de eerste verdieping is benut om zuiderlicht in de woonruimte te brengen. De gesloten westgevel is ontworpen als een reusachtige kastenwand, waarin eveneens stabiliteitselementen en installaties zijn 'opgeborgen'.

The single-family house that architect Pascal Cornips built on the edge of Utrecht's Griftpark, is notable for its robust appearance and carefully considered residential typology, in which the tension between private and public space is the leitmotif. The project is part of a small-scale development of five plots, three of them occupied by buildings earmarked for renovation. Taking its cue from these free-standing buildings, the house was designed as an autonomous object, finished in charcoal grey, prepatinated zinc. Within the designated parameters (an 8 x 10-metre footprint; two 3.5-metre-high storeys) and mindful of the specific orientation, the available volume was used to the full.
The house is separated from the street by a narrow strip containing the entrance, toilet, storage space and stair. Behind that lies a large living room giving on to the garden. On the floor above, this arrangement is reversed. The bed- and bathrooms are concentrated in a closed volume at the rear, while the open circulation space behind the front elevation – with a large, south-facing sliding glass door and an unimpeded view of the Dom Tower – doubles as the house's lobby.
By keeping the 'service strip' and bedrooms as compact as possible, including in terms of height, the architect was able to include a roof terrace. The resulting staggering in the floor level of the first floor was used to bring southern light into the living room. The imperforate west elevation is designed as one gigantic wall unit in which stability elements and services have been neatly 'stowed away'.

Doorsnede/Section

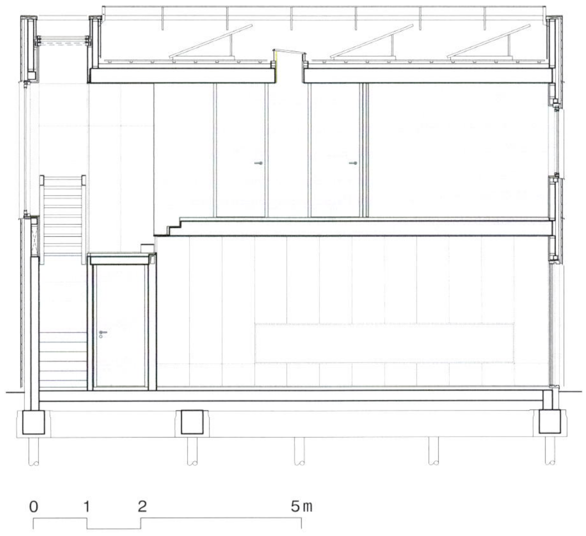

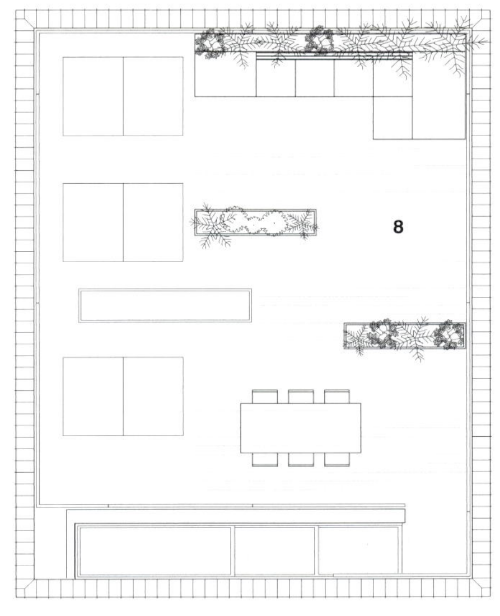

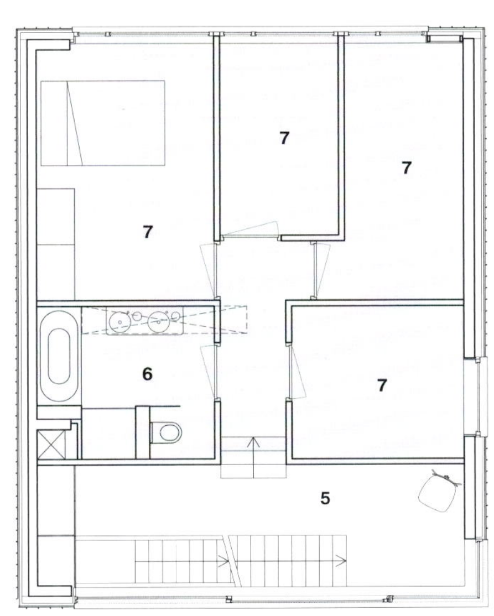

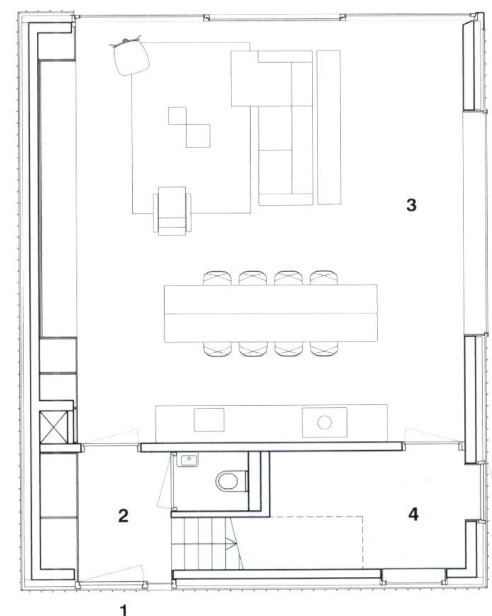

Situatie/Site plan

A Menno van Coehoornstraat
B Stieltjesstraat
C Griftpark

Dak, eerste verdieping, begane grond/ Roof, first, ground floor

1 entree/entrance
2 hal/hall
3 woonkamer/living room
4 werkkamer/study
5 overloop/landing
6 badkamer/bathroom
7 slaapkamer/bedroom
8 dakterras/roof terrace

Dok architecten

Landhuis
Country House

Foto's/Photos: **Arjen Schmitz**

De wens van de opdrachtgever was een Palladiaans huis met een hedendaagse opzet en de industriële uitstraling van een havengebouw of pakhuis. Het woonhuis ligt op een oud landgoed aan de kust, op het kruispunt van de zichtlijnen naar oprijlaan en vijver. De twee richtingen die de zichtlijnen bespelen, vormen tevens de assen van het woonhuis, dat vanbuiten doet denken aan een cisterciënzer klooster. Een rode stalen deur, gebaseerd op een idee van Carlo Scarpa, in een gevel van ruwe witgrijze baksteen biedt toegang tot een bescheiden hal. Aan weerszijden van de entree bevinden zich kleine patio's die aan de buitenkant van het huis nauwelijks zichtbaar zijn, omdat ze schuilgaan achter een door een kunstenaar vervaardigd metselwerk, dat op sommige plekken is opengelaten. Achter in de hal bevindt zich het aan het zicht onttrokken trappenhuis, dat vanuit het midden naar twee kanten kan worden bestegen. De aan elkaar verbonden vertrekken zijn in de volgorde van de zonnestand: een royale woonkeuken op het oosten, de woonkamer op het zuiden en de orangerie en de bibliotheek op het westen. Het huis heeft tussen privé- en serviceruimten een gescheiden dubbele route, waarbij ook de lift uit het zicht is. Boven zijn de slaapvertrekken, die uitzicht hebben op het omliggende landgoed. De stalen dragers en houten kolommen zijn overal in het zicht gelaten. Onder het huis bevinden zich de garage en het zwembad, dat naar buiten doorloopt. Het huis bestaat uit een patchwork van verschillende ruimten, sferen en bouwstijlen: van Frans landhuis tot industriële loft en van museum tot torenkamer in een Engels kasteel. De fantasie is hier de vrije loop gelaten en tegelijkertijd is de samenhang tussen de ruimten strak in de hand gehouden door architect en opdrachtgever.

The client wanted a Palladian villa with a contemporary layout and the industrial aesthetic of a port building or warehouse. The country house stands on an old estate along the coast, at a point where the sight lines to the entrance drive and the pond intersect. The directions indicated by those two sight lines also form the axes of the villa, which from the outside is reminiscent of a Cistercian monastery. A red steel door, based on a idea of Carlo Scarpa, in a facade of rough greyish-white brick, opens into a modest hall. Either side of the entrance are small patios that are barely visible from the outside of the house as they are hidden behind an artist-designed brickwork with a scattering of openings. At the rear of the hall is an enclosed double staircase that can be ascended in two directions from the middle. The interconnected rooms are ordered according to the position of the sun: a spacious living kitchen faces east, the sitting room faces south, while the orangerie and library face west. The house has a segregated double route between the private and service areas, so that even the lift is out of sight. On the upper floor are the bedrooms, which look out over the surrounding estate. All the steel girders and timber posts are exposed. Beneath the house are the garage and the swimming pool, which continues outside. The house consists of a patchwork of different spaces, ambiences and building styles: from French country house to industrial loft and from museum to a tower room in an English castle. Fantasy has been given its head here, but at the same time the architect and client have kept a tight rein on the overall coherence of the spaces.

Doorsnede/Section

Derde, tweede, eerste verdieping, begane grond/Third, second, first, ground floor

1 entreehal/entrance hall
2 trappenhuis/staircase
3 woonkamer/living room
4 familiekamer/family room
5 keuken/kitchen
6 bibliotheek/library
7 orangerie/orangery
8 badkamer/bathroom
9 slaapkamer/bedroom
10 kamer/room

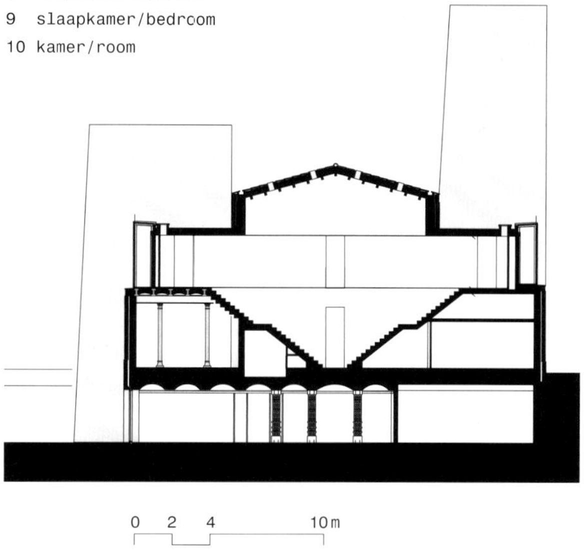

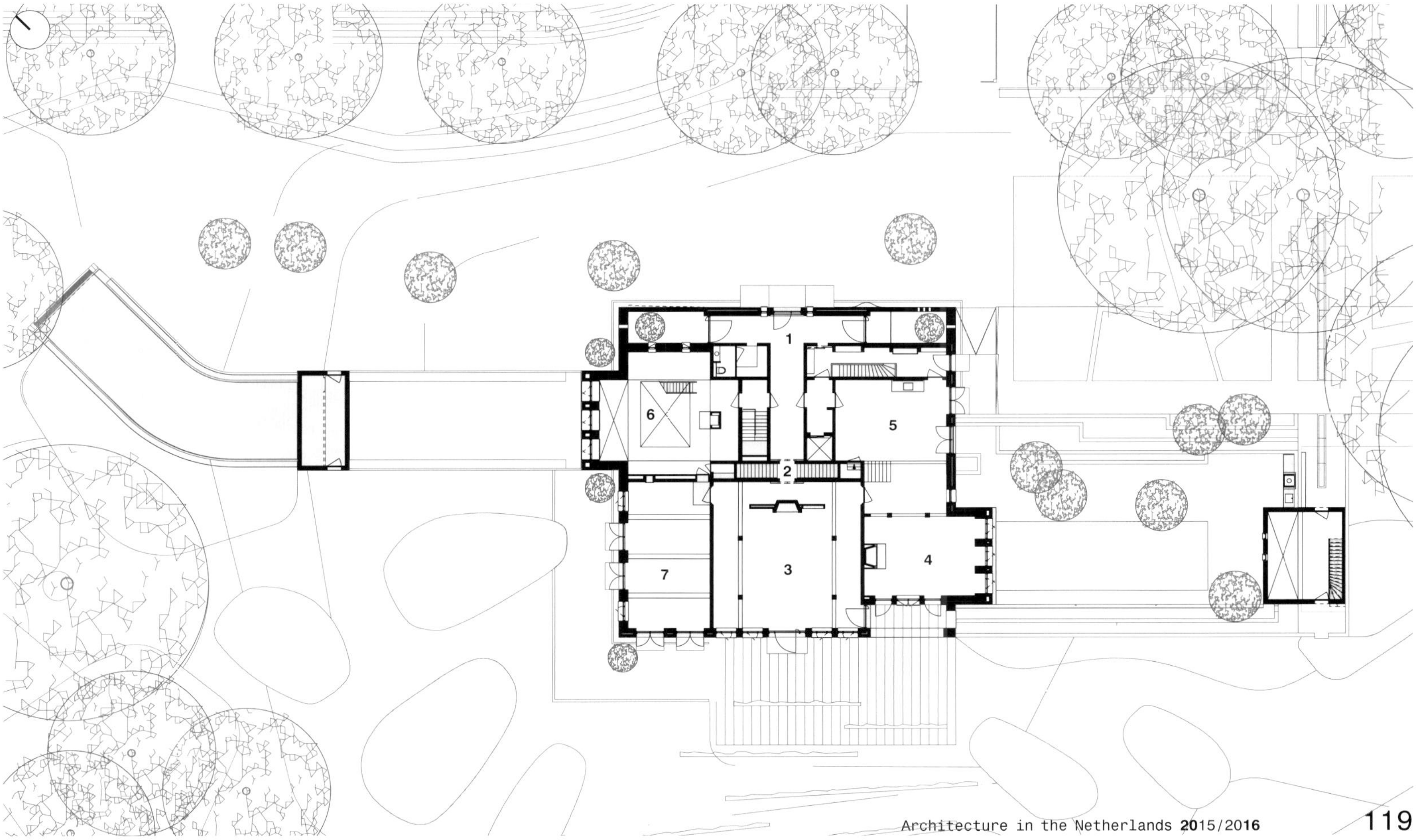

0 2 4 10 m

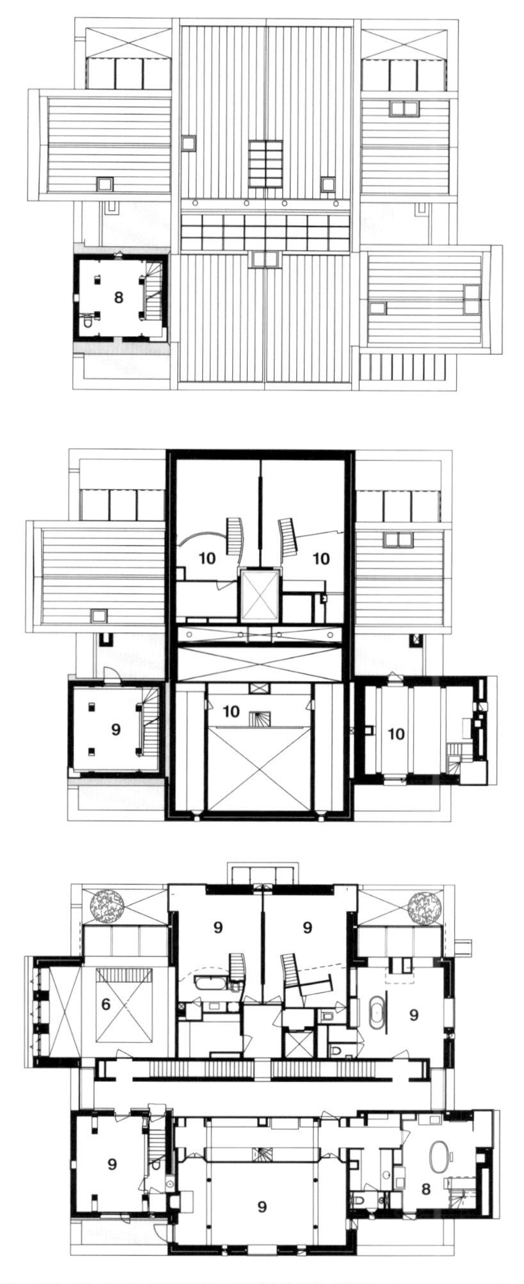

Pleisterplaats Breda

Gesprek met Koen van Velsen

Hans van der Heijden

Infrastructuur en architectuur gingen tot voor kort niet samen, zo leek het. De realiteit van de civiele techniek, beheer, commercie, versnipperd opdrachtgeverschap en logge ontwerpprocessen is weerbarstig. Een van de vele infrastructurele projecten die in 2015 gereedkwamen, is het station van Breda. Dit ontwerp van Koen van Velsen onderscheidt zich door de vergaande architectonische en stedenbouwkundige doorwerking. Het vlaggenschip van het investeringsprogramma OV-Netwerk BrabantStad is station Breda, dat een overstapmachine tussen trein, bus, fiets en auto is geworden. Ik wilde weten hoe een architect dat voor elkaar krijgt en wat van deze casus te leren is. Ik sprak met Koen van Velsen aan de hand van twee eerdere ontwerpen die zijn ontwikkeling als architect illustreren.

Eenzame zoektocht

HvdH: In de jaren tachtig van de vorige eeuw werd jij bekend door het woonhuis dat je in de Spoorstraat in Hilversum bouwde. Het viel op door de routing, de detaillering en vooral door de sterke vorm.
KvV: En door het gebruik van daglicht! Ik was ergens in de twintig en nog niet eens klaar met mijn opleiding. Dat kon toen nog.

HvdH: Hoe kwam je zo jong op het ontwerp van de entree via de patio en de cirkelvormige vides? Het was veel rijper dan de projecten van jouw generatiegenoten.
KvV: Ik werkte op een gedreven bureau, waar ik de enige medewerker was. Er werd veel gepraat over wat we wilden bereiken. Ik was het vrij snel oneens met de vertaling daarvan naar de tekening – en vooral met hoe dat dan uiteindelijk gemaakt werd. Ik heb ervan geleerd dat ik mijn ambities eerst moest benoemen alvorens ze te tekenen. Dan kan je daar aan vasthouden. Het gaat er niet om wat je al kent, maar om wat je wilt bereiken. Ik probeerde niet vooringenomen te zijn en zei tegen mezelf: alles is mogelijk. Dat leidde soms tot dingen die pijn deden. In het begin deed ik alles met multiplex en verf. Andere materialen kende ik niet. Als ik een route van donker naar licht maakte, deed ik dat met die mid-

A Congenial Stopping-Place in Breda

Conversation with Koen van Velsen

Until recently, infrastructure and architecture did not go together, or so it seemed. The reality of civil engineering, management, commerce, fragmented commissioning bodies, and unwieldy design processes is intractable. One of the many infrastructural projects completed in 2015, is the Breda railway station. This design by Koen van Velsen is distinguished by its far-reaching architectural and urban design impact. The flagship of the OV-Netwerk BrabantStad investment programme, Station Breda has become a transfer machine between train, bus, bicycle and car. I wanted to know how an architect manages to achieve something like that, and what lessons can be learned from this case. I discussed this with Koen van Velsen in light of two earlier designs that illustrate his development as architect.

Solitary Search

HvdH: In the 1980s you made your name with the house you built in Hilversum's Spoorstraat. It attracted attention because of the routing, the detailing and above all the strong form.
KvV: And for the use of daylight! I was in my twenties and hadn't even finished my studies. That was possible back then.

HvV: Young as you were, how did you come up with the design of the entrance via the patio and the circular voids? It was far more mature than the projects of your contemporaries.
KvV: I was working in a dedicated practice, where I was the only assistant. We talked a lot about what we wanted to achieve. I fairly quickly found myself at odds with how that translated into the drawing, and especially with how it was eventually made. It taught me that I had to identify my ambitions first, before drawing them. Then you've got something to hold onto. It's not about what you already know, but what you want to achieve. I tried not to be blinkered and kept telling myself: everything is possible. That occasionally resulted in some rather painful things. In the beginning I did everything with plywood and paint. They were the only materials I was familiar with. When I made a route

Koen van Velsen Architecten, winkel-woonhuis, Hilversum, 1980–1981

Koen van Velsen Architecten, shop/house, Hilversum, 1980–1981
Foto/Photo: Michel Boesveld

from dark to light, I did it using those means. That was all I had. I was searching for some way of constantly reducing the distance between what you say and what you are able to render in material.

HvdH: So establishing your intentions helped you make clear-cut choices. It sounds like a solitary struggle.
KvV: I'd prefer to call it a search, because a struggle would be directed against someone.

HvdH: A struggle with yourself perhaps? It was said of the design in Hilversum that it originated from the houses of Frank Gehry.
KvV: In forty years I've been compared with a good many architects, Gehry is one of them. After the Het Loo Visitor Centre I was suddenly compared with Mies van der Rohe. That said, I do find that early work of Gehry's interesting. I had visited his first house in Santa Monica.

Experience as Functionality

HvdH: I recall a lecture at the then Delft Institute of Technology, in which you showed a conversion of a private house. You talked with some relish about the transparent partition between bedroom and bathroom that allowed the couple you were working for to look at one another while taking a bath. You imbued this simple design decision with an erotic charge. That was a world away from the arguments about how buildings function that went on between the *Forum* architects and Carel Weeber at Delft.
KvV: Amusing! I don't remember that. But you're right. Subjective experience is one of the functionalities of a building. Without it there is no ambience. It relates just as well to cooking. In those early years I stopped putting the kitchen unit against the wall of a room and started

delen. Dat was alles wat ik had. Ik was op zoek naar hoe ik de afstand tussen wat je zegt en wat je met materiaal kunt verbeelden steeds kleiner kon maken.

HvdH: Het vastleggen van je bedoelingen hielp dus om scherpe keuzen te maken. Het klinkt als een eenzame strijd.
KvV: Ik heb het liever over een zoektocht, want een strijd zou tegen iemand gericht zijn.

HvdH: Een strijd met jezelf misschien? Van het ontwerp in Hilversum werd gezegd dat het voortkwam uit de huizen van Frank Gehry.
KvV: In veertig jaar ben ik met veel architecten vergeleken, Gehry is daar één van. Na Bezoekerscentrum Het Loo werd ik opeens vergeleken met Mies van der Rohe. Hoewel ik dat vroege werk van Gehry wel interessant vind. Ik had zijn eerste huis in Santa Monica bezocht.

Beleving als functionaliteit

HvdH: Ik kan me een lezing aan de toenmalige TH Delft herinneren waarin je een verbouwing van een woonhuis liet zien. Smakelijk vertelde je over de transparante scheiding tussen de slaapkamer en de badkamer, zodat het stel waar je voor werkte naar elkaar kon kijken tijdens het baden. Je legde een erotische lading in deze eenvoudige ontwerpbeslissing. Dat was totaal andere koek dan de ruzies op die school tussen de Forum-architecten en Carel Weeber over het functioneren van gebouwen.
KvV: Grappig! Ik kan me dit niet herinneren. Maar je hebt gelijk. Beleving is een van de functionaliteiten van een gebouw. Zonder beleving is er geen omgeving. Dat kan ook over koken gaan. Ik begon in die beginjaren om het keukenblok niet tegen de muur van een kamer aan te zetten, maar draaide het om, zodat je de ruimte in kon kijken terwijl je stond te koken. Dat is nu heel gewoon. Je kunt een bad en een toilet een schuifdeur geven. Je kunt dan met elkaar spreken als jij in bad ligt, terwijl de ander in bed de krant aan het lezen is: dat is toch een huis maken?

HvdH: Met dit soort overwegingen heb jij een punt gezet in de Nederlandse architectuur.
KvV: Dat is niet aan mij. Ik sta voor het werk dat ik maak. Daar strijd ik voor.

HvdH: Toch dat woord weer. Veel later realiseerde je een woonblok op Borneo Sporenburg. Daar was de grote schaal een thema. Supervisor Adriaan Geuze had het over 'Big Motherfuckers' die contrasteerden met een zee van laagbouwwoningen. Jij stond bekend als ontwerper van radicale kleine gebouwen, niet van brutale grote gebouwen.
KvV: Het was een moeilijk project. Ik heb daar geleerd hoe belangrijk het is dat een team samen dezelfde kant op kijkt en om dat vroeg in het proces organiseren. Iedereen moet weten waar we aan werken, waarom we dat doen en wat we willen bereiken. In Amsterdam had ik te maken met de gemeente, de supervisor, welstand, de belegger en wat voor mij nieuw was: een bouwteam waarin de aannemer vanaf het begin meedeed. Ik had de reputatie van een lastige vent. Ik had me voorgenomen om goed te luisteren. Ik zag het gebouw als een zilveren cruiseboot in een zee van bakstenen huisjes. Ik wilde een gebouw maken voor families in allerlei verschillende samenstellingen, met en zonder kinderen en misschien met inwonende grootouders of au pairs, en bedacht hoe mooi het zou zijn om gevels te maken met alleen maar deuren, zodat je de woningen op verschillende plekken binnen kon gaan en op verschillende manieren kon gebruiken. Ik had een doorkijk in de gevelwand ontworpen, zodat de binnenplaats met grote bomen zichtbaar was vanuit de publieke ruimte.

turning it around, so that you could look into the space while you were cooking. That's quite common nowadays. You can give a bath and a toilet a sliding door. Then you can talk to one another while you're lying in the bath and your partner is reading the paper in bed: that's what making a house is all about, isn't it?

HvdH: With these kinds of considerations you really put the cat among the pigeons in Dutch architecture.
KvV: That's not for me to say. I stand by the work I make. I'm prepared to struggle for it.

HvdH: There's that word again. Much later you realized a housing block on Borneo Sporenburg. The large scale was a theme there. The supervisor Adriaan Geuze talked about 'Big Motherfuckers' that stood out among a sea of low-rise houses. You were known as the designer of radical small buildings, not of brash big buildings.
KvV: It was a difficult project. It taught me how important it is for a team to be in accord and to get that sorted out early in the process. Everyone needs to know what we are working on, why we are doing it and what we want to achieve. In Amsterdam I was dealing with the city council, the supervisor, the design review board, the investor and, what was new for me, a construction team in which the contractor was involved from the start. I had a reputation for being a difficult customer. I had resolved to listen carefully. I saw the building as a silver cruise ship in a sea of little brick houses. I wanted to make a building for families in a variety of different combinations, with and without children, and maybe with live-in grandparents or au pairs, and I thought how great it would be to make facades with only doors, so that you could enter the dwellings in different places and use them in different ways. I had designed a vista through the street facade, so that the courtyard with large trees was visible from the public space.

HvdH: That was your hard landing in Dutch housing?
KvV: The decision on three crucial features of the design went against me. That does tend to make you struggle on behalf of your own ideas. Adriaan Geuze insisted on a brick building, the contractor calculated that it was cheaper to replace all those doors with frames containing ordinary casement windows, and the investor preferred four extra apartments to a vista to the courtyard.

HvdH: Taking the building at face value, I have to say that it's very subtle, for example, in the way it deals with the large scale. The frames and railings, together with the brickwork, form an almost monochromatic material palette, with the result that the building is unemphatically articulated.
KvV: I happened to drive past it recently. I was curious to see how the building was coping with all the residents' bits and pieces on the balconies. But it works surprisingly well. It adds something to the building. The building has become greyer, the wood has aged, and because of that it has grown more beautiful over the years.

The Large Scale

HvdH: All those themes you've mentioned return in the Breda railway station.
KvV: Details have always been part of my designs. I knew after the construction of the municipal offices in Terneuzen, and the Kennispoort building at TU Eindhoven, that I could cope with the scale of such a big station. By the time I decided to participate in the tendering process for Breda in 2004, I had learned how to manage the small things in large

Koen van Velsen Architecten, woningbouw Borneo Sporenburg, Amsterdam, 1996–1998

Koen van Velsen Architecten, residential building, Borneo Sporenburg, Amsterdam, 1996–1998
Foto/Photo: Jannes Linders

buildings, how to ensure, in the midst of complex processes, that the doors still opened in the right direction and the frames were in the right places. I enjoy managing all facets of a building. It doesn't make them more expensive, just better. I was keen to find out whether the large scale could be managed with the same care as was possible with those smaller complexes. History is full of architects who started out making wonderful small works, but then went on to turn out crude buildings at the larger scale.

HvdH: David Chipperfield is the exception that proves the rule. In his latest big buildings the details are no longer extravagant and have been subordinated to the design.
KvV: Sure.

HvdH: You say you want to get everyone singing from the same song sheet. How does that actually work in practice with a design process like the one in Breda?
KvV: When I reached the final selection round, I went to Breda to have a look around. The then station looked like a glorified petrol station. I wandered into the city and noticed how much care had gone into making the public space. I realized there were people working here with whom it would be possible to collaborate. The tender had been issued by the City of Breda. I thought: that's it. I saw the station as part of the city.

HvdH: You could say that about every station. In Delft, for example, the infrastructural task was resolved very creatively, no question. The underground bicycle garage beside the waters of the Westvest is compelling. But it seems there wasn't any money to include the tram and bus stops in the station design. The new station hasn't done anything for the station square. It's precisely the same asphalt expanse with prefab bus shelters as before. The old brick station building cuts a forlorn figure. With the sun behind you, the new station building is literally and figuratively dazzling, but because of all the reflections in the glass you can't see where you should go or whether there's somewhere you can buy a snack. You can't hold it against the architects that the bus platforms weren't included in the plan. I'm trying to understand how it proved possible to achieve such a consummate transfer machine in Breda.
KvV: I think it's a great shame that not all modes of transport were well connected in Delft. It worked for bicycles, but not for cars, trams and buses. In Delft the brief was probably to produce a plan for a given site, with a given programme. In Breda, on the other hand, they asked for a vision. For instance, there was an urban design plan that had been five years in the making. I was able to respond to that and make a proposal for a piece of city. In the nineteenth century, stations were built on the outskirts of the city. Over the course of time, Breda has ended up in the middle of the city, without generating a station precinct. It was that urban character I wanted to introduce.

HvdH: In a lecture you used a passport photo booth that stood in the Hilversum station concourse to show how the public space had been appropriated by shops. You commented that clearing away this kind of clutter belongs to public space management. Tidying things up, I get that completely, but it's an understatement. Station Breda is also a brash building that imposes something. You talked about making urbanity. Can you really design urbanity?
KvV: What I mean by that is that the building conforms to the patterns and the cultures of the city. I thought it important, for instance, that the rear of the building should get a fully-fledged entrance. That's why I suggested shifting the street slightly there. That way, the offices and dwellings provided for in the urban design plans could become part of the station building. So you can live on both sides of the street. Conversely,

HvdH: Het was jouw harde landing in de Nederlandse woningbouw?
KvV: Over de drie wezenlijke kwaliteiten van het ontwerp werd anders besloten. Dan ben je wel een strijder aan het worden. Adriaan Geuze stond op een bakstenen gebouw, de aannemer rekende uit dat het goedkoper was om al die deuren te vervangen door kozijnen met een gewoon draairaam en de belegger had liever vier woningen extra dan een doorkijk naar de binnenplaats.

HvdH: Als ik het gebouw op face value neem, moet ik zeggen dat het heel subtiel is, bijvoorbeeld door hoe het met de grote maat omgaat. De kozijnen en hekken vormen met het metselwerk een bijna monochroom materiaalpalet, waardoor het gebouw op een onnadrukkelijke manier geleed is.
KvV: Ik reed er laatst toevallig langs. Ik was benieuwd hoe het gebouw alle spullen van de bewoners op de balkons verdraagt. Maar dat ging heel goed. Het voegt wat toe aan het gebouw. Het gebouw is grauwer geworden, het hout is vergrijsd en daardoor is het na al die jaren steeds mooier geworden.

De grote schaal

HvdH: Al die thema's waar je over vertelt, komen in het station van Breda terug.
KvV: Details zijn altijd deel van mijn ontwerpen geweest. Ik wist na de bouw van het stadskantoor in Terneuzen en het Kennispoort-gebouw van de TU Eindhoven dat ik de schaal van zo'n station aankon. Toen ik in 2004 besloot om mee te doen aan de aanbesteding van Breda had ik geleerd hoe ik in grote gebouwen de kleine dingen beheersbaar kon maken, hoe je in complexe processen toch de deuren de goede kant op kan laten draaien en de kozijnen op de juist plek krijgt. Ik houd ervan om gebouwen in al hun facetten te beheersen. Daar worden ze niet duurder van, wel beter. Ik wilde onderzoeken of de grote schaal met dezelfde aandacht te beheersen was als met die kleinere complexen mogelijk was. Historisch gezien zijn er veel architecten die eerst prachtig klein werk maakten, maar die vervolgens op grotere schaal grove gebouwen afleverden.

HvdH: David Chipperfield is de uitzondering die de regel bevestigt. In zijn laatste grote gebouwen zijn de details niet meer overdadig en zijn ondergeschikt gemaakt aan het ontwerp.
KvV: Zeker.

Verrommeling van de publieke ruimte in de stationshal van station Hilversum

Cluttered public space in the Hilversum station concourse
Foto/Photo: Koen van Velsen

when you get off the train, you can see what city you're in. It's a way of incorporating the existing city into a design. Urbanity is also about comfort and the possibility of making a lovely walk through the city. The same things you want at home.

HvdH: Rients Dijkstra compared his work as supervisor of Rotterdam CS to steering oil tankers by throwing balls of cotton wool at them. That upbeat fatalism was a constant refrain in all the explanatory notes on the stations the Yearbook editors visited.
KvV: Fatalism. That's not my thing. I think Rotterdam CS is a very fine building, by the way.

HvdH: That's a question of taste. The set-up is nineteenth-century. It's no more than a roof over the tracks with a building in front. On the city side where the horses once stood, you now walk through the rain to get to the bus and the tram.
KvV: The comfort of the stopping-place is part of the tradition of the nineteenth-century station building. All the things that are part of a modern station precinct had to be resolved within the building. That's something we were in complete agreement about in the team, even after ProRail took over the role of client from the city council.

HvdH: It was a master stroke, putting the car park on the roof.
KvV: That was a logical decision. Ground-level parking got too complicated. That's where you want shops and the entrances to the dwellings. I was afraid an underground parking garage would prove too costly and end up being in full view.

HvdH: The ceremony of the drive up the ramp to the roof, right through the station, is reminiscent of the dramatic routing through your first house.
KvV: It's about light again. Most station roofs are steel and glass. They're only beautiful during the day. At night they're black holes. They're difficult to light. And awkward to keep clean. At the moments when the station is at its busiest, during peak hour, it's often dark. I imagined a solid roof that could be lit to suggest an openness above. Then you could park on top. Via the ramp you drive through the dark towards the daylight.

Public Interior

HvdH: Station Breda doesn't have any catalogue products, synthetic panelling or factory-made railings. The shops have a lot of glass, but it's always framed by stone walls. Advertising is similarly embedded in stone and restricted in size. For me this simplicity works better than the fully glazed 'airport interiors', where I see too much and understand too little in order to be able to find my way.
KvV: A station is a public interior. These are the streets and squares of the city with correspondingly solid materials. The problem posed by those passport photo booths beneath a Bruna advertisement, and the confusing interweaving of commerce and public space, was also recognized by ProRail and NS. It's the concept of a designer who talks with clients.

HvdH: So that's down to you?
KvV: That's too black and white. The conversation we had led to the solution.

HvdH: Did you discuss management?
KvV: I designed the signage. Instead of different standards for the train, the cars, the bus and the bicycles, the ProRail standard was refashioned into an integrated signage for all modes. The same applies to the shop signs. They were the subject of uniform agreements. Space was set aside in the form of niches for the future placement of signs and various

HvdH: Je vertelt dat je de neuzen dezelfde kant op wilt krijgen. Hoe gaat dat precies in zijn werk bij zo'n ontwerpproces in Breda?
KvV: Toen ik in de laatste selectieronde zat, ben ik naar Breda gegaan om rond te kijken. Het toenmalige station zag eruit als een veredeld benzinestation. Ik liep de stad in en zag met hoeveel aandacht de openbare ruimte was gemaakt. Ik bedacht me dat hier mensen werkten met wie je kon samenwerken. De aanbesteding was uitgeschreven door de gemeente Breda. Ik dacht: daar moet ik het van hebben. Ik zag het station als deel van de stad.

HvdH: Dat kun je van elk station zeggen. In Delft bijvoorbeeld is de infrastructurele opgave zonder meer creatief opgelost. De ondergrondse fietsenstalling aan het water van de Westvest is overtuigend. Naar het schijnt was daar echter geen geld om ook de stopplaats van de tram en de bus in het station op te lossen. Voor het stationsplein heeft het nieuwe station niks betekend. Het is precies dezelfde asfaltvlakte met prefab bushokken als voorheen. Het oude bakstenen stationsgebouw staat er verloren bij. Met de zon in de rug is het nieuwe stationsgebouw letterlijk en figuurlijk schitterend, maar je kunt door alle reflecties in het glas niet zien waar je heen moet en of je ergens een broodje kan kopen. Je kunt de architecten niet verwijten dat de busplatforms niet in het plan betrokken zijn. Ik probeer te begrijpen waarom het in Breda wel lukte om zo'n complete overstapmachine voor elkaar te krijgen.
KvV: Ik vind het heel jammer dat in Delft niet alle vervoersmiddelen goed zijn aangesloten. Dat is met de fiets wel gelukt, met de auto, de tram en de bus niet. In Delft was de opgave waarschijnlijk om een plan te maken voor een gegeven plek met een gegeven programma. In Breda vroegen ze daarentegen om een visie. Er lag bijvoorbeeld een stedenbouwkundig plan waar vijf jaar aan was gewerkt. Ik kon daarop reageren en een voorstel voor een stuk stad doen. Stations zijn in de negentiende eeuw aan de rand van de stad gebouwd. Het station van Breda is in de loop van de tijd midden in de stad komen te liggen, zonder dat een stationsbuurt is ontstaan. Die stedelijkheid wilde ik introduceren.

HvdH: In een lezing liet je aan de hand van een pasfotoautomaat die in de oude stationshal van Hilversum stond zien hoe de publieke ruimte was toegeëigend door winkels. Je zei daarbij dat opruimen van dit soort rommel bij het beheer van de publieke ruimte hoort. De boel opruimen, dat herken ik volkomen, maar het is een understatement. Station Breda is óók een brutaal gebouw dat iets oplegt. Je had het over het maken stedelijkheid. Kan je stedelijkheid wel ontwerpen?
KvV: Wat ik daarmee bedoel is dat het gebouw zich voegt naar de patronen en de culturen van de stad. Ik vond het bijvoorbeeld belangrijk dat het gebouw aan de achterkant een volwaardige entree kreeg. Om die reden heb ik voorgesteld om de straat daar iets te verleggen. Daardoor konden de kantoren en woningen die in de stedenbouwkundige plannen waren voorzien deel worden van het stationsgebouw. Zo kun je aan twee zijden van de straat wonen. Andersom kun je als je uit de trein komt zien in welke stad je bent. Het is een manier om de bestaande stad bij een ontwerp te betrekken. Stedelijkheid heeft ook te maken met comfort en de mogelijkheid een fijne wandeling door de stad te kunnen maken. Net zoals je het thuis wilt hebben.

HvdH: Rients Dijkstra vergeleek zijn werk als supervisor van Rotterdam CS met het bijsturen van mammoettankers door er watjes tegen aan te gooien. Dat opgewekte fatalisme was een constante in alle toelichtingen op de stations die we met de redactie van het Jaarboek bezochten.
KvV: Fatalisme. Daar ben ik niet van. Ik vind Rotterdam CS overigens een heel mooi gebouw.

Metrostation Komsomolskaya, Moskou
Komsomolskaya metro station, Moscow
Foto/Photo: Lite

HvdH: Dat is een kwestie van smaak. De opzet is negentiende-eeuws. Het is gebleven bij een kap over het spoor met een gebouw ervoor. Aan de kant van de binnenstad waar ooit de paarden stonden, loop je nu door de regen naar de bus en de tram.
KvV: Het comfort van de pleisterplaats is deel van de traditie van het negentiende-eeuwse stationsgebouw. Alle dingen die bij een moderne stationsbuurt horen, moesten in het gebouw worden opgelost. Daar waren wij het in het team absoluut over eens, ook nadat ProRail het opdrachtgeverschap overnam van de gemeente.

HvdH: Een gouden greep is het parkeerterrein dat op het dak ligt.
KvV: Dat was een logische keuze. Parkeren op de begane grond werd te ingewikkeld. Daar wil je winkels en woningentrees hebben. Ik was bang dat een ondergrondse parkeergarage financieel lastig zou worden en dan toch in het zicht zou komen.

HvdH: De ceremonie van de rit over de hellingbaan naar het dak dwars door het station heen doet denken aan de dramatische routing door je eerste huis.
KvV: Het heeft weer met licht te maken. De meeste stationskappen zijn van staal en glas. Die zijn alleen overdag mooi. 's Avonds zijn het zwarte gaten. Ze zijn moeilijk aan te lichten. En ze zijn lastig schoon te houden. Op momenten dat het station het drukst is, in de spitsuren, is het vaak donker. Ik stelde me een dicht dak voor dat kon worden aangelicht met een suggestie van openheid naar boven. Dan kon je bovenop parkeren. Via de hellingbaan rijd je door het donker naar het daglicht.

Publiek interieur

HvdH: In Station Breda komen geen catalogusproducten, kunststof panelen of fabriekshekken voor. De winkels hebben veel glas, maar dat is altijd ingekaderd door natuursteen wanden. Reclame is eveneens in natuursteen gevat en beperkt in grootte. Voor mij werkt deze eenvoud beter dan de volledig verglaasde 'luchthaveninterieurs', waar ik te veel zie en te weinig begrijp om de weg te kunnen vinden.
KvV: Een station is een publiek interieur. Het zijn de straten en de pleinen van de stad met bijbehorende degelijke materialen. Het probleem van die pasfotoautomaten onder een Brunareclame en de onbegrijpelijke verweving van commercie en publieke ruimte werd ook door ProRail en NS ingezien. Het is een opvatting van een ontwerper die met opdrachtgevers praat.

HvdH: Dat staat dus op jouw conto?
KvV: Dat is zwart-wit. Het gesprek dat wij voerden leidde tot de oplossing.

HvdH: Is er gesproken over het beheer?
KvV: Ik heb de bewegwijzering ontworpen. In plaats van verschillende standaarden voor de trein, de auto's, de bus en de fietsen is de standaard van ProRail omgewerkt tot een integrale bewegwijzering voor alle modaliteiten. Hetzelfde geldt voor de *signing* van de winkels. Daar zijn uniforme afspraken over gemaakt. Er zijn reserveringen gemaakt in de vorm van nissen voor toekomstige plaatsing van *signing* en apparaten. Toen ik spoorbouwmeester was, hebben wij het initiatief genomen om die kwaliteiten tijdens de exploitatiefase vast te houden. Daar is het zogenaamde Ruimtelijke Beheersplan uit voortgekomen. Samen met ProRail, NS en het Bureau Spoorbouwmeester werk ik nu aan zo'n plan voor Breda. Die partijen zijn verantwoordelijk voor de handhaving.

equipment. When I was railway architect we took the initiative to stick to those qualities during the operational phase. The so-called Spatial Maintenance Plan evolved out of that. Together with ProRail, NS and the Office of Railway Architect, I'm now working on a plan along those lines for Breda. Those parties are responsible for enforcing it.

Imperfection

HvdH: You showed a photo of the Moscow metro. What are you trying to say with that image?
KvV: A lot of things went wrong there in Russia, but they did make fantastic palaces for the people to travel in. It should be so pleasant that you hoped the train would be late.

HvdH: And the columns on the platforms, were they inspired by the Moscow metro?
KvV: Not in such a literal way. I wanted the platforms to be uncluttered with as few columns as possible. That required long spans. Each column carries 400 m² of building. That is quite something. The necessary structural diameter was 65 by 65 cm. I managed to convince the structural engineer that the lower part of the columns could be round, the part you can touch. It's a nice detail in high-quality material. It imparts a sense of security. The grooves were added because I think it's so ugly the way this sort of column is always plastered with ads and posters. That's a bit more difficult now.

HvdH: It's a brick building.
KvV: The entire Breda environment is brick. The streets are paved with clinker-bricks. If you want the building to belong to the city, you have to make it in brick. Including the station's main hall.

HvdH: And just like the housing in Borneo Sporenburg, the building is virtually monochromatic.
KvV: I found that exciting. Everything is made of brick in a limited range of colours. I was afraid that it really was an awful lot of brick. And all built at the same time. How do we appreciate brick? In many Vinex developments the brick has remained very much what it is. On holiday I was struck by the weathering of the Italian cities. That mottled effect is lacking in a new building. The only history I had for the building were the changes to the plan. In the end every version of the plan was given its own shade of brick, so that the elevations have a hint of that Italian weathering.

HvdH: In a strange way I don't think it's a really perfect building complex. It's a sober design that has obviously been pushed and pulled about. Somewhere there'll still be a pot plant on a balcony.
KvV: I should hope so! Urban development continues. I've tried to stimulate that. Before long the station will be no more than street and square frontages in the city. In twenty years' time you won't see it as this huge colossus anymore and you'll simply find yourself in a part of the city of Breda.

Imperfectie

HvdH: Je liet een plaatje van de Moskouse metro zien. Wat bedoel je met dat beeld?
KvV: Er is van alles misgegaan daar in Rusland, maar ze maakten wel fantastische paleizen voor het volk waar je in kon reizen. Het zou zó aangenaam moeten zijn dat je hoopt dat de trein te laat komt.

HvdH: En de kolommen die op de perrons staan, komen die uit de metro van Moskou?
KvV: Niet zo letterlijk. Ik wilde overzichtelijke perrons maken met weinig kolommen. Daarvoor waren grote overspanningen nodig. Elke kolom draagt 400 m^2 gebouw. Dat is best veel. De benodigde constructieve doorsnede was minimaal 65 bij 65 cm. Dat is breder dan een mens. Ik wist de constructeur te overtuigen dat het onderste stuk van de kolommen rond kon worden. Het deel dat je aan kan raken, is een mooi detail van hoogwaardig materiaal. Het geeft een veilig gevoel. De cannelures kwamen erop, omdat ik het zo lelijk vind dat dit soort kolommen altijd beplakt wordt met reclame en posters. Dat is nu wat lastiger.

HvdH: Het is een bakstenen gebouw.
KvV: De hele omgeving in Breda is van baksteen. Op straat liggen overal klinkers. Als je wilt dat het gebouw bij de stad gaat horen, dan moet je het van baksteen maken. Tot de stationshal toe.

HvdH: En net als de woningbouw in Borneo Sporenburg is het gebouw vrijwel monochroom.
KvV: Dat vond ik spannend. Alles is met een beperkt aantal tinten baksteen gemaakt. Ik was bang dat het wel heel veel baksteen was. En dan ook nog in één keer gebouwd. Hoe houden wij van baksteen? In veel vinexwijken is baksteen wel heel sterk gebleven wat het is. Op vakantie werd ik gegrepen door de verwering van de Italiaanse steden. Die vlekkerigheid ontbreekt in een nieuw gebouw. Ik had alleen de planwijzigingen als geschiedenis van het gebouw. Uiteindelijk heeft elke planversie een eigen tint baksteen gekregen, waardoor de gevels iets van die Italiaanse verwering hebben.

HvdH: Op een gekke manier vind ik het geen heel perfect gebouwencomplex. Het is een nuchter ontwerp waaraan zichtbaar veel geduwd en getrokken is. Er staat nog wel eens een plantje op een balkon.
KvV: Ik hoop van wel! De stedelijke ontwikkeling gaat door. Ik heb geprobeerd die aan te zetten. Straks vormt het station alleen nog maar straat- en pleinwanden in de stad. Over twintig jaar ervaar je het niet meer als een enorme kolos en kom je gewoon in een deel van Breda.

Koen van Velsen Architecten, busstation, Breda, 2004–2016

Koen van Velsen Architecten, bus station, Breda, 2004–2016
Foto/Photo: René de Wit

Koen van Velsen

OV Terminal Breda – fase I
Breda Public Transport Terminal – Phase 1

Stationsplein
Breda

Foto's/Photos: **René de Wit**

Het nieuwe station van Breda is een uitschieter in de architectuur van de Nederlandse infrastructuur. Het is het resultaat van een brutaal idee en de virtuoze uitwerking daarvan. Ontwerper Koen van Velsen stelde voor om een parkeerdeck als een enorme tafel over de sporen te bouwen, zodat de treinen en de streekbussen daaronder beschut stoppen. Het deck wordt aan beide zijden van de sporen 'op de grond gezet' met woon- en werkgebouwen. De enorme maat van het stationsgebouw wordt benadrukt door de uniforme bekleding van alle bouwdelen met een gemêleerde sortering baksteen. De gevel heeft onregelmatige siervlakken alsof hij herhaaldelijk is hersteld en oude ramen en deuren zijn dichtgemetseld. De monumentaliteit van de entrees naar de stad Breda is geen gevolg van zware architectonische gestes, maar komt voort uit het samengestelde infrastructuur-, woon- en werkprogramma, de enorme maat van het bouwwerk en de consequente materiaalvoering. De reizigers wandelen via bewoonde stationspleinen de stad in. De traverse onder de sporen is uitgevoerd met terughoudende materialen en vormen. De bewegwijzering, winkeletalages, balies en reclame-uitingen dringen zich niet op, waardoor de nadruk op de ruimtelijkheid van deze publieke ruimte ligt. De bekleding van de stalen draagconstructies van het deck zorgt voor een vergelijkbare rust bij de perrons. De kolommen hebben klassiek aandoende ornamentiek. Fietsenstallingen zijn in het ensemble opgenomen. In Breda is het gelukt om een tweezijdig georiënteerd gebouw te maken dat niet alleen als een comfortabele overstapmachine functioneert, maar ook als een eigentijds publieksgebouw dat zijn betekenis in de stad waarmaakt.

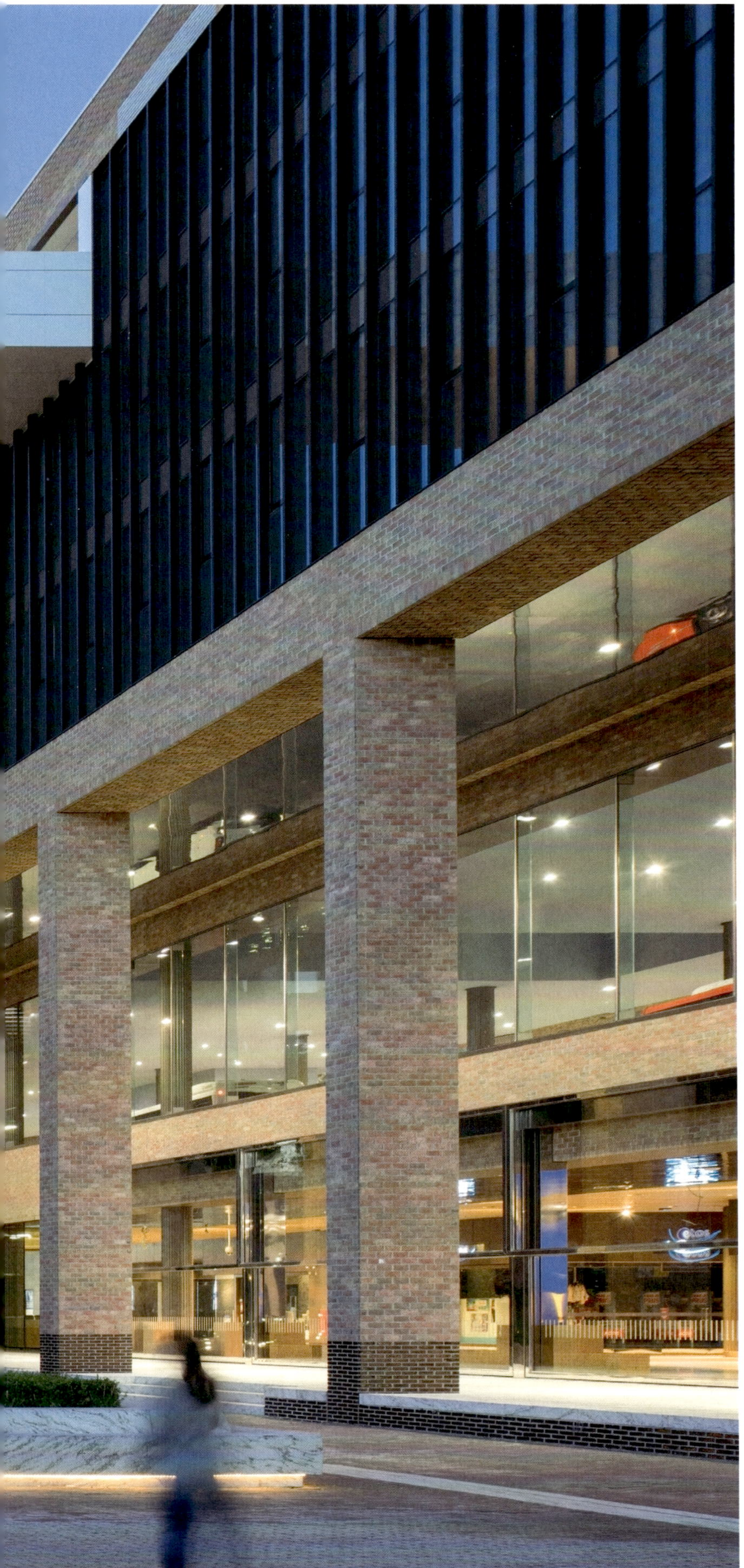

Breda's new railway station is an exception in the architecture of Dutch infrastructure. It is the outcome of an audacious idea and its virtuoso implementation. Designer Koen van Velzen proposed rafting a huge, table-like parking deck over the tracks so that arriving trains and buses could stop beneath its cover. The deck 'touches down' on either side of the tracks by way of apartment and office buildings. The vast scale of the station building is emphasized by the uniform cladding of all sections in an assortment of bricks. The facade has irregular decorative areas of brickwork, as if it has been repeatedly restored and old windows and doors have been bricked up. The monumentality of the entrances on the city side derives not from any weighty architectural gestures, but from the composite infrastructural, residential and work programme, the huge size of the structure, and the consistent materialization. Travellers walk into the city centre via inhabited station squares. The passageway beneath the tracks has been rendered in understated materials and forms. The signage, shop windows, counters and advertising do not obtrude, so that the emphasis is on the spatial quality of this public space. The cladding of the steel load-bearing structures of the deck generates a similar sense of calm on the platforms. The columns boast quasi-classic ornamentation. Bicycle parking is incorporated in the ensemble. In Breda the architects have succeeded in making a double-oriented building that functions not only as a congenial transfer machine, but also as a contemporary public building that lives up to its importance in the city.

mr. Long

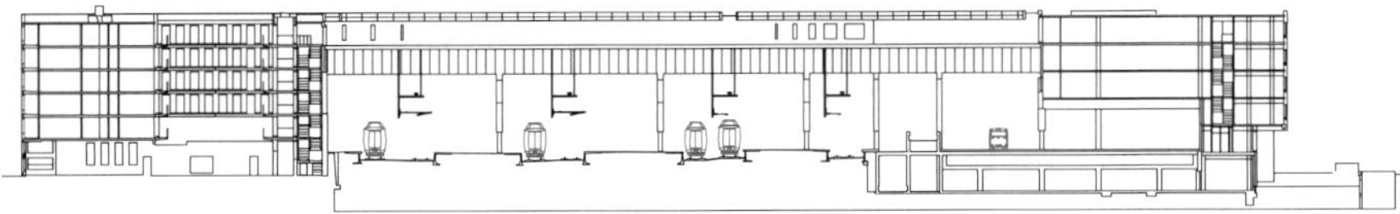

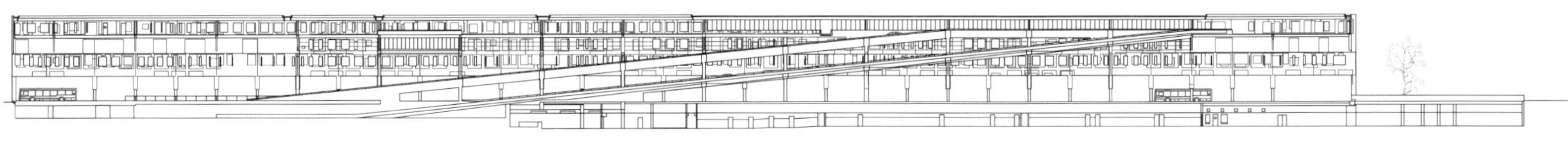

Doorsneden/Sections

Eerste verdieping, begane grond/
First, ground floor

1 entree/entrance
2 traverse/passageway
3 plein/square
4 expeditie/deliveries
5 commerciële ruimten/ commercial spaces
6 fietsenstalling/bicycle parking
7 patio
8 kantoor/office
9 perrons/platforms
10 busstation/bus station

Situatie/Site plan

A Stationsplein
B Stationlaan
C Terheijdenstraat

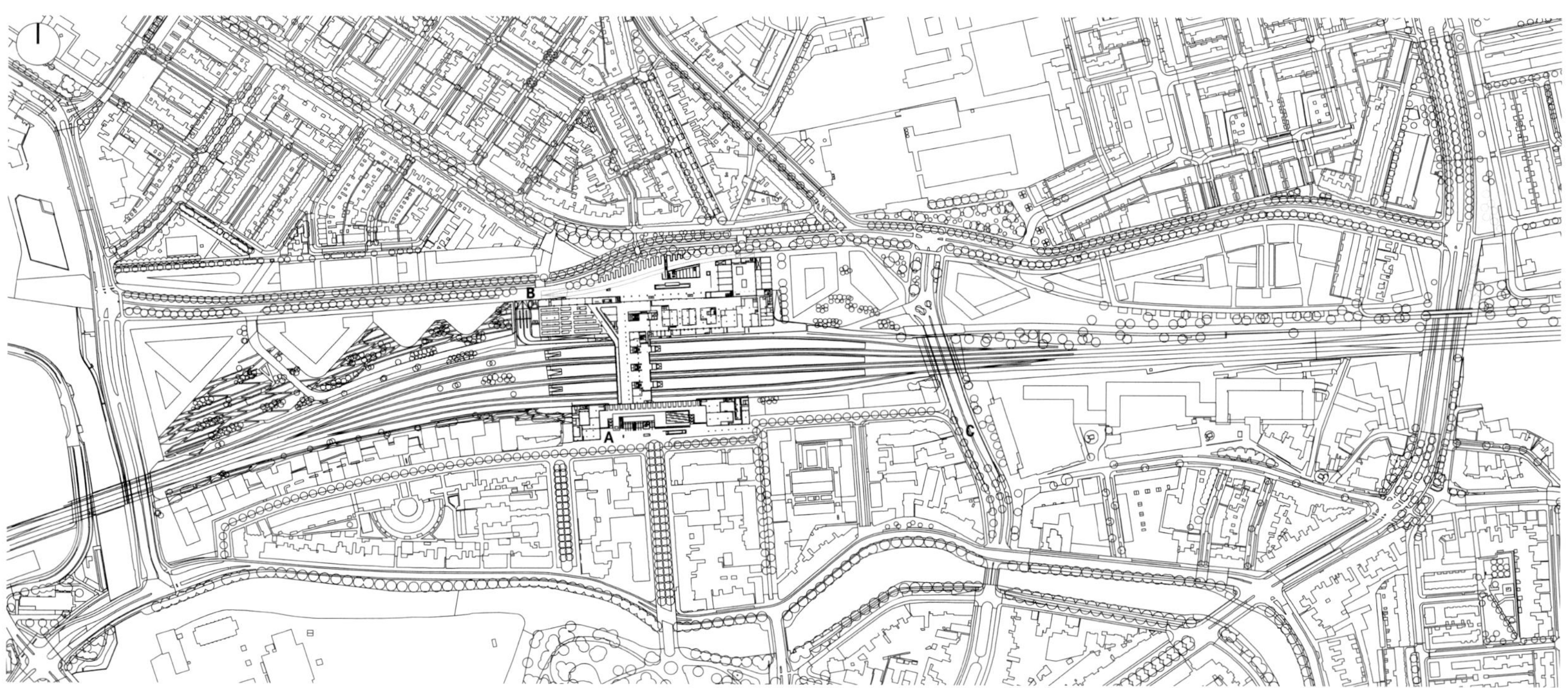

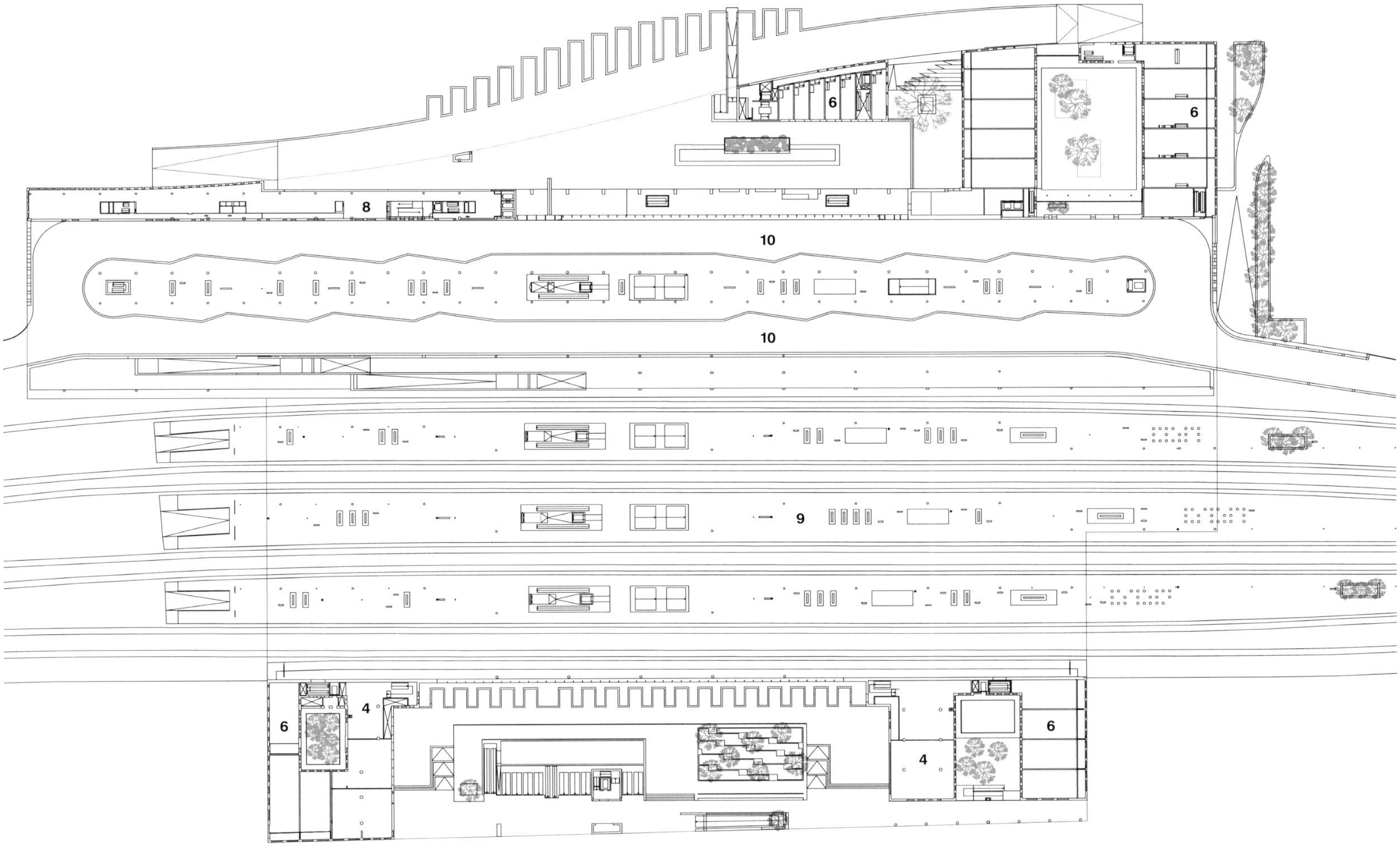
6
6
8
10
10
9
4
6
6
4

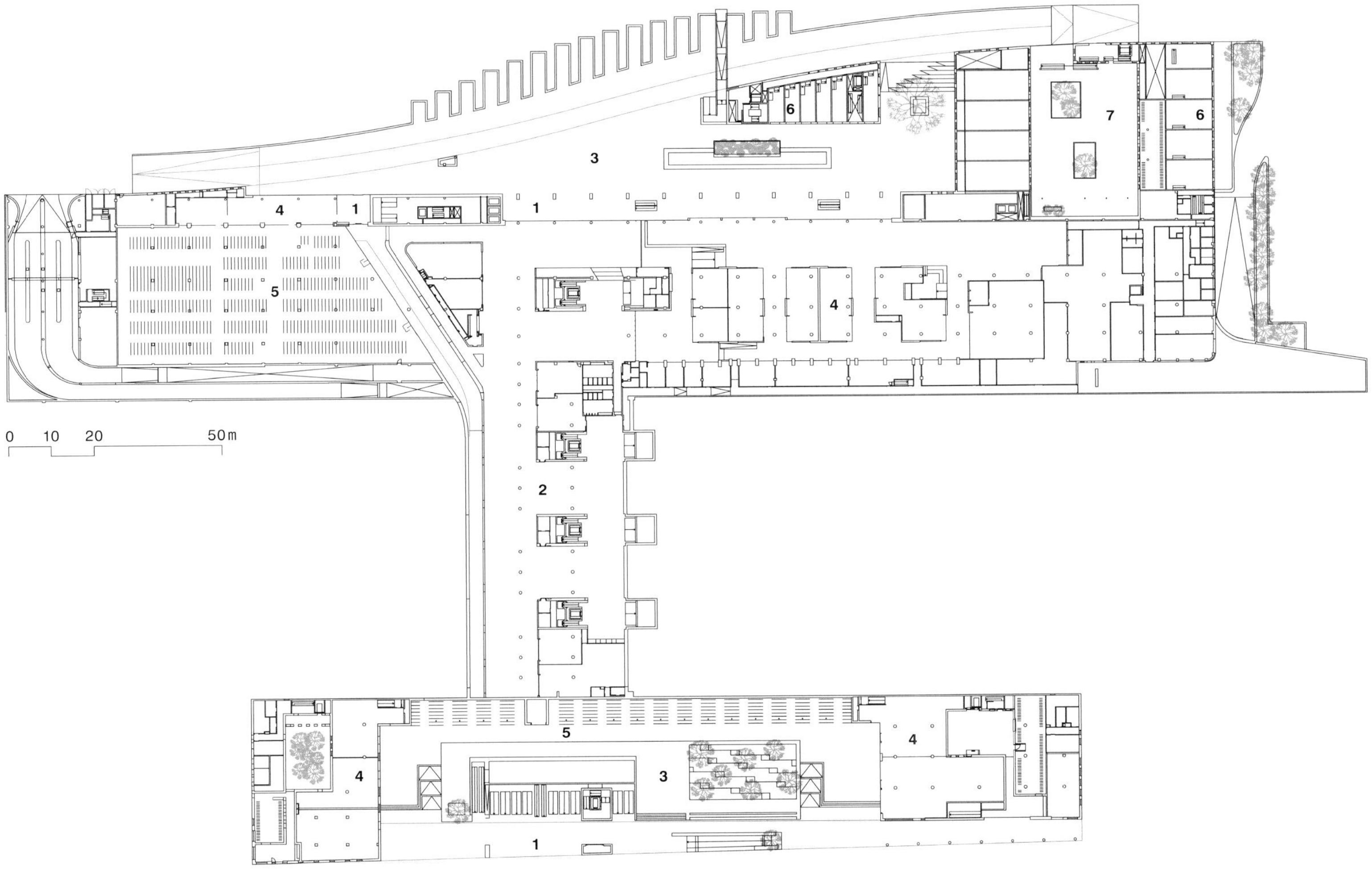
6
7
6
3
4
1
1
5
4
0 10 20 50m
2
4
5
4
3
1

Maxwan

Canopies

Conradstraat
Rotterdam

Foto's/Photos: **Filip Dujardin**

De aankomsthal van Rotterdam CS is indrukwekkend, maar deze geste zorgt er niet voor dat het ook een comfortabel overstapstation is geworden zoals de in 2015 opgeleverde stations van Breda en Arnhem. Rients Dijkstra, supervisor over het Rotterdamse stationsgebied, signaleerde dat de perrons van de streekbussen slechts zouden worden voorzien van twaalf standaardbushokken. Er was geen budget voor een luifel en de overstap van trein naar streekbus kon om verkeerstechnische redenen alleen uitgevoerd worden als zebrapad op het asfalt van het busstation. Het ontwerpbureau Maxwan, waaraan Dijkstra leiding geeft, kreeg de opdracht om voor het budget van de bushokken een alternatief te ontwikkelen. Het resultaat is een drietal ragfijne luifels die scherp afsteken tegen het Groothandelsgebouw, het talud van de spoordijk en de zijkant van het station. De luifels zijn geheel uit zachtroze plaatstaal vervaardigd. Net als de ontwerpers van de aankomsthal zocht Maxwan het antwoord op de harde Rotterdamse werkelijkheid in vorm, maar nu in een vorm die geen competitie met de architectuur van de havenstad aangaat en juist met de sierlijke kleurige fragiliteit een poging doet om wachtende reizigers beschutting te bieden. Banken, windschermen, reclamepanelen, stoeptegels en trottoirbanden hebben zich echter aan de invloed van de supervisor onttrokken. In de woorden van Dijkstra is het werken aan grootschalige infrastructuur zoals rond Rotterdam CS te vergelijken met 'het bijsturen van olietankers door er watjes tegenaan te gooien'.

Situatie/Site plan
A Conradstraat
B Weena
C Stationsplein
D Groothandelsgebouw

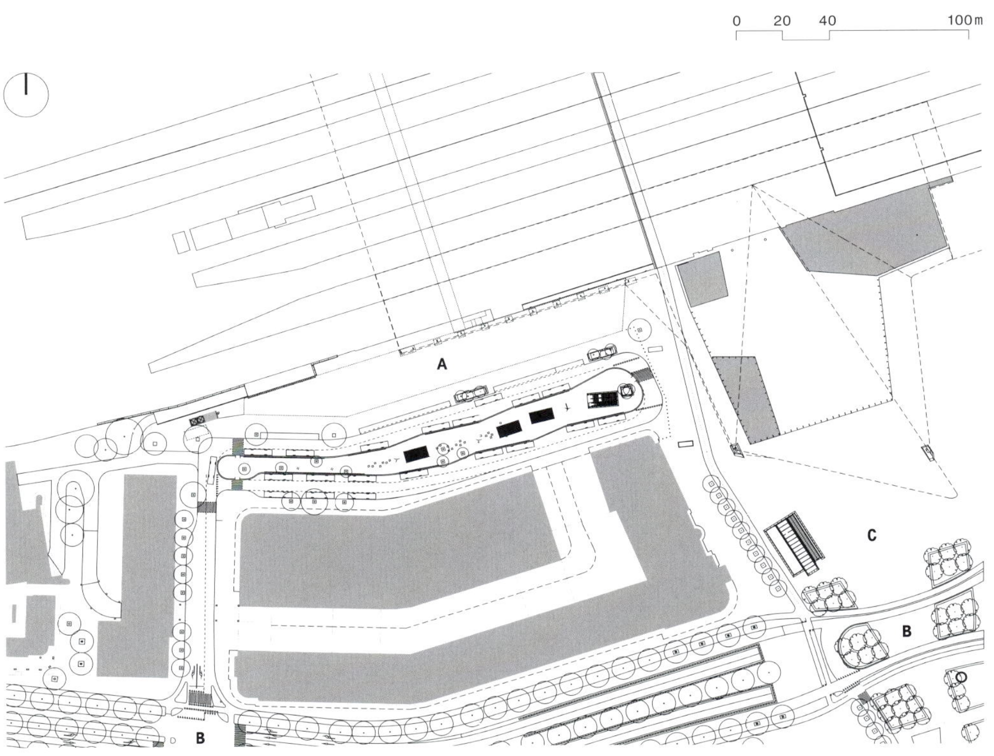

The arrivals hall of Rotterdam's central station is certainly imposing, but this majestic gesture has not translated into a comfortable intermodal station comparable with the newly completed Breda and Arnhem stations. Rients Dijkstra, supervisor of the Rotterdam station precinct, had indicated that the platforms for the regional buses would be furnished with twelve standard bus shelters. There was no budget for awnings and traffic engineering dictated that the transfer from train to bus should take the form of zebra crossings on the asphalt of the bus station. Maxwan, the design office headed by Dijkstra, was commissioned to develop an alternative within the budget allocated for the bus shelters. The result is a trio of gossamer-thin canopies that contrast sharply with the Groothandelsgebouw, the railway embankment and the side of the station building. The canopies are made entirely of pale pink sheet steel. Like the designers of the arrivals hall, Maxwan sought to respond to the hard Rotterdam reality by way of form, but in this case a form that does not compete with the port city's architecture, but instead attempts to offer protection to waiting travellers with elegant, colourful fragility. However, the benches, windbreaks, advertising panels, paving stones and kerbstones eluded the supervisor's influence. In Dijkstra's words, working with large-scale infrastructure such as that around Rotterdam CS is like trying to 'steer oil tankers by throwing balls of cotton wool at them'.

UNStudio

Arnhem Centraal OV Terminal
Arnhem Central Transfer Terminal

Stationsplein
Arnhem

Foto's/Photos: **Hufton+Crow**

UNStudio voorzag het station in Arnhem van een nadrukkelijke signatuur. Vloeiende lijnen karakteriseren de stationshal, de kantoren, de overkappingen van de perrons, de autotunnel en de toegangen naar de parkeergarage. Deze open en transparante figuur overtuigt vooral in de stationshal. De publieksstromen tussen de perrons van de trein, streekbus en trolleybus, fiets- en wandelroutes naar de binnenstad en de kantoren die deel uitmaken van het station vertakken zich via een driedimensionaal patroon: lichtgrijze staalconstructies vormen daken en gevels en lopen vloeiend over in trappen en roltrappen. De vloeren zijn afgewerkt met lichtgrijze natuursteen. Plafonds en zitmeubelen in blank hout vormen accenten. De vormgeving volgt soms de reizigersstromen. Soms is deze een resultaat van technische gegevens, zoals de bochtstralen van het auto- en busverkeer. Soms is de architectuur decoratief. Maar altijd is er de spanning met de logica die eigen is aan de moderne bouwtechniek of de geometrie van de historische stad. De wulpse kantoorgevel van metaal en glas aan de Utrechtsestraat bijvoorbeeld slaagt door de heftige materiaal- en schaalcontrasten en de zakelijke uitwerking van de begane grond niet als stedelijke vorm.

UNStudio has endowed Arnhem's central station with an emphatic identity. Flowing lines characterize the station concourse, the offices, the platform roofing, the car tunnel and the entrances to the underground car park. This open and transparent figure is particularly compelling in the station concourse. The passenger flows between the train, bus and trolleybus platforms, the cycle and pedestrian routes to the city centre, and the offices that are part of the station building, branch off in a three-dimensional configuration: pale grey steel constructions form roofs and elevations that segue into stairs and escalators. The floors are finished in pale grey stone. Accents are provided by natural wood ceilings and seating. On occasions, the design takes its cue from the traveller flows. In some cases, this is the result of technical issues, like the corner radii of the car and bus traffic. Sometimes the architecture is decorative. But there is an ever-present tension with the logic of modern construction technology or the geometry of the historical city. The voluptuous metal and glass office facade on Utrechtsestraat, for example, fails as an urban form because of the strong material and scalar contrasts and the functional elaboration of the ground floor.

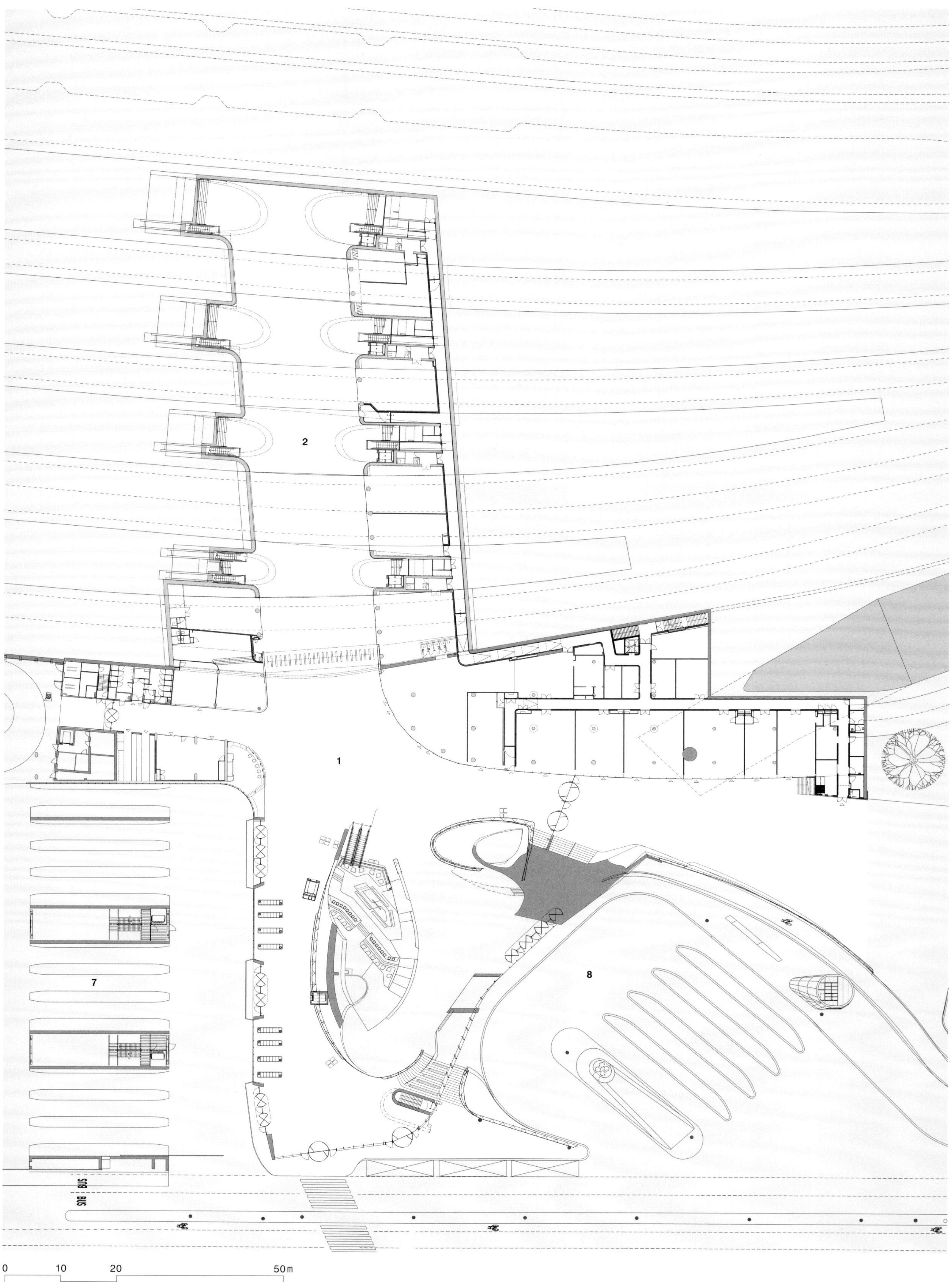

2
1
7
8
BUS
BUS
0
10
20
50 m

Souterrain/Basement floor

1 stationshal/station concourse
2 traverse/passageway
3 spoor/track
4 fietsenstalling/bicycle parking
5 ondergrondse parkeergarage/underground car park
6 kantoor/office
7 busstation/bus bays (city)
8 busplein/bus bays (regional)

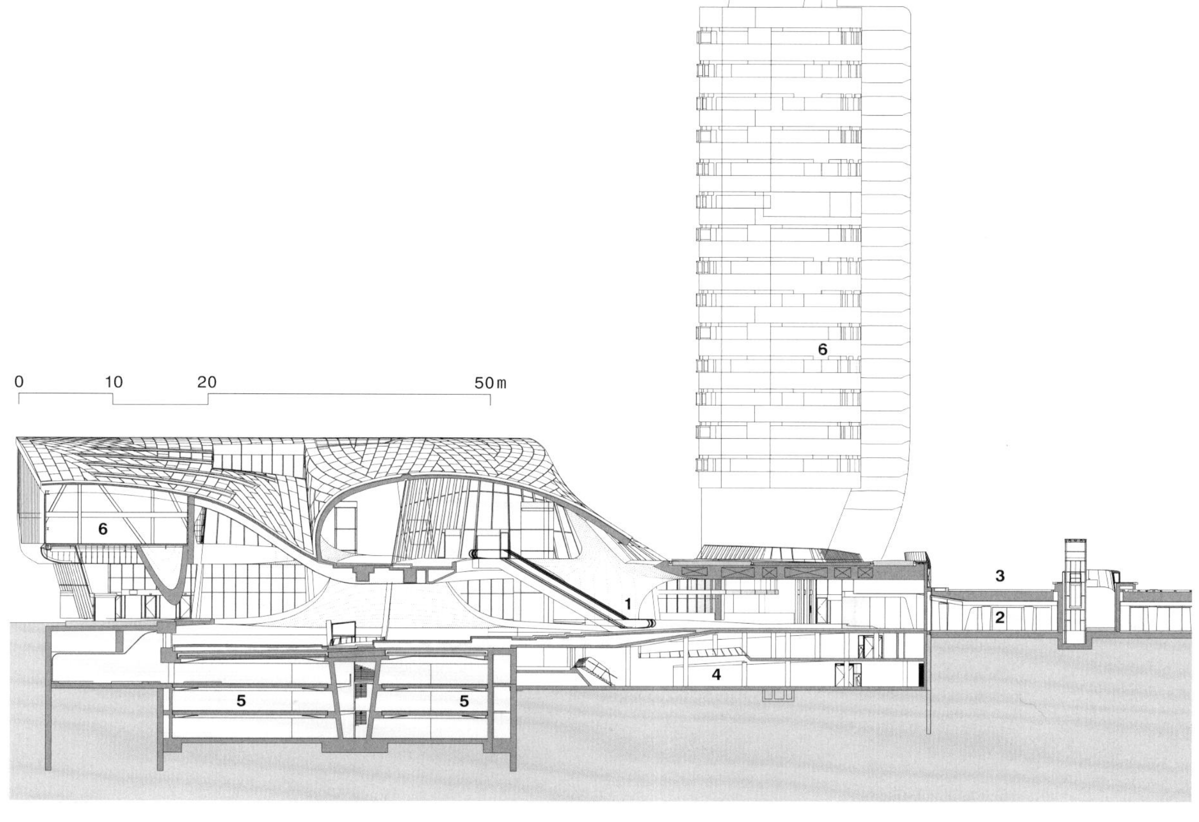

Doorsnede/Section

Situatie/Site plan

A Oude Stationstraat
B Willemsplein
C Utrechtsestraat

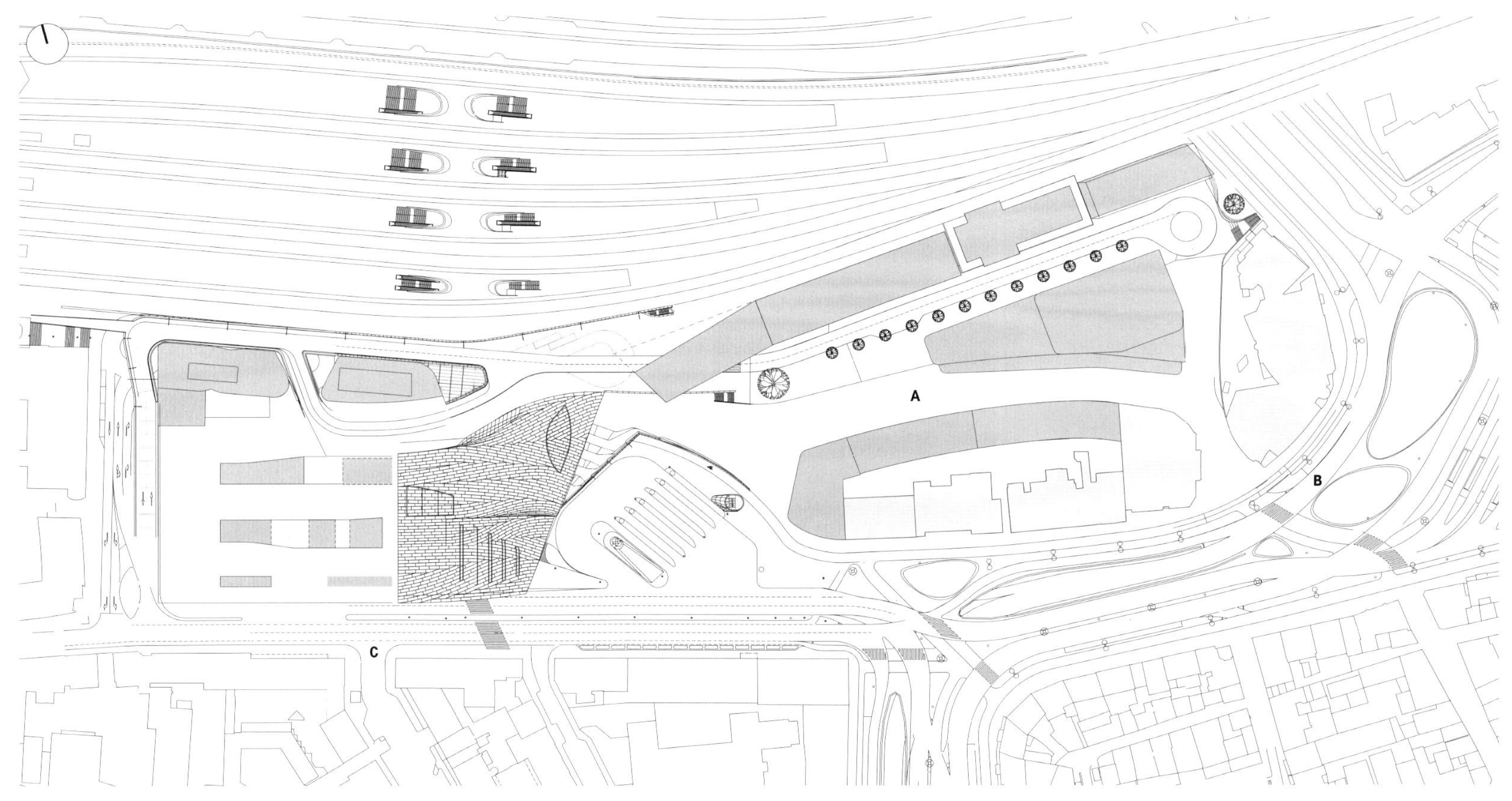

Royal HaskoningDHV

Ondergrondse parkeergarage Kustwerk Katwijk
Kustwerk Katwijk Underground Parking Garage

Boulevard Zeezijde
Katwijk

Foto's/Photos: **Luuk Kramer**

De strandboulevard in Katwijk is een van de belangrijkste voorbeelden van de Nederlandse wederopbouw. De grote behoefte aan woningen, de bescheiden ambities ten aanzien van het toerisme en de traditie van particuliere kamerverhuur waren voor stedenbouwkundige Sam van Embden de aanleiding om een wederopbouwplan voor de boulevard te ontwikkelen op basis van individuele en kleinschalige bebouwing. Aan het begin van deze eeuw stond de strandboulevard in Katwijk voor nieuwe uitdagingen. De waterkering voldeed niet meer aan de veiligheidsnormen en vormde een bedreiging voor het hinterland dat onder de zeespiegel ligt. Daarnaast bracht het groeiende toerisme een steeds hogere parkeerdruk met zich mee.
Royal HaskoningDHV en OKRA landschapsarchitecten ontwikkelden hiervoor een strategie die op een ingenieuze wijze een landschap, een parkeergarage en een verdedigingswerk tegen het water met elkaar verknoopt. In het verbrede duinlandschap – en dus onzichtbaar voor het oog – is een forse dijk ontwikkeld die niet alleen bescherming biedt tegen het oprukkende water, maar ook een langgerekte ondergrondse parkeerplaats herbergt. De hoofd- en nevenentrees en de in- en uitritten van de parkeerplaats worden op een vanzelfsprekende wijze opgenomen in het duinlandschap. Door deze aanpak zijn niet alleen verschillende typische opgaven op exemplarische wijze gecombineerd tot een eenduidige oplossing, maar is ook het kleinschalige karakter van de Boulevard op een vanzelfsprekende wijze aangevuld. Tussen het strand en het dorp is een nieuwe topografie ontstaan, groot in oppervlakte maar klein in beleving. Ze bemiddelt tussen de recent historie en de nabije toekomst van Katwijk.

The seafront boulevard in Katwijk is an outstanding example of Dutch post-war reconstruction. The pressing need for housing, modest ambitions with regard to tourism and a tradition of private room letting prompted the urban planner Sam van Embden to draw up a reconstruction plan for the boulevard based on individual and small-scale development. At the beginning of the present century Katwijk's seafront faced new and different challenges. The dike no longer met current safety standards and as such posed a threat for the below-sea-level hinterland. In addition, the continuing growth in tourism was putting ever-greater pressure on parking.
To deal with this, Royal HaskoningDHV and OKRA Landscape Architects developed a strategy that ingeniously knits together a landscape, a car park and a barricade against the water. In the broadened dune landscape – and thus invisible to the eye – they constructed a sturdy dike that not only offers protection against the rising water, but also conceals an elongated underground car park. The main and secondary entrances and the car park entries and exits are integrated with the dune landscape in a wholly natural way. Thanks to this approach, not only are the various distinct functions combined in an exemplary manner in a clear-cut solution, but the small-scale character of the seafront has been complemented in a quite self-evident way. Between the beach and the village, a new topography has been created which, though vast in area, still feels intimate. It mediates between the recent past and the near future of Katwijk.

Foto/Photo: **Onsite Photography**

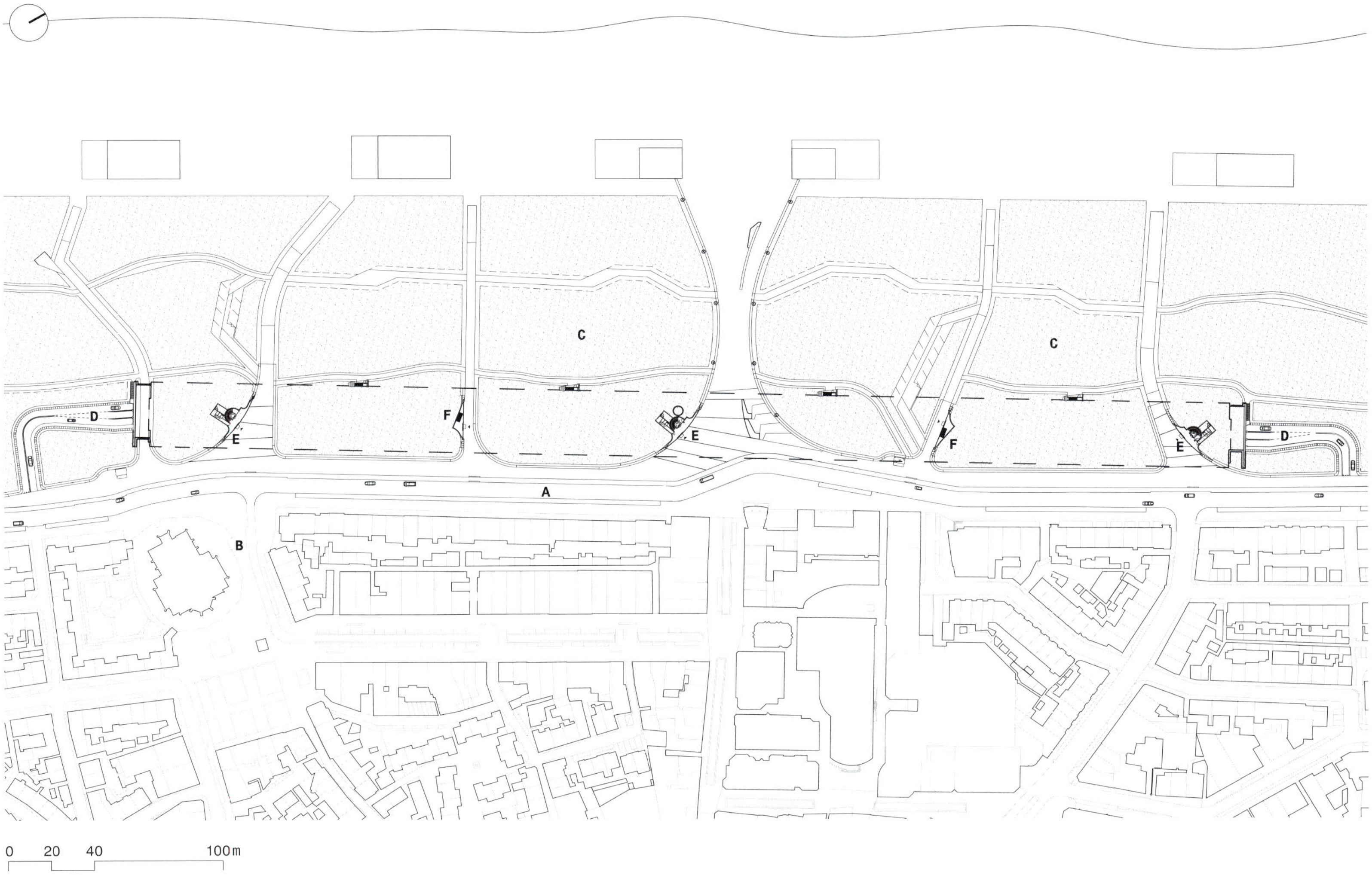
C
C
D
F
E
E
F
E
D
A
B
0 20 40 100m

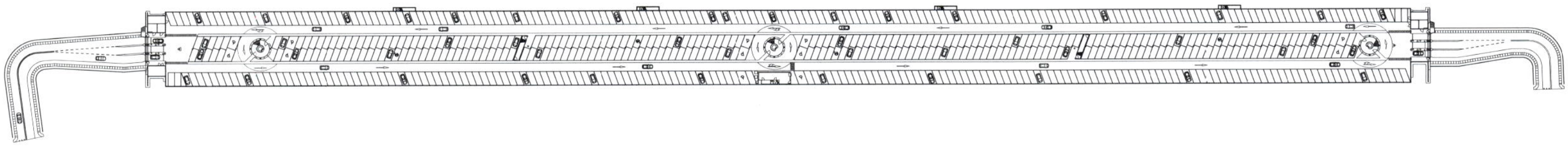

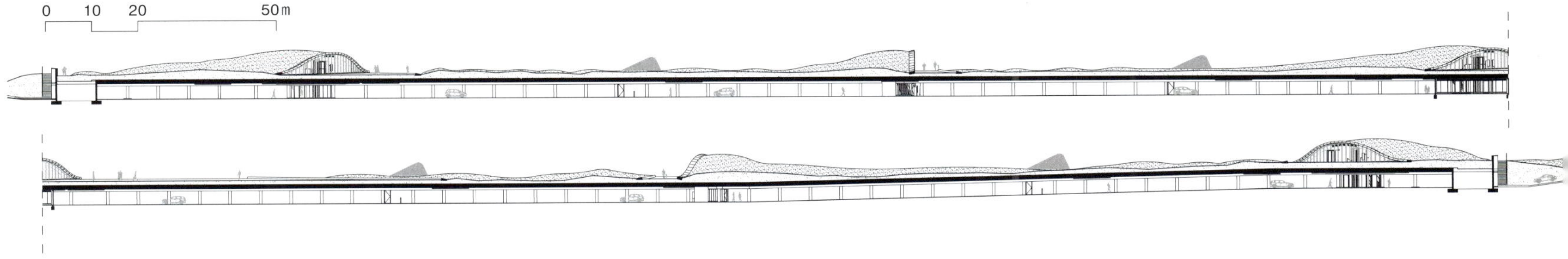
0 10 20 50m

Doorsnede/Section

Situatie/Site plan

A Boulevard
B Andreasplein
C verbreed duinlandschap/ widened dune landscape
D in/uitrit parkeergarage/ car park entrance/exit
E hoofdentree parkeergarage/ main car park entrance
F nevenentree parkeergarage/ secondary car park entrance

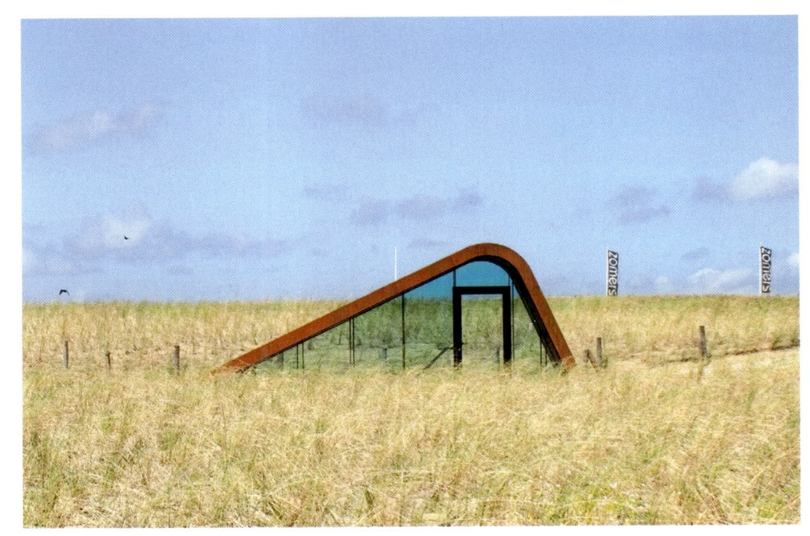

Studio Leon Thier/ van roosmalen van gessel architecten e.p./MTD Landschaps-architecten

Zuiderpark-Stadswalzone

Hekellaan 25
's-Hertogenbosch

Foto's/Photos: **Peter de Ruig**

Sinds 1999 worden de historische vestingwerken van 's-Hertogenbosch gerestaureerd. De parkeergarage St.-Jan op het voormalig Vonk & Vlamterrein is, naast de heraanleg van de Casinotuin langs de vesting, een belangrijk onderdeel van de restauratie van de zuidelijke stadswal. Het integreren van een hedendaagse parkeergarage in het vestigingswerk vormde de inzet van het ontwerp van Studio Leon Thier en Arcadis. De architecten plaatsten de parkeerplaatsen in een langgerekte figuur van drie lagen onder het water van de brede stadsgracht. De in- en uitrit van de garage is vormgegeven als een spiraalvormige 'wokkel', die zich onder de vestingmuur wentelt en bovengronds als een ronde zitbank met een breed terras en een pergola een nieuw breed uitzichtpunt biedt op het Zuiderpark. Aan de andere kant van de garage, naast de waterspiegel van de stadsgracht, is de toegang via een glazen lift en een trappenhuis. Een loopbrug, vlak boven het water, opent het traject in de richting van de binnenstad. Door een bres in de vestingmuur komt men via het teruggebrachte middeleeuwse maaiveld onder de nieuwe Parkbrug in de gerenoveerde Casinotuin.
De trappenhuizen, de wokkel en de Parkbrug zijn aan de buitenzijde bekleed met Cortenstaal, waarmee een visuele verbinding wordt gelegd met de al eerder uitgevoerde restauraties van andere onderdelen van de vestingwerken. Met dit project illustreren de ontwerpers dat de bouw van een parkeergarage bij een historisch stadscentrum niet alleen een utilitaire en technische opgave is, maar ook deel kan uitmaken van een architecturale strategie voor een hedendaagse stadsentree.

Since 1999, 's-Hertogenbosch's historical fortifications have been undergoing restoration work. The St.-Jan car park on the former Vonk & Vlam site, along with the redevelopment of the Casinotuin park bordering the fortifications, is an important element of the restoration of the southern town rampart. The integration of a modern parking garage into the fortifications was the objective of the design by Studio Leon Thier and Arcadis. The architects accommodated the parking spaces in an elongated, three-level volume beneath the waters of the wide city canal (the former moat). The garage entry and exit is designed as a kind of corkscrew that spirals down below the town wall and aboveground, from a circular bench with a wide terrace and a pergola, provides a new, panoramic view of Zuiderpark. On the other side of the garage, level with water of the city canal, is the entrance via a glass lift and stair. A pedestrian bridge, close to the surface of the water, opens up the route to the city centre. A breach in the town wall leads, via the reinstated medieval ground plane underneath the new Parkbrug, to the renovated Casinotuin.
The staircases, the corkscrew and the Parkbrug are clad with Cor-Ten steel, establishing a visual link with previous restorations of other sections of the fortifications. With this project the designers have demonstrated that the construction of a parking garage in an historical town centre is not just a utilitarian and technical task, but can also be part of an architectural strategy for a contemporary city gateway.

Axonometrie begane grond, niveau -1, -2, -3/Axonometric projection ground floor, level -1, -2, -3

1 in/uitrit parkeergarage/ car park entrance/exit
2 vestingmuur/town wall
3 stadsgracht/city canal
4 parkeerplaatsen/parking spaces
5 hellingbaan/ramp
6 hoofdtrappenhuis/main stairwell
7 loopbrug/pedestrian bridge

Doorsnede/Section

Situatie/Site plan

A Hekellaan
B Pettelaarseweg
C Limietlaan
D Zuiderpark

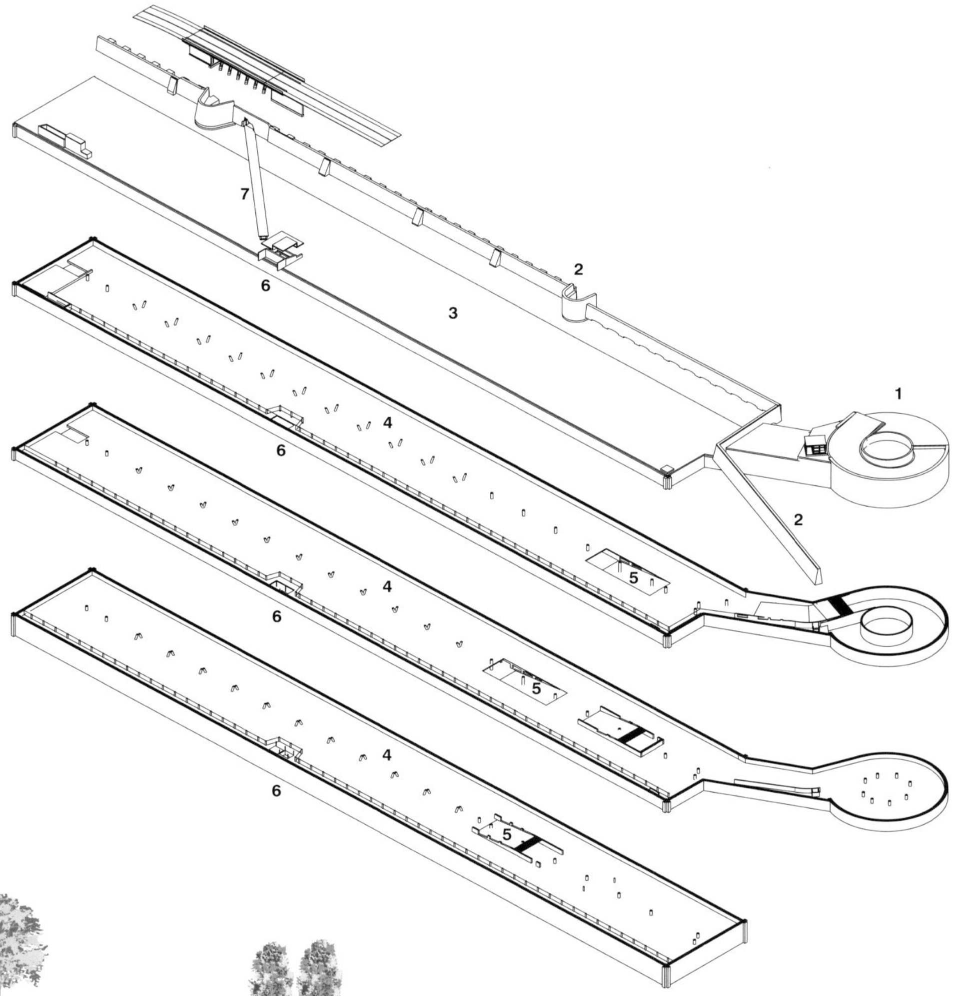

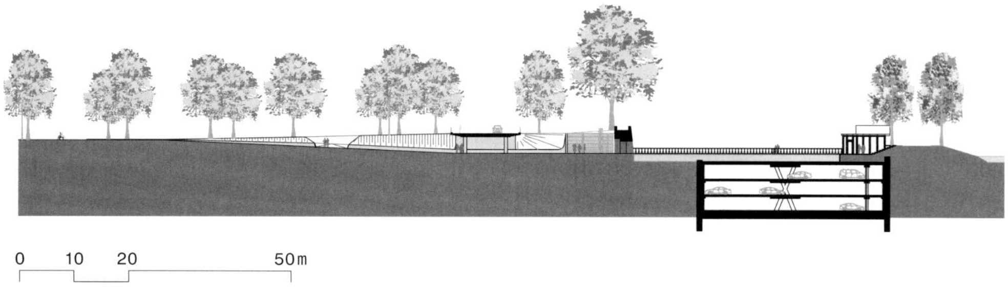

0 10 20 50m

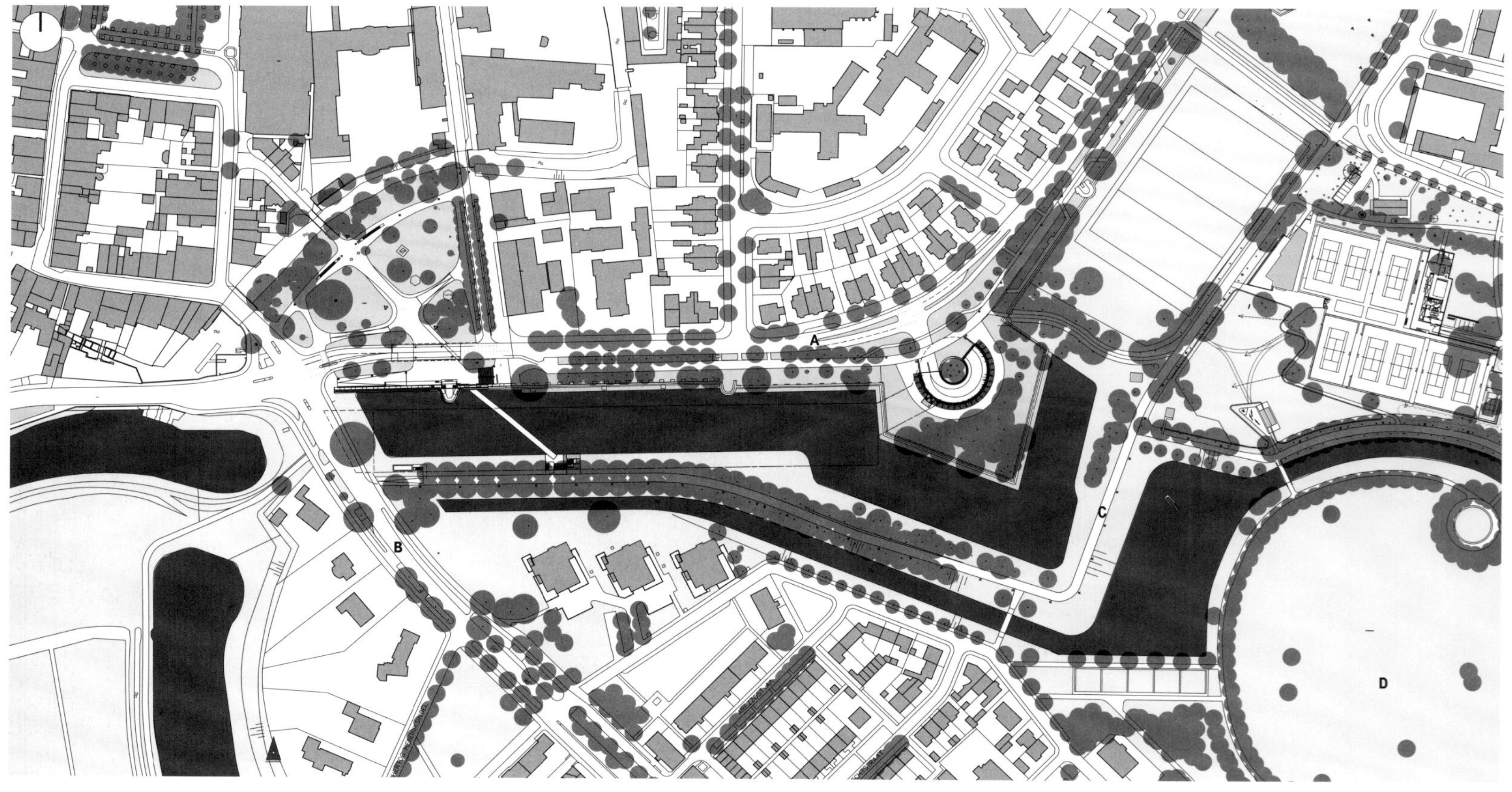

Benthem Crouwel Architects

Paleisbrug

Verbinding historisch stadscentrum en Paleiskwartier
Connection of the old town centre and the new Paleiskwartier (Palace district)
's-Hertogenbosch

Foto's/Photos: **Jannes Linders**

De 250 meter lange Paleisbrug verbindt het stadscentrum van 's-Hertogenbosch met het Paleiskwartier. De brug is voor voetgangers te bereiken via een trap en voor mindervaliden en fietsers via een diagonale lift. De kolommen van de brug zijn met weervaste stalen panelen bekleed, zodat ze één geheel vormen met de overspanningen. De grootste overspanning van 60 meter loopt over het spoor. Hierbij is een extra vakwerkligger boven op het brugdek gecreëerd; een constructie onder het brugdek was vanwege de hoogte die de treinen nodig hebben niet mogelijk. De brug doet denken aan de High Line in New York, de in onbruik geraakte hooggelegen spoorlijn die werd ingericht als stadspark. Landschapsarchitect Piet Oudolf, die de beplanting bepaalde voor het High Line Park, verzorgde ook de groene inrichting van de Paleisbrug. Het beplantingsplan bestaat uit drie zones, ieder met een eigen karakter. Aan de kant van het stadscentrum is de brug voorzien van savanneachtige beplanting met lage planten en enkele bomen. Boven het spoor ligt er alleen lage beplanting, die aansluit bij het weidse uitzicht. Aan de zijde van het Paleiskwartier heeft de brug een meer bosachtig karakter. Hier staan 85 volwassen bomen, verdeeld over 32 boombakken. De bomen zijn in de bakken verankerd, zodat de het gewicht ervan wordt overgedragen op de constructie. Om de bomen zo veel mogelijk ruimte te geven om te wortelen, is er extra ruimte gecreeerd in de hoofddraagconstructie van de brug. Ledverlichting zorgt ervoor dat de brug ook na zonsondergang een aangenaam verblijfsgebied is.

The 250-metre-long Paleisbrug, links the 's-Hertogenbosch city centre with the Paleis district. Pedestrians can access the bridge via a flight of steps or take the diagonal lift intended for cyclists and the less able-bodied. The bridge's columns are clad with weather-resistant steel panels, so that they form a totality with the spans. The longest of these – 60 metres – spans the railway lines. An extra trussed joist was created above the bridge deck for this, as the height of the trains made a below-deck construction impossible. The bridge is reminiscent of New York's High Line, the obsolete elevated railway line that was turned into a city park. Landscape architect Piet Oudolf, who designed the planting for High Line Park, also designed the green landscaping of the Paleisbrug. The planting plan consists of three zones, each with its own distinct character. At the city centre end, the bridge has a savannah-style planting with low vegetation and a few trees. Above the railway line there is only low vegetation, in keeping with the panoramic view. On the Paleis district side the bridge has a more wooded character, with 85 mature trees distributed over 32 planters. The trees are anchored in the planters so that the weight is transferred to the load-bearing structure. To give the trees maximum room to take root, additional space was created in the bridge's main load-bearing structure. LED lighting ensures that the bridge is still a pleasant place to be after sunset.

Doorsneden/Sections

1 looppad/pathway
2 groenstrook/green strip
3 vakwerkligger/trussed joist

Situatie/Site plan

A Magistratenlaan
B spoor/tracks
C Koningsweg
D Vijverlaan

1
2
2
3
3
1
1
1
2
0 1 2,5m

A
B
C
D
0 10 20 50m

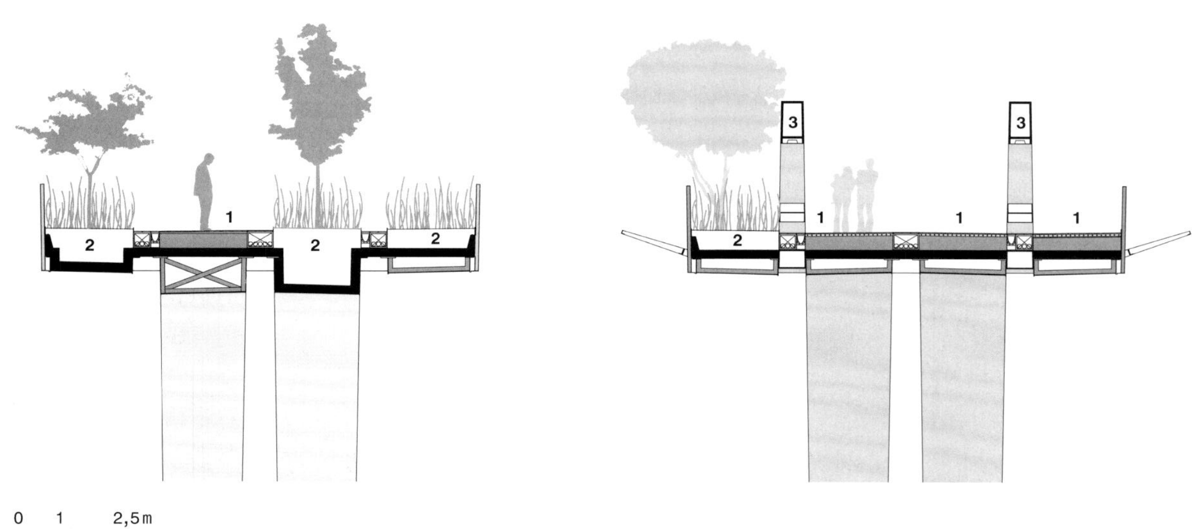

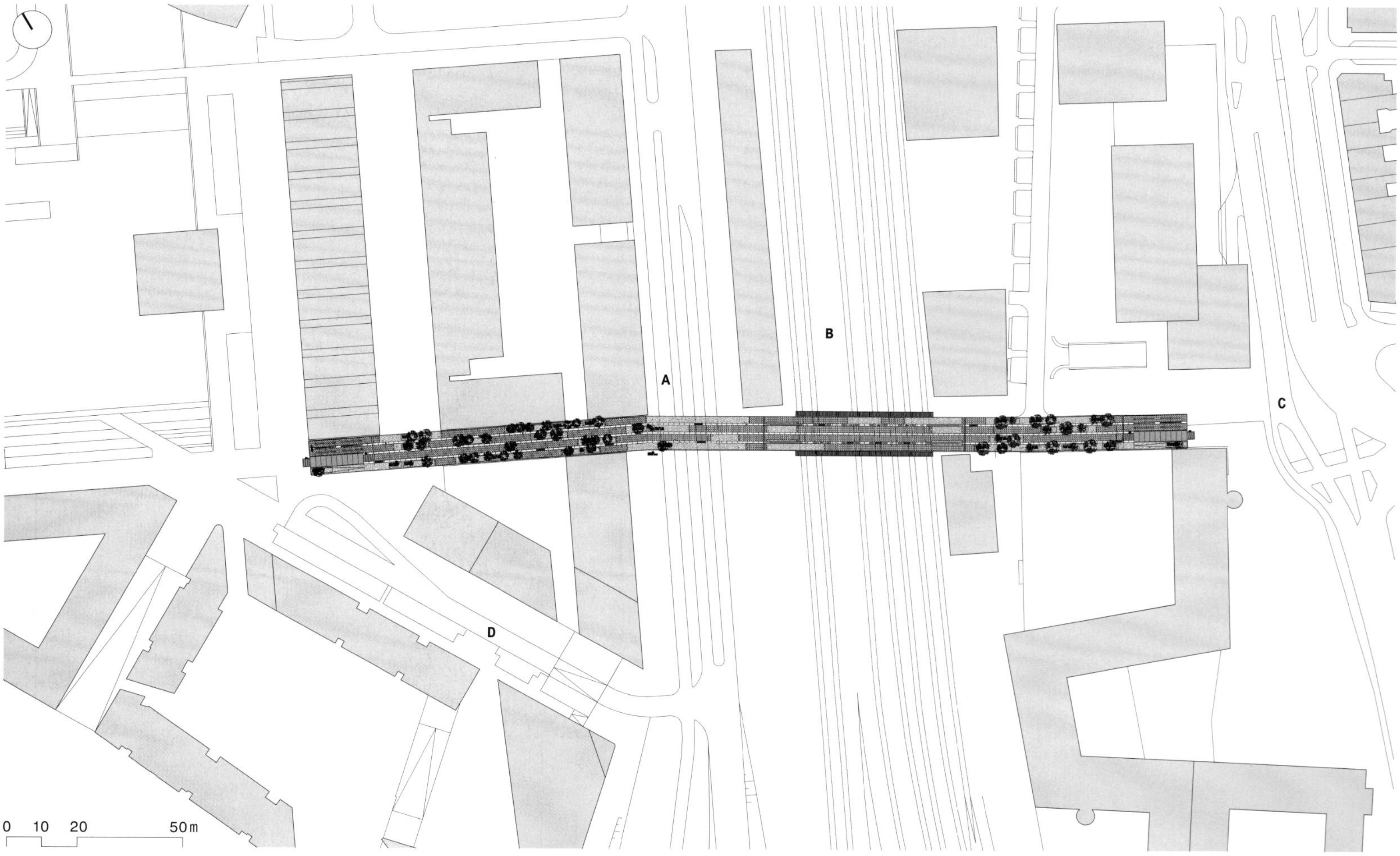

Mecanoo

Hilton Amsterdam Airport Schiphol

Schiphol Boulevard 701
Schiphol, Haarlemmermeer

Foto's/Photos: **Machteld Schoep/Mecanoo**

Direct langs de toegangsweg naar de Schiphol-terminals is vlak naast het Hilton Amsterdam Airport een nieuw Hilton Hotel gebouwd naar ontwerp van Mecanoo. In opdracht van Luchthaven Schiphol is de voetgangerstraverse die Schiphol Plaza met de WTC-gebouwen verbindt nu via een loopbrug doorgetrokken naar het nieuwe hotelgebouw en takt daar aan op conferentie- en horecafaciliteiten en de receptie in de hotellobby. De lobby doet door de reusachtige afmetingen denken aan de atria van John Portmans beroemde hotels in Atlanta. Het hotel heeft een min of meer vierkante plattegrond die ongeveer 45 graden gedraaid is ten opzichte van de WTC-gebouwen. Die maatvoering maakt het mogelijk om twee zijden van het atrium te gebruiken voor inpandige hotelkamers zonder dat hinderlijke inkijk ontstaat. De borstweringen van de kamers en die van de galerijen aan de overzijden daarvan zijn helderwitte banen die vloeiende lijnen trekken als begrenzing van het atrium. Het glasdak wordt door balken in hetzelfde wit gedragen. De neutraliteit van het publieke interieur is afgestemd op de efficiënte afhandeling van grote bezoekersaantallen. Het commerciële interieurontwerp van de hotelkamers en van de niet publiek toegankelijke conferentie- en horecafaciliteiten speelt in op het genot dat de mondaine zakenreiziger verlangt. De verdraaiing van de plattegrond was voor de ontwerper aanleiding om het contrast met de kunstmatige omgeving van Schiphol verder op te voeren. De gevel bestaat uit een diagonaal patroon waarin glas- en kunststofpanelen at random zijn afgewisseld.

Beside the access road to the Schiphol terminals, a new Hilton Hotel designed by Mecanoo has been built next door to the Hilton Amsterdam Airport. At the request of Schiphol Airport, the pedestrian passageway linking Schiphol Plaza with the WTC buildings, has been extended via an air bridge to the new hotel building, where it connects with the conference and restaurant facilities and the reception in the hotel lobby. The lobby's gigantic size is reminiscent of the atria of John Portman's famous hotels in Atlanta. The hotel is more or less square in plan and is rotated some 45 degrees relative to the WTC buildings. This configuration makes it possible to use two sides of the atrium for internal hotel rooms without giving rise to invasive overlooking. The lower walls of the rooms and the balustrades of the walkways opposite are bright white ribbons that trace fluid boundaries around the atrium space. The glass roof is carried by beams in the same bright white. The neutrality of the public interior is geared to the efficient handling of large numbers of visitors. The commercial interior design of the hotel rooms and of the non-public conference and restaurant areas caters to the standard of enjoyment demanded by the sophisticated business traveller. The designer seized on the rotation of the plan to heighten the contrast with the artificial environment of Schiphol. The facade consists of a diagonal pattern in which glass and composite panels are randomly alternated.

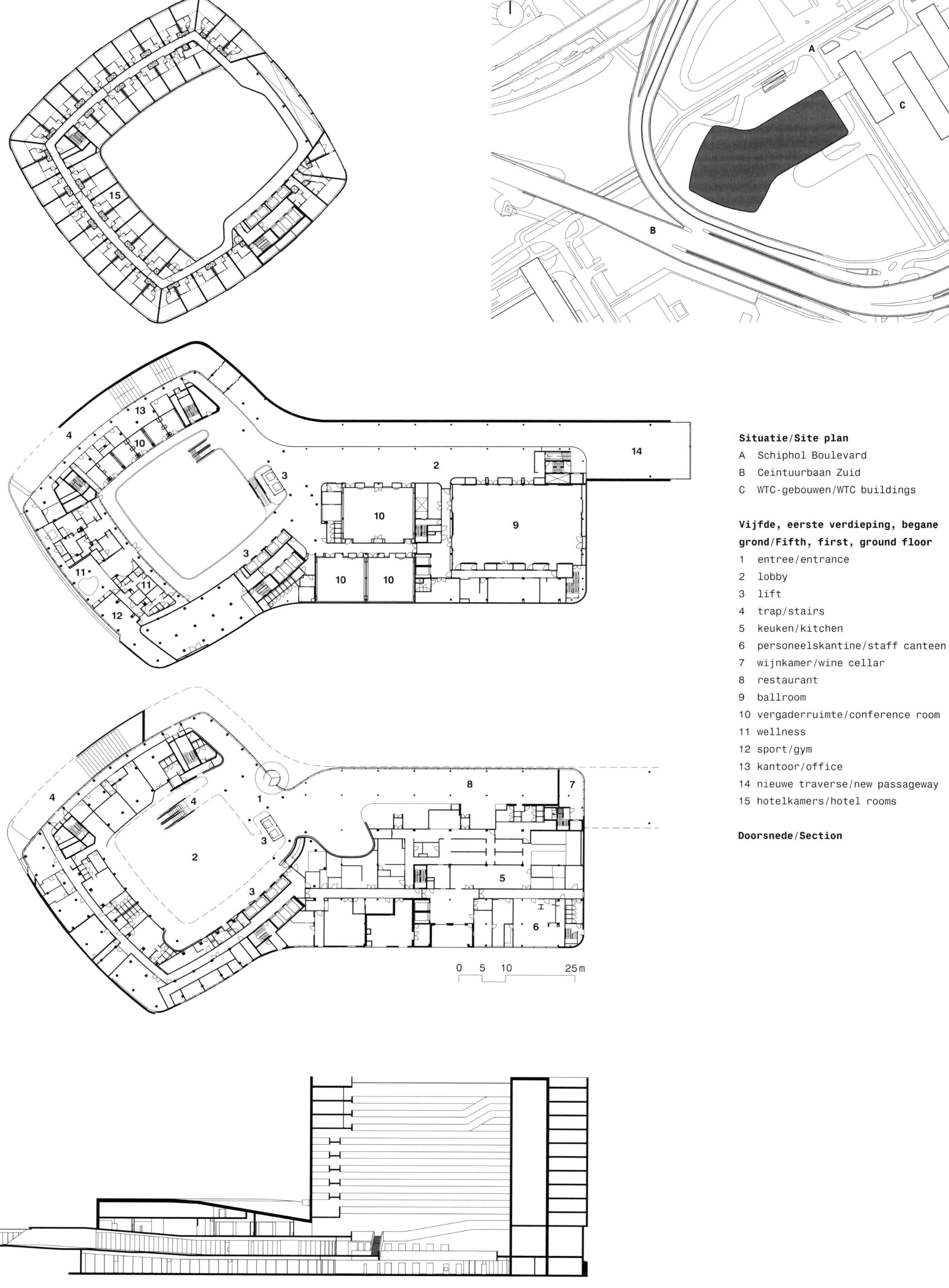

Situatie/Site plan

A Schiphol Boulevard
B Ceintuurbaan Zuid
C WTC-gebouwen/WTC buildings

Vijfde, eerste verdieping, begane grond/Fifth, first, ground floor

1 entree/entrance
2 lobby
3 lift
4 trap/stairs
5 keuken/kitchen
6 personeelskantine/staff canteen
7 wijnkamer/wine cellar
8 restaurant
9 ballroom
10 vergaderruimte/conference room
11 wellness
12 sport/gym
13 kantoor/office
14 nieuwe traverse/new passageway
15 hotelkamers/hotel rooms

Doorsnede/Section

Technische gegevens Technical Information

p. 6
Monadnock
Landmark
Mosaïque 1, Nieuw Bergen (L)

Architect:
Monadnock, Rotterdam
Projectarchitecten/Project architects:
Sandor Naus, Job Floris
Medewerker/Contributor:
Rebeca Aguilera
Verantwoordelijk stedenbouwer/Urban planner:
LOS Stad om Land, 's-Hertogenbosch
Ontwerp – Oplevering/Design – Completion:
2012 – 2015
Opdrachtgever/Client:
Concept-nl Projectontwikkeling B.V., Eindhoven
Aannemer/Contractor:
BurgtBouw B.V., Deurne
Constructeur/Structural engineer:
BolwerkWeekers B.V., Deurne
Installatieadviseur, bouwfysica/Building services consultant, building physics:
Avijftien B.V., Hardinxveld-Giessendam
Bouwdirectie/Construction management:
Montón Projectmanagement B.V., Eindhoven
Bruto vloeroppervlak/Gross floor area:
280 m²
Verhuurbaar vloeroppervlak/Lettable floor area:
180 m²

p. 10
de Architekten Cie.
Het Noorderparkbad
Sneeuwbalweg 5, Amsterdam

Architect:
de Architekten Cie. b.v., Amsterdam
Projectarchitecten/Project architects:
Branimir Medič, Pero Puljiz
Medewerkers/Contributors:
Hans Hammink, Lars van Hoften, Louis Afonso, Paulos Kinfu, Rink Alberda, Theo Martens, Alejandro Hernandez, Ernst van Raaphorst
Verantwoordelijk stedenbouwer/Urban planner:
DRO, Amsterdam
Ontwerp – Oplevering/Design – Completion:
2011 – 2015
Opdrachtgever/Client:
Gemeente Amsterdam/City of Amsterdam
Aannemer/Contractor:
Vaessen Algemeen Bouwbedrijf b.v., Raamsdonksveer
Constructeur/Structural engineer:
van Rossum b.v., Amsterdam
Installatieadviseur, bouwfysica/Building services consultant, building physics:
Deerns Raadgevende Ingenieurs, Groningen; LBP|sight, Nieuwegein
Bouwdirectie/Construction management:
Versluisgroep b.v., Sassenheim
Kunstenaar/Artist:
Hugo Kaagman
Bruto vloeroppervlak/Gross floor area:
5300 m²

p. 14
OMA
Timmerhuis
Halvemaanpassage, Rotterdam

Architect:
OMA, Rotterdam
Projectarchitecten/Project architects:
Reinier de Graaf, Katrien van Dijk, Alex de Jong
Team:
Competition: Mark Veldman (project architect); Pascual Bernad de Castro, Vilhelm Christensen, Katrien van Dijk, Jake Sadler Forster, Andrea Giannotti, David Gianotten, Alasdair Graham, Tsuyoshi Nakamoto, Dirk Peters, Mendel Robbers, Alessandro De Santis, Timur Shabaev, Yuri Suzuki, Milos Zivkovic
Design development:
Alex de Jong (associate); Cock Peterse (project architect); Philippe Braun, Jorge Campos, Clarisa Garcia-Fresco, Elle Gerdeman, Maaike Hawinkels, Sebastian Janusz, Andrew Linn, Elida Mosquera Martinez, Débora Mateo, Sarah Moylan, Takeshi Murakuni, Ross O'Connell, Vitor Oliveira, Ryan Peeters, Mafalda Rangel, Peter Rieff, Carolien Schippers, Saskia Simon, Tom Tang, Sakine Dicle Uzunyayla, Lucia Zamponi, Grisha Zotov;
Construction:
Katrien van Dijk, Alex de Jong (associates); Cock Peterse (project architect); Philippe Braun, Elida Mosquera Martinez, Vitor Oliveira, Mafalda Rangel, Peter Rieff, Magdalena Stanescu;
Interiors:
Saskia Simon, Katrien van Dijk (project architects); Maaike Hawinkels, Sebastian Janusz, Sarah Moylan, Ross O'Connell, Vitor Oliveira, Ryan Peeters, Mafalda Rangel, Deborah Richmond, Magdalena Stanescu, Lucia Zamponi
Uitwerkend architectenbureau/ Local architect, cost consultant:
ABT, Delft
Ontwerp – Oplevering/Design – Completion:
2009 – 2015
Opdrachtgever/Client:
Stadsontwikkeling Rotterdam/City of Rotterdam Urban Planning Agency
Aannemer/Contractor:
Heijmans, Rosmalen
Constructeur/Structural engineer:
Pieters Bouwtechniek, Delft
Installatieadviseurs/Building services consultants:
Deerns, Rijswijk; Burgers Ergon, Eindhoven
Adviseur bouwfysica, brandveiligheid en duurzaamheid/Building physics, fire safety and sustainability consultant:
DGMR, Den Haag/The Hague
Bouwkundig advies/Structural consultant:
ABT Adviseurs in bouwtechniek, Velp
Gevelbouwer/Facade:
Scheldebouw, Heerlen; Rollecate, Staphorst
Bouwdirectie/Construction management:
Brinkgroep, Leidschendam
Interieurarchitect/Interior designer:
OMA, Rotterdam
Interieurbouwer/Interior contractor:
Keijsers Lundiform, Venray
Landschapsarchitect/Landscape architect:
Gemeente, Rotterdam/City of Rotterdam
Bruto vloeroppervlak/Gross floor area:
45.000 m²

p. 20
cepezed
KWR Watercycle Research Institute
Groningenhaven 7, Nieuwegein

Architect:
architectenbureau cepezed b.v., Delft
Projectarchitecten/Project architects:
Jan Pesman, Frederique van Alphen
Medewerkers/Contributors:
Christiaan de Wolf, Paul Oehlers, Mark Wieringa, Martin van Toorn, Rob Reintjes, Jochem Paauwe
Ontwerp – Oplevering/Design – Completion:
2011 – 2014
Opdrachtgever/Client:
KWR Watercycle Research Institute, Nieuwegein
Aannemer/Contractor:
Bouwcombinatie Aqua Redivivus (Van Wijnen, Arnhem; Alkonder, Hengelo; Kuijpers, 's-Hertogenbosch; Mourik, Groot-Ammers)
Constructeur/Structural engineer:
Pieters bouwtechniek, Amsterdam
Installatieadviseur, bouwfysica/Building services consultant, building physics:
DWA, Ede
Advies bouwfysica, akoestiek, brandveiligheid en duurzaamheid/Building physics, acoustics, fire safety and sustainability consultant:
DGMR, Arnhem
Bouwdirectie/Construction management:
HEVO, 's-Hertogenbosch
Interieurarchitect/Interior designer:
Fokkema & Partners Architecten, Delft
Landschapsarchitect/Landscape architect:
West8 urban design & landscape architecture, Rotterdam
Bruto vloeroppervlak/Gross floor area:
6370 m²
Verhuurbaar vloeroppervlak/Lettable floor area:
5992 m²

p. 24
Felix Claus Dick van Wageningen Architecten
Museum Ons' Lieve Heer Op Solder
Oudezijds Voorburgwal 40, Amsterdam

Architect:
Felix Claus Dick van Wageningen Architecten, Amsterdam
Projectarchitecten/Project architects:
Felix Claus, Dick van Wageningen
Medewerkers/Contributors:
Katharina Sander, Jan Kerkhoff, Xander Vermeulen Windsant, James Webb, Hans Tabak, Sabine Heine
Ontwerp – Oplevering/Design – Completion:
2009 – 2015
Opdrachtgever/Client:
Museum Ons' Lieve Heer Op Solder, Amsterdam
Aannemer/Contractor:
Bouwbedrijf van Schaik, Breukelen
Constructeur/Structural engineer:
Bouwadviesbureau Strackee BV, Amsterdam
Installatieadviseur, bouwfysica/Building services consultant, building physics:
DWA, Bodegraven
Bouwdirectie/Construction management:
Marc van Broekhuijsen
Interieurarchitect/Interior designer:
Felix Claus Dick van Wageningen Architecten, Amsterdam; Theo Tienhooven, Utrecht
Bruto vloeroppervlak/Gross floor area:
1250 m²
Verhuurbaar vloeroppervlak/Lettable floor area:
750 m²

p. 28
KAAN Architecten
Renovatie Provinciehuis Noord-Brabant / Renovation Noord-Brabant Provincial Government Office
Brabantlaan 1, 's-Hertogenbosch

Architect:
KAAN Architecten, Rotterdam
Projectarchitecten/Project architects:
Kees Kaan, Vincent Panhuysen, Dikkie Scipio
Medewerkers/Contributors:
Dennis Bruijn, Paolo Faleschini, Raluca Firicel, Chiara Gramaccia, Marlon Jonkers, Jan Teunis ten Kate, Lorenzo Meschini, Hannes Ochmann, Joeri Spijkers
Ontwerp – Oplevering/Design – Completion:
2012 – 2015
Opdrachtgever/Client:
Provincie Noord-Brabant/The Province of Noord-Brabant, 's-Hertogenbosch
Aannemer/Contractor:
Stam + De Koning Vastgoed en Bouw, Eindhoven
Constructeur/Structural engineer:
Advies- en Ingenieursbureau van de Laar, Eindhoven
Installatieadviseur, bouwfysica/Building services consultant, building physics:
Peutz bv, Mook
Bouwdirectie/Construction management:
Provincie Noord-Brabant/The Province of Noord-Brabant, 's-Hertogenbosch
Interieurarchitect/Interior designer:
KAAN Architecten, Rotterdam
Landschapsarchitect/Landscape architect:
MTD Landschapsarchitecten, 's-Hertogenbosch
Bruto vloeroppervlak/Gross floor area:
Bestaand gebouw/Existing building Maaskant: 39.000 m²; Renovatie/ Renovation KAAN: 28.000 m²
Verhuurbaar vloeroppervlak/Lettable floor area:
Bestaand gebouw/Existing building Maaskant: 33.150 m²; Renovatie/ Renovation KAAN: 23.800 m²

p. 32
Studio Anne Holtrop
Museum Fort Vechten/Fort Vechten Museum
Marsdijk 2, Bunnik

Architect:
Studio Anne Holtrop, Al Muharraq (BHR)/ Amsterdam
Projectarchitect/Project architect:
Anne Holtrop
Medewerkers/Contributors:
Arjen Aarnoudse, Gabriel Cuéllar, Sebastian Hürni, Akira Negishi, Shumpei Nitatori, Ryuta Sakaki, Remco Siebring, Esther Vonwil, Stijn de Weerd, Roderik van der Weijden, Samuel Jaubert De Beaujeu, Sophia Holst, Sander Manse, Francesco Apostoli, Dora Loncaric
Verantwoordelijk stedenbouwer/Urban planner:
Rapp+Rapp, Amsterdam, Christian Rapp i.s.m./with Jonathan Penne Architecten B.V., Penne Hangelbroek, Rotterdam; West 8 urban design & landscape architecture, Rotterdam
Ontwerp – Oplevering/Design – Completion:
2011 – 2015
Opdrachtgever/Client:
Provincie Utrecht/Province of Utrecht, Peter Kuypers, Utrecht
Aannemer/Contractor:
Heijmans Civiel, Nijkerk
Constructeur/Structural engineer:
Jeroen Luttmer, Corsmit (nu/now: Royal HaskoningDHV), Rotterdam
Installatieadviseur, bouwfysica/Building services consultant, building physics:
Royal HaskoningDHV (Hans Besselink, Geert Filippini), Rotterdam
Schoon-betonadviseur/Facing concrete consultant:
Henk Oude Kempers, Alphen aan den Rijn
Bouwdirectie/Construction management:
Henk Ekkelboom, Anne Holtrop, Peter Kuypers
Landschapsarchitect/Landscape architect:
West 8 urban design & landscape architecture, Rotterdam
Bruto vloeroppervlak/Gross floor area:
2000 m²

p. 44
RAAAF
End of Sitting
Looiersgracht 60, Amsterdam

Architect:
RAAAF, Amsterdam
Conceptontwikkeling/Concept development:
RAAAF | Barbara Visser
Projectarchitecten/Project architects:
Ronald Rietveld, Erik Rietveld, Arna Mackic
Medewerkers/Contributors:
Clemens Karlhuber, Bastiaan Bervoets, Elke van Waalwijk van Doorn, David Habets, Mees van Rijckevorsel, Marius Gottlieb, Janno Martens
Ontwerp – Oplevering/Design – Completion:
2014
Opdrachtgever/Client:
RAAAF i.s.m./with Looiersgracht 60, Amsterdam
Constructeur/Structural engineer:
Landstra & de Vries, Amsterdam; Schaart Adventures, Arnhem
Kunstenaar/Artist:
Barbara Visser
Bruto vloeroppervlak/Gross floor area:
500 m²

p. 46
Geurst & Schulze architecten
MFSA De Sportmotor
Jan Ligthartstraat 95, Rotterdam

Architect:
Geurst & Schulze architecten, Den Haag/The Hague
Projectarchitecten/Project architects:
Jeroen Geurst, Rens Schulze
Medewerkers/Contributors:
David Lesterhuis, Wendy Kroon, Jurrien van Duijkeren, Xander Verburg
Verantwoordelijk stedenbouwer/Urban planner:
Gemeente Rotterdam/City of Rotterdam
Ontwerp – Oplevering/Design – Completion:
2011 – 2015
Opdrachtgever/Client:
Gemeente Rotterdam/City of Rotterdam
Aannemer/Contractor:
Slokker Bouwgroep BV, Breda
Constructeur/Structural engineer:
Zonneveld Ingenieurs BV, Rotterdam
Installatieadviseur, bouwfysica/Building services consultant, building physics:
Nelissen Ingenieursbureau BV, Eindhoven
Bouwdirectie/Construction management:
Gemeente Rotterdam/City of Rotterdam
Interieurarchitect/Interior designer:
Geurst & Schulze architecten, Den Haag/The Hague
Landschapsarchitect/Landscape architect:
Gemeente Rotterdam/City of Rotterdam
Bruto vloeroppervlak/Gross floor area:
6620 m²
Verhuurbaar vloeroppervlak/Lettable floor area:
1775 m²

p. 50
Studio Rolf.fr/Niek Wagemans
House of Rolf
1e korte Baanstraat 7, Utrecht

Architect:
Studio Rolf.fr, Utrecht i.s.m./with Fabriek van Niek, Utrecht
Projectarchitect/Project architect:
Rolf Bruggink
Medewerker/Contributor:
Niek Wagemans
Ontwerp – Oplevering/Design – Completion:
2012 – 2015
Opdrachtgever/Client:
Yffi van den Berg en/and Rolf Bruggink, Utrecht
Aannemer en constructeur/Contractor and structural engineer:
In eigen beheer/In-house design and build
Medewerkers bouw/Construction collaborators:
Eugene Schenkels, Tjerk Glas, Rick Ultee, Toby Robbinson, Bouwflip, Bas van Liempd, Ana Glisic
Objecten van staal/Steel objects:
Staalstudio, Utrecht
Installatieadviseur, bouwfysica/Building services consultant, building physics:
Thercon bv, Veenendaal
Interieurarchitect/Interior designer:
Studio Rolf.fr, Utrecht i.s.m./with Niek Wagemans, Utrecht
Kunstenaar/Artist:
Rolf Bruggink (meubels/furniture), Jans Muskee (pasteltekening met bed/pastel with bed), Atelier Remy&Veenhuizen (Accidental carpet)
Bruto vloeroppervlak/Gross floor area:
170 m²

p. 54
van Dongen-Koschuch
Schouwburg de Kampanje/de Kampanje Theatre
Willemsoord 30, Den Helder

Architect:
van Dongen-Koschuch | Architects and Planners, Amsterdam
Projectarchitecten/Project architects:
Frits van Dongen, Patrick Koschuch
Medewerkers/Contributors:
Henk de Haas, Rui Duarte, Klaas Sluijs, Lorna Gibson, Gianna Bottema, Hesh Fekry, Raul Forsoni
Verantwoordelijk stedenbouwer/Urban planner:
West 8 urban design & landscape architecture b.v., Rotterdam
Ontwerp – Oplevering/Design – Completion:
2012 – 2015
Opdrachtgever/Client:
Ontwikkelingsmaatschappij Zeestad b.v., Den Helder
Aannemer/Contractor:
Bouwbedrijf M.J. de Nijs en Zonen b.v., Warmenhuizen
Constructeur/Structural engineer:
IMD Raadgevende Ingenieurs, Rotterdam
Installatieadviseur, bouwfysica/Building services consultant, building physics:
Hiensch Engineering bv, Badhoevedorp; LBP|SIGHT, Nieuwegein
Bouwdirectie/Construction management:
BBN Adviseurs, Houten
Interieurarchitect/Interior designer:
van Dongen-Koschuch | Architects and Planners, Amsterdam
Bruto vloeroppervlak/Gross floor area:
7850 m²

p. 58
studio PROTOTYPE
Villa Schoorl
Omloop 20, Schoorl

Architect:
studio PROTOTYPE, Amsterdam
Projectarchitecten/Project architects:
Jeroen Spee, Jeroen Steenvoorden
Medewerkers/Contributors:
Gijs van Suylichem, Steven Otten, Jan van der Schaaf, Titus Lammertse, Florian Nelemans
Ontwerp – Oplevering/Design – Completion:
2012 – 2015
Opdrachtgever/Client:
Particulier/Private person
Aannemer/Contractor:
Bink Bouw, Broek op Langedijk
Constructeur/Structural engineer:
SID Studio, Leiden
Installatieadviseur, bouwfysica/Building services consultant, building physics:
ID Energie, Ernst van Tongeren, Alkmaar; ABT Adviseurs in bouwtechniek, Velp
Bouwdirectie/Construction management:
studio PROTOTYPE, Amsterdam
Leverancier raamsystemen/Window system supplier:
Metaglas, Tiel
Interieurarchitect/Interior designer:
studio PROTOTYPE, Amsterdam
Landschapsarchitect/Landscape architect:
Jolanda Vreeken, Joosbuiten, Bussum i.s.m./with Meneer Vermeer Tuinen, Warmenhuizen
Bruto vloeroppervlak/Gross floor area:
376 m²

p. 70
Marcel Lok
Houthaven Blok0 – IJ4you
Haparandaweg 650-706, Houthavenkade 5-13, Amsterdam

Architect:
Marcel Lok_Architect, Amsterdam
Projectarchitect/Project architect:
Marcel Lok
Medewerkers/Contributors:
Freddy Koelemeijer, Coen Smit, Niels Westmeijer, Nadine der kinderen
Verantwoordelijk stedenbouwer/Urban planner:
Studioninedots (bouwenvelop/development plan); Sjoerd Soeters, Soeters Van Eldonk architecten (supervisor)
Ontwerp – Oplevering/Design – Completion:
2012 – 2015
Opdrachtgever/Client:
Building4you, Heerhugowaard
Aannemer/Contractor:
Vink Bouw, Nieuwkoop
Constructeur/Structural engineer:
Pieters Bouwtechniek, Amsterdam
Installatieadviseur, bouwfysica/Building services consultant, building physics:
S&W, Vlissingen
Bouwdirectie/Construction management:
Marcel Lok_Architect, Amsterdam
Interieurarchitect/Interior designer:
Marcel Lok_Architect, Amsterdam
Landschapsarchitect/Landscape architect:
Dijk&co, Amsterdam
Kunstenaar/Artist:
Olivier Julia
Bruto vloeroppervlak/Gross floor area:
6762 m²
Gebruiksoppervlak/Usable floor area:
4186 m²

p. 70
Atelier PUUUR
Houthaven Blok0 – PUUUR BLOK
Houthavenkade 19, Amsterdam

Architect:
Atelier PUUUR, Amsterdam
Projectarchitecten/Project architects:
Furkan Köse, Brecht Goeman
Medewerker/Contributor:
Pim van Tol
Verantwoordelijk stedenbouwer/Urban planner:
Soeters Van Eldonk architecten, Amsterdam; Studioninedots, Amsterdam
Ontwerp – Oplevering/Design – Completion:
2012 – 2015
Opdrachtgever/Client:
Atelier PUUUR, Amsterdam; Vink Bouw, Nieuwkoop
Aannemer/Contractor:
Vink Bouw, Nieuwkoop
Constructeur/Structural engineer:
Pieters Bouwtechniek, Amsterdam
Installatieadviseur, bouwfysica/Building services consultant, building physics:
Fore installatieadviseurs, Sassenheim
Bouwdirectie/Construction management:
Atelier PUUUR, Amsterdam; Vink Bouw, Nieuwkoop
Interieurarchitect/Interior designer:
Atelier PUUUR, Amsterdam
Bruto vloeroppervlak/Gross floor area:
4088 m²
Verhuurbaar vloeroppervlak/Lettable floor area:
2030 m²

p. 76
Happel Cornelisse Verhoeven
Paardenpension Lentevreugd/Lentevreugd Horse Stables
Wassenaarseweg 87, Katwijk

Architect:
Happel Cornelisse Verhoeven, Rotterdam
Projectarchitecten/Project architects:
Ninke Happel, Floris Cornelisse, Paul Verhoeven
Ontwerp – Oplevering/Design – Completion:
2010 – 2015
Opdrachtgever/Client:
Familie Van Paridon/Van Paridon Family
Aannemer/Contractor:
Katwijkse Bouwmaatschappij, Katwijk
Constructeur/Structural engineer:
Broersma Ingenieursbureau, Den Haag/The Hague
Bruto vloeroppervlak/Gross floor area:
1600 m²
Verhuurbaar vloeroppervlak/Lettable floor area:
1200 m²

p. 80
BureauVanEig
't Melkhuisje
Spaarne 70, Haarlem

Architect:
BureauVanEig, Rotterdam
Projectarchitect/Project architect:
Marjolein van Eig
Ontwerp – Oplevering/Design – Completion:
2014 – 2015
Opdrachtgever/Client:
Martin Busker, Gemeente Haarlem/City of Haarlem
Aannemer/Contractor:
Akerbouw, Heiloo
Constructeur/Structural engineer:
IMd, Pim Peters, Rotterdam (prijsvraagronde/competition phase) de Ingenieursgroep, Lex Rob, Thomas Willeboordse, Amsterdam
Installatieadviseur, bouwfysica/Building services consultant, building physics:
Valstar Simonis, Rico Logman, Amsterdam
Interieurarchitect/Interior designer:
BureauVanEig, Rotterdam
Bruto vloeroppervlak/Gross floor area:
37.5 m²

p. 82
Office Winhov
W Hotel Amsterdam
Spuistraat 175, Amsterdam

Architect:
Office Winhov, Amsterdam
Projectarchitecten/Project architects:
Uri Gilad, Joost Hovenier
Medewerkers/Contributors:
Carlo van Steen, Pascal Henneberque, Narda Beunders, Angeliki Loutisou, Anna Tabellini, Camille Moreau
Ontwerp – Oplevering/Design – Completion:
2011 – 2015
Opdrachtgever/Client:
Europe Hotels, Private Collection, Amsterdam
Aannemer/Contractor:
PBM Construction B.V., Amsterdam
Constructeur/Structural engineer:
Van Rossum, Amsterdam
Bouwfysica/Building physics:
Cauberg Huygen Raadgevende Ingenieurs, Amsterdam
Installatieadviseur/Building services consultant:
SPARK Intelligent Design, Amsterdam
Bouwdirectie/Construction management:
Louis Knoppert, PBM Construction B.V., Amsterdam
Interieurarchitect/Interior designer:
Baranowitz + Kronenberg Architecture,

Tel Aviv
Bruto vloeroppervlak/Gross floor area:
13.650 m²

p. 86
STUDIO MAKS
Deventer House
Mr. H.F. de Boerlaan 125, Deventer

Architect:
STUDIO MAKS, Rotterdam
Projectarchitect/Project architect:
Marieke Kums
Medewerkers/Contributors:
Julia Boromissza, Jelmer Buurma, Arthur Claus, Christiaan Harmse, Thanasis Ikomonou, Susie Newman, Adriana Suarez, Mira Brethouwer
Verantwoordelijk stedenbouwer/Urban planner:
Andries Geerse stedenbouwkundige bv., Rotterdam
Ontwerp – Oplevering/Design – Completion:
2012 – 2015
Opdrachtgever/Client:
Familie Roos/Roos Family, Deventer
Aannemer/Contractor:
Nijhuis Bouw B.V., Rijssen
Constructeur/Structural engineer:
Peree Bouwadvies, Deventer
Installatieadviseur, bouwfysica/Building services consultant, building physics:
Peree Bouwadvies, Deventer i.s.m./with Buro Walet, Nieuwegein
Bouwdirectie/Construction management:
STUDIO MAKS, Rotterdam
Interieurarchitect/Interior designer:
STUDIO MAKS, Rotterdam
Bruto vloeroppervlak/Gross floor area:
105 m²
Verhuurbaar vloeroppervlak/Lettable floor area:
84 m²

p. 96
NL Architects/XVW architectuur
DeFlat Kleiburg
Kleiburg, Amsterdam

Architect:
NL Architects, Amsterdam; XVW architectuur, 's-Hertogenbosch/Amsterdam
Projectarchitecten/Project architects:
Kamiel Klaase (NL Architects), Xander Vermeulen Windsant (XVW architectuur)
Medewerkers/Contributors:
Guus Peters (NL Architects), Patrick Wozniak (XVW architectuur)
Ontwerp – Oplevering/Design – Completion:
2013 – 2015
Opdrachtgever/Client:
KondorWessels Vastgoed, Amsterdam
Aannemer/Contractor:
KondorWessels Amsterdam, Amsterdam
Constructeur/Structural engineer:
Van Rossum Raadgevend Ingenieurs, Amsterdam
Installatieadviseur, bouwfysica/Building services consultant, building physics:
Homij, Rijswijk; Drost technisch Advies, Castricum
Bouwdirectie/Construction management:
KondorWessels, Amsterdam
Bruto vloeroppervlak/Gross floor area:
65.140 m²

p. 96
Jan van Grunsven
K-1023
Kleiburg 1023, Amsterdam

Architect:
Jan van Grunsven Architect, Amsterdam
Projectarchitect/Project architect:
Jan van Grunsven
Ontwerp – Oplevering/Design – Completion:
2015 – 2016
Opdrachtgever /Client:
Renovatie Kleiburgflat/Kleiburgflat renovation: Consortium De Flat, Amsterdam
Verbouw appartement K-1023/Apartment K-1023 renovation: dc158, Amsterdam
Aannemer/Contractor:
KondorWessels Vastgoed, Amsterdam
Constructeur/Structural engineer:
Van Rossum Raadgevend Ingenieurs, Amsterdam
Installatie adviseur, bouwfysica/Building services consultant, building physics:
Homij, Amsterdam; Drost, Castricum
Bouwdirectie/Construction management:
Renovatie Kleiburgflat/Kleiburgflat renovation: KondorWessels Amsterdam
Verbouw appartement K-1023/Apartment K-1023 renovation: dc158, Amsterdam
Bruto vloeroppervlak/Gross floor area:
67 m² (excl. externe berging en buitenruimte/ excl. external storage space and outdoor space)
Verhuurbaar vloeroppervlak/Lettable floor area:
72 m² (incl. externe berging/incl. external storage)

p. 100
Office Winhov
Zorgcomplex Maisbaai / Maisbaai Care Complex
Compagnieplein 2, Middelburg

Architect:
Office Winhov, Amsterdam
Projectarchitect/Project architect:
Joost Hovenier
Medewerkers/Contributors:
Berry Beuving, Uri Gilad, Joost Hovenier, Charles Hueber, Juul Reusen, Jan Peter Wingender
Verantwoordelijk stedenbouwer/Urban planner:
Office Winhov, Amsterdam
Ontwerp – Oplevering/Design – Completion:
2008 – 2015
Opdrachtgever/Client:
Woongoed, Middelburg; SVRZ, Middelburg
Aannemer/Contractor:
Heijmans Woningbouw, Grijpskerke
Constructeur/Structural engineer:
Goudstikker de Vries, 's-Hertogenbosch
Installatieadviseur, bouwfysica/Building services consultant, building physics:
Wolter&Dros, Goes
Bouwdirectie/Construction management:
Woongoed, Middelburg
Aluminium kozijnen/Aluminium window frames:
Reynaers Aluminium, Helmond
Bruto vloeroppervlak/Gross floor area:
3980 m²

p. 104
Dick van Gameren
Boerhaave
Van Rijsselpad, Leiden

Architect:
Dick van Gameren Architecten, Amsterdam
Projectarchitect/Project architect:
Dick van Gameren
Medewerkers/Contributors:
Sebastiaan Kaal, Willmar Groenendijk, Ron van Logchem
Verantwoordelijk stedenbouwer/Urban planner:
Stedenbouwkundig masterplan Studio Hartzema, Rotterdam
Ontwerp – Oplevering/Design – Completion:
2012 – 2015
Opdrachtgever/Client:
Stichting Boerhaave, Leiden
Aannemer/Contractor:
Coen Hagedoorn Bouwgroep, Huizen
Constructeur/Structural engineer:
Raadgevend Ingenieursbureau van Dijke, Alphen aan den Rijn
Installatieadviseur/Building services consultant:
Galjema Technisch Adviesbureau, Delft
Bouwfysica/Building physics:
LBP|SIGHT, Nieuwegein
Bouwdirectie/Construction management:
Webbers Bouwmanagement, Leiderdorp
Landschapsarchitect/Landscape architect:
EDM Tuin en Landschap, Utrecht
Bruto vloeroppervlak/Gross floor area:
5290 m²

p. 108
M3H Architecten
De Tugelablokken
Tugelaweg 32-49, Laing's Nekstraat 1-12, Retiefstraat 30-54, Magersfonteinstraat 1-11, Hertzogstraat 2-12, Amsterdam

Architect:
M3H Architecten, Amsterdam
Projectarchitecten/Project architects:
Machiel Spaan, Tobias Bader, Jeroen Caderius van Veen, Marc Reniers
Medewerkers/Contributors:
Jasper Ten Bosch, Wouter Kroeze, Jasper Smits, Koosjan van der Velden
Ontwerp – Oplevering/Design – Completion:
2012 – 2015
Opdrachtgever/Client:
Ymere Ontwikkeling, Amsterdam
Aannemer/Contractor:
Heddes Bouw, Hoorn
Constructeur/Structural engineer:
Strackee, Amsterdam
Installatieadviseur, bouwfysica/Building services consultant, building physics:
Cauberg Huygen, Amsterdam
Bouwdirectie/Construction management:
Ymere Ontwikkeling, Amsterdam; M3H Architecten, Amsterdam
Landschapsarchitect/Landscape architect:
Annemieke Diekman, Amsterdam
Kunstenaar/Artist:
Atelier NL, Eindhoven; DeMakersVan, Rotterdam
Bruto vloeroppervlak/Gross floor area:
18.086 m²
Verhuurbaar vloeroppervlak/Lettable floor area:
13.296 m²

p. 112
Pascal Cornips
MC Huis/MC House
Menno van Coehoornstraat 38A, Utrecht

Architect:
Pascal Cornips, Utrecht
Projectarchitect/Project architect:
Pascal Cornips
Medewerkers/Contributors:
Pieter Rijpstra, Volker Krenz, Paul van Ginkel, Marijn Boterman
Ontwerp – Oplevering/Design – Completion:
2013 – 2015
Opdrachtgever/Client:
Sabine Meijvis en/and Pascal Cornips
Aannemer/Contractor:
Bouwbedrijf Gebr. van Scheppingen, Mijdrecht
Constructeur/Structural engineer:
Breed ID, Den Haag/The Hague
Installatieadviseur, bouwfysica/Building services consultant, building physics:
WHR Installatie-adviseurs, Utrecht
Bruto vloeroppervlak/Gross floor area:
160 m²

p. 116
Dok architecten
Landhuis/Country House

Architect:
Dok architecten bv, Amsterdam
Projectarchitecten/Project architects:
Liesbeth van der Pol, Patrick Cannon
Medewerkers/Contributors:
Rob Bos, Ellen Wolse, Johan Rombouts, Wouter Hermanns, Anne Dessing, Patrick de Weerd
Ontwerp – Oplevering/Design – Completion:
2009 – 2015
Opdrachtgever/Client:
Particulier/Private person
Aannemer/Contractor:
Bouwbedrijf De Nijs, Warmenhuizen
Constructeur/Structural engineer:
Pieters bouwtechniek, Utrecht
Installatieadviseur, bouwfysica/Building services consultant, building physics:
Roodenburg installatie, Krimpen aan den IJssel
Bouwdirectie/Construction management:
DVP B.V., Den Haag/The Hague
Interieurarchitect/Interior designer:
Dok architecten bv, Amsterdam (vast interieur/fitted interior); Axel Vervoordt, Wijnegem (BE); TT design, Ternat (BE) (los interieur/loose furnishings)
Landschapsarchitect/Landscape architect:
Piet Oudolf, Hummelo i.s.m./with Deltavormgroep bv, Utrecht
Kunstenaar/Artist:
Selin Maner Architects, Istanboel/Istanbul
Bruto vloeroppervlak/Gross floor area:
2000 m²

p. 128
Koen van Velsen
OV Terminal Breda – fase I / Breda Public Transport Terminal – Phase 1
Stationsplein, Breda

Architect:
Koen van Velsen architecten, Hilversum
Projectarchitect/Project architect:
Koen van Velsen
Medewerkers/Contributors:
Jef Adegeest, Chris Arts, Cas Bollen, Gerrie Bekhuis, Frank Beurskens, Erik-Jan van Dalfsen, Rob van Dam, Ilona Deymann, Sanne Eekel, Steven van der Heijden, Jeroen Helder, Ferdy Holtkamp, Bart Jan Hopman, Swana Jacobs, Niek van Laere, Marjo Langbroek, Wouter Laros, Roel van Lent, Annemarie Magré, Thierry Meijers, Ferdjan v.d Pijl, Josse Popma, Gero Rutten (projectleider/project leader), Martijn van Sluijters, Jan Willem ter Steege, Jolan Sterenborg, Jeroen Spit, Maikel Supèr, Violette van Velsen, Niels Westmeijer, Marco van Zal
Verantwoordelijk stedenbouwer/Urban planner:
Koen van Velsen
Ontwerp – Oplevering/Design – Completion:
2004 – 2015
Opdrachtgever/Client:
ProRail, Utrecht, i.s.m./with NS, Utrecht en/ and Gemeente Breda/City of Breda
Aannemer/Contractor:
Ballast Nedam, Nieuwegein, i.s.m./ with Hurks, Eindhoven
Constructeur/Structural engineer:
Royal HaskoningDHV, Rotterdam
Installatieadviseur/Building services consultant:
Royal HaskoningDHV, Rotterdam i.s.m./ with Movares, Utrecht
Bouwfysica, brandveiligheid, akoestiek/ Building physics, fire safety, acoustics:
LPB|SIGHT, Nieuwegein
Bouwdirectie/Construction management:
ProRail, Utrecht; MJB Groep, Maastricht
Leverancier ramen en glasconstructies/ Window and glass structures supplier:
Metaglas, Tiel
Interieurarchitect/Interior designer:
Koen van Velsen architecten, Hilversum
Landschapsarchitect/Landscape architect:
Koen van Velsen architecten, Hilversum
Kunstenaar/Artist:
John Körmeling
Bruto vloeroppervlak van totaal project,

waarvan fase I 60% betreft /Gross floor area of total project, of which phase I comprises 60%:
122.429 m²
Verhuurbaar vloeroppervlak/Lettable floor area:
18.196 m² (kantoren/offices)

p. 134
Maxwan
Canopies
Conradstraat, Rotterdam

Architect:
Maxwan architects + urbanists, Rotterdam
Projectarchitecten/Project architects:
Rients Dijkstra, Hiroki Matsuura
Medewerkers/Contributors:
René Sangers, Artur Borejszo, Aleksandar Hrib, Nobuki Ogasahara, Harm te Velde
Verantwoordelijk stedenbouwer/Urban planner:
Gemeente Rotterdam, dienst Stadsontwikkeling/Municipality of Rotterdam, City Development
Ontwerp – Oplevering/Design – Completion:
2011 – 2014
Opdrachtgever/Client:
Gemeente Rotterdam, Project Management Bureau/Municipality of Rotterdam, City Development
Hoofdaannemer/Main contractor:
Wallaard Noordeloos, Noordeloos
Aannemer staalconstructie/Steel construction contractor:
Van der Zalm Metaalindustrie BV, Brakel
Aannemer staal koud vervormen/Cold-formed steel contractor:
IHC Studio Metalix, Kinderdijk
Aannemer staal coating/Steel coating contractor:
Gacon BV, Nijmegen
Constructeur/Structural engineer:
ABT, Walter Spangenberg, Carla Scheffer, Simon Kiefte, Delft
Bouwdirectie/Construction management:
Gemeente Rotterdam, Ingenieursbureau/ Municipality of Rotterdam, Projectmanagement & Engineering
Landschapsarchitect/Landscape architect:
Gemeente Rotterdam, dienst Stadsontwikkeling Ruimte en Wonen/ Municipality of Rotterdam, City Development Spatial Planning and Living
Bruto vloeroppervlak/Gross floor area:
3 x 50 m²

p. 136
UNStudio
Arnhem Centraal OV Terminal/Arnhem Central Transfer Terminal
Stationsplein, Arnhem

Architect:
UNStudio, Amsterdam
Projectarchitect/Project architect:
Ben van Berkel
Medewerkers/Contributors:
Arjan Dingsté en/and Misja van Veen, Marc Hoppermann, René Toet, Kristoph Nowak, Tobias Wallisser, Nuno Almeida, Marc Herschel, Rein Werkhoven, Matthew Johnston, Sander Versluis, Derrick Diporedjo, Ahmed El-Shafei, Juliane Maier, Daniel Gebreiter, Uli Horner, Freddy Koelemeijer, Kirstin Sandner
Verantwoordelijk stedenbouwer/Urban planner:
UNStudio, Amsterdam
Ontwerp – Oplevering/Design – Completion:
1998 – 2015
Gedelegeerd opdrachtgever/Delegated principal:
ProRail BV, Utrecht
Opdrachtgevers/Clients:
Ministerie van Infrastructuur & Milieu en Gemeente Arnhem/Ministry of Infrastructure and the Environment and the City of Arnhem
Hoofdaannemer/Main contractor:
Bouwcombinatie BAM Ballast Nedam, Arnhem
Ontwerp en bestekfase/Design and specification phase:
Constructeur/Structural engineer:
Arup, Amsterdam (openbaarvervoer-terminal/public transport terminal); Van der Werf & Lankhorst, Arnhem (busstation, parkeergarage en kantoorplein/bus station, parking garage and office square)
Engineering- en uitvoeringsfase/ Engineering and construction phase:
Arcadis, Arnhem (constructie voetgangers-tunnel/Construction of pedestrian tunnel) (tender design); Besix-Welling (Hoofdaan-nemer voetgangerstunnel/pedestrian tunnel main contractor); Arup, Amsterdam (OV terminal fase 1 en afwerking voetgangers-tunnel/public transport terminal phase 1 and finishes of pedestrian tunnel); BAM Advies & Engineering, Arnhem (OV terminal fase 2/public transport terminal phase 2)
Adviseurs/Consultants:
Brandveiligheid/Fire safety:
DMGR, Arnhem
Installaties/Building services:
Arcadis, Arnhem
Landschapsarchitect/Landscape architect:
Bureau B+B, Amsterdam
Bewegwijzering/Wayfinding:
Bureau Mijksenaar, Amsterdam
Verlichting ov-terminal/Public transport terminal lighting:
Arup Lighting, Amsterdam
Bruto vloeroppervlak/Gross floor area:
21.750 m²

p. 142
Royal HaskoningDHV
Ondergrondse parkeergarage Kustwerk Katwijk/Kustwerk Katwijk Underground Parking Garage
Boulevard Zeezijde, Katwijk

Architect:
Royal HaskoningDHV, Amsterdam
Projectarchitecten/Project architects:
Richard van den Brule, Filipa Vieira Santos
Medewerkers/Contributors:
Jurgen Herbschleb, Freek Leber, Jan Brantjes, Joost van Noort, Jack Moerenhout, Jort Slobbe, Rik van der Ende, Lex Riedijk, Remy Zaagman
Verantwoordelijk stedenbouwer/Urban planner:
Bart Dijk (OKRA Landschapsarchitecten), Utrecht
Ontwerp – Oplevering/Design – Completion:
2010 – 2015
Opdrachtgever/Client:
Gemeente Katwijk, Hoogheemraadschap van Rijnland
Aannemer/Contractor:
Bouwcombinatie Ballast Nedam/Rohde Nielsen, Nieuwegein
Constructeur/Structural engineer:
Adviesburo Snijders, Valkenswaard
Installatieadviseur, bouwfysica/Building services consultant, building physics:
De Bosman Bedrijven, Amersfoort
Bouwdirectie/Construction management:
WB de Ruimte, Utrecht
Interieurarchitect/Interior designer:
Royal HaskoningDHV, Amsterdam
Landschapsarchitect/Landscape architect:
Bart Dijk (OKRA Landschapsarchitecten), Utrecht
Bouwkundige uitwerking/Detailed design:
Ballast Nedam Engineering, Nieuwegein i.s.m./with Zwarts & Jansma Architects, Amsterdam
Bruto vloeroppervlak/Gross floor area:
15.000 m²

p. 146
Studio Leon Thier/van roosmalen van gessel architecten e.p./MTD Landschapsarchitecten
Zuiderpark-Stadswalzone
Hekellaan 25, 's-Hertogenbosch

Parkeergarage, parkbrug, voetgangersbrug/ Parking garage, park bridge, pedestrian bridge
Architect:
Studio Leon Thier, Den Haag/The Hague; i.s.m./with Arcadis, Rotterdam
Projectarchitecten/Project architects:
Leon Thier, Rigobert Nivillac
Supervisie/Supervision:
Leon Thier, Rigobert Nivillac
Medewerkers/Contributors:
Gerdy van Erven (HET architectenbureau, Naaldwijk); Ido de Boer (Maakmaar: visuali-saties/visuals); Frans van Hooijdonk (Arpa-light: lichtplan/light design); Floor Thier, Evelyne Lankhorst (Studio LEFT: lichtplan/ light design)
Vestingwerken/Fortifications:
Architect:
van roosmalen van gessel architecten e.p., Delft
Projectarchitecten/Project architects:
Marc van Roosmalen, Marlène van Gessel
Medewerkers/Contributors:
Buro Petr van Blokland + Claudia Mens, Delft (grafisch ontwerp en letterontwerp/ graphic design and font design)
Martien van Osch, OSLO, Berlicum
Landschapsarchitect/Landscape architect:
MTD Landschapsarchitecten, 's-Hertogenbosch
Projectarchitecten/Project architects:
Frank Meijer, Nike van Keulen
Medewerkers/Contributors:
Niels van den Hoogen, Esther van der Heijden
Verantwoordelijk stedenbouwer/Urban planner:
Gemeente 's-Hertogenbosch, afdeling SO/ ROS/City of 's-Hertogenbosch, urban development
Ontwerp – Oplevering/Design – Completion:
2011 – 2015
Opdrachtgever/Client:
Gemeente 's-Hertogenbosch/City of 's-Hertogenbosch
Hoofdaannemer/Main contractor:
Heijmans, 's-Hertogenbosch
Aannemer afbouw/Fitting out contractor:
Vorm, Papendrecht
Bouwkundige uitwerking Design & Construct/ Detailed Design & Construct drawings:
Pieters Projectbureau, Haarlem
Constructeur/Structural engineer:
Pieters Bouwtechniek, Haarlem
Installatieadviseur, bouwfysica/Building services consultant, building physics:
Spindler, Rotterdam
Kunstenaars/Artists:
Kim Heesakkers (stadsbeeldencollages corridor/cityscape collages in corridor), Geldrop; Ruben Atoyan (kaart 's-Hertogen-bosch in hoofdtrappenhuis/map of 's-Hertogenbosch in main staircase), Minsk; Kunstprojectbegeleiding/art project super-vision: M2uur, Deventer; Studio Thier& vanDaalen (vitrines voor archeologische vondsten/showcases for archeological finds)
Bruto vloeroppervlak/Gross floor area:
Parkeergarage/Parking garage:
32.860 m²
Projectgebied/Project area:
1,54 ha

p. 150
Benthem Crouwel Architects
Paleisbrug
Verbinding historisch stadscentrum en Paleiskwartier/Connection between old town centre and new Paleiskwartier (Palace district), 's-Hertogenbosch

Architect:
Benthem Crouwel Architects, Amsterdam
Projectarchitect/Project architect:
Mels Crouwel
Medewerkers/Contributors:
Job Schroën, Marleen van Driel, Moon Brader, Carel Weber, Volker Krenz, Sergio Bostdorp, Ronno Stegeman, Mahyar Nikkhoy
Verantwoordelijk stedenbouwer/Urban planner:
Benthem Crouwel Architects, Amsterdam; Gemeente 's-Hertogenbosch/City of 's-Hertogenbosch
Ontwerp – Oplevering/Design – Completion:
2012 – 2015
Opdrachtgever/Client:
Gemeente 's-Hertogenbosch/City of 's-Hertogenbosch
Aannemer/Contractor:
Mobilis, Apeldoorn
Constructeur/Structural engineer:
Arup, Amsterdam; Grontmij, Houten
Installatieadviseur, bouwfysica/Building services consultant, building physics:
Arup, Amsterdam; Grontmij, Houten
Bouwdirectie/Construction management:
Gemeente 's-Hertogenbosch/City of 's-Hertogenbosch
Landschapsarchitect/Landscape architect:
Piet Oudolf, Hummelo
Verlichting/Lighting:
Robert Jan Vos
Bruto vloeroppervlak/Gross floor area:
2500 m²

p. 154
Mecanoo
Hilton Amsterdam Airport Schiphol
Schiphol Boulevard 701, Schiphol, Haarlemmermeer

Architect:
Mecanoo architecten, Delft
Projectarchitecten/Project architects:
Ellen van der Wal, Francine Houben
Medewerkers/Contributors:
Willeke Smit, Thomas van Schaick, Yuri Sigmond, Nicole Carstensen, Luuk van Wijlick, Taco Oost, Branco Giebels, Robert van Rij, Anne-Marie van der Weide, Seger Bekkers, Leon van der Velden, Richard Hagg, Friso van der Steen, Eduardo Garcia Diaz, Dayo Oladunjoye, Milo Greuter, Bart van der Meer
Ontwerp – Oplevering/Design – Completion:
2009 – 2015
Opdrachtgever/Client:
Schiphol Hotel Property Company (Schiphol Real Estate), Schiphol
Aannemer/Contractor:
Ballast Nedam Bouw & Ontwikkeling, Nieuwegein
Constructeur/Structural engineer:
ABT bv, Delft
Constructieve en civieltechnische advisering en bouwmanagement/Structural and civil engineering advice and project management:
ABT bv, Velp
Installatieadviseur/Building services consultant:
Deerns Raadgevende Ingenieurs bv, Rijswijk
Keukenadviseur/Kitchen consultant:
Vendrig, IJsselstein
Lichtadviseur/Lighting consultant:
dpa, Londen/London
Bouwfysica/Building physics:
DGMR Raadgevende ingenieurs, Arnhem
Bouwdirectie/Construction management:
Schiphol Hotel Property Company, Schiphol
Interieurarchitect/Interior designer:
The Gallery HBA, Londen/London
Landschapsarchitect/Landscape architect:
Mecanoo architecten, Delft (daken en binnentuin/roofs and courtyard); West8 urban design & landscape architecture, Rotterdam (landschap/landscape)
Kunstenaar/Artist:
Israel Paez
Bruto vloeroppervlak/Gross floor area:
43.150 m²

In memoriam
In Memoriam

Koos Bosma (1952–2015)

Op 10 september 2015 overleed op 63-jarige leeftijd architectuurhistoricus Koos Bosma. Bosma was sinds 1991 als docent aan de Vrije Universiteit Amsterdam verbonden, vanaf 2004 als hoogleraar Architectuurgeschiedenis en Erfgoedstudies. Ook was hij een van de drijvende krachten van CLUE (Cultural Landscape and Urban Environment), het interdisciplinaire onderzoeksinstituut voor erfgoed en geschiedenis van de VU. Bosma was onder meer lid van het gebiedsbestuur Geesteswetenschappen van NWO (2007–2013) en diverse programma- en adviescommissies daarbinnen. Hij was een aantal malen adviescommissielid bij het Stimuleringsfonds voor Architectuur, lid van de Commissie Welstand en Monumenten van de gemeente Amsterdam, en lid van de programmaraad van Arcam (Architectuurcentrum Amsterdam). Ook had hij redactiefuncties bij *Kunstschrift* en *Archis*. Zijn onderzoeksgebied was twintigste-eeuwse stedenbouw en planologie, waaronder de inrichting van de IJsselmeerpolders en de wederopbouw van Nederland en Europa na de Tweede Wereldoorlog. In 1992 promoveerde Bosma aan de Rijksuniversiteit Groningen op het proefschrift *Ruimte voor een nieuwe tijd. Vormgeving van de Nederlandse regio 1900–1945*, dat een jaar later werd bekroond met de Karel van Manderprijs. Hij schreef talloze artikelen over woningbouw, stedenbouw, infrastructurele planning, zoals de civieltechnische werken van het ministerie van Verkeer en Waterstaat, de Kanaaltunnel, de HSL-netwerken in Europa en de grote Europese luchthavens. Enkele boeken van zijn hand zijn *J.M. De Casseres. De eerste planoloog* (2003) en *Schuilstad. Bescherming van de bevolking tegen luchtaanvallen* (2006). Daarnaast was hij samensteller, redacteur en medeauteur van belangrijke publicaties als: *Een geruisloze doorbraak. De geschiedenis van architectuur en stedebouw tijdens de bezetting en de wederopbouw van Nederland* (1995, met Cor Wagenaar), *De regie van de stad. Noord-Europese stedebouw 1900–2000* (1997, met Helma Hellinga), *Housing for the Millions. John Habraken and the SAR (1960–2000)* (2000, met Dorien van Hoogstraten en Martijn Vos); *Bouwen in Nederland, 600–2000* (2007); *Schiphol megastructuur. Ontwerp in spectaculaire eenvoud* (2013, met Marieke Berkers).
Architectural historian Koos Bosma died on 10 September 2015, aged 63. Bosma joined the teaching staff at VU University Amsterdam in 1991, where, since 2004, he had been Professor of Architectural History and Heritage Studies. He was also one of the driving forces behind CLUE (Cultural Landscape and Urban Environment), the interdisciplinary heritage research institute at the VU. Bosma was a member of the NWO Humanities Board (2007–2013) and of various programme and advisory committees within it. On a number of occasions, he served on the advisory committee of the Netherlands Architecture Fund, was a member of the City of Amsterdam's committee overseeing architectural design and heritage issues, and a member of the Arcam (Amsterdam Architecture Centre) advisory committee. He also occupied editorial positions with *Kunstschrift* and *Archis*. His area of research was twentieth-century urban design and planning, including the development of the IJsselmeer Polders and the reconstruction of the Netherlands and Europe after the Second World War. In 1992, Bosma obtained his doctorate from Groningen University with a thesis entitled *Space for a New Time: Design of the Dutch Region 1900–1945*, which a year later was awarded the Karel van Mander Prize. He penned countless articles on housing and urban design and on infrastructure planning, such as the Ministry of Transport, Public Works and Water Management's civil engineering works, the Channel Tunnel, European high-speed rail networks and the major European airports. Among his many books are *J.M. De Casseres. De eerste planoloog* (2003) and *Shelter City. Protecting Citizens Against Air Raids* (2006). He was also a compiler, editor and co-author of such notable works as *Een geruisloze doorbraak. De geschiedenis van architectuur en stedebouw tijdens de bezetting en de wederopbouw van Nederland* (1995, with Cor Wagenaar), *Mastering the City. North European City Planning 1900–2000* (1997, with Helma Hellinga), *Housing for the Millions. John Habraken and the SAR (1960–2000)* (2000, with Dorien van Hoogstraten and Martijn Vos); *Bouwen in Nederland, 600–2000* (2007); *Megastructure Schiphol: Design in Spectacular Simplicity* (2013, with Marieke Berkers).

Leo de Bever (1930–2015)

Op 14 augustus 2015 overleed op 85-jarige leeftijd architect Leo de Bever. Hij is bekend als architect van het Evoluon, dat hij in opdracht van Philips ontwierp ter gelegenheid van het 75-jarig bestaan van het bedrijf, samen met Philips-ontwerper Louis Kalff. Het tentoonstellingspaviljoen heeft de spectaculaire vorm van een vliegende schotel. Het werd in 1966 geopend en is sinds 2013 rijksmonument. De Bever was geboren in een architectenfamilie: Louis Kooken, zijn grootvader van moeders zijde, was stadsarchitect van Eindhoven en zijn vader Cees had diens bureau voortgezet. Leo bezocht de Academie van Bouwkunst in Tilburg en leerde het vak daarna in Rome (Studio Pascarelli), Milaan (Gio Ponti) en New York (Marcel Breuer). Na het overlijden van zijn vader in 1965 stond hij met zijn broer Loed aan het hoofd van het bureau. De Bever architecten was vooral actief in en rond Eindhoven, waar ze onder andere het Stadskantoor, het Catharina Ziekenhuis (1965), kantorencomplex Fellenoord (1978), een kunstijsbaan (1981) en Eindhoven Airport (1983) bouwden. Het architectenbureau werd in 2007 overgenomen door zoon Stefan en schoondochter Heleen van Geel.
The architect Leo de Bever died, aged 85, on 14 August 2015. He is known as the architect of the Evoluon, which he designed for Philips to mark the company's 75th anniversary, in collaboration with in-house designer Louis Kalff. The spectacular exhibition pavilion, shaped like a flying saucer, was opened in 1966 and was awarded heritage status in 2013. De Bever was born into a family of architects: his maternal grandfather, Louis Kooken, had been city architect of Eindhoven and his practice was continued by Leo Bever's father Cees. Leo attended the Academy of Architecture in Tilburg and after which he continued his professional development in Rome (Studio Pascarelli), Milan (Gio Ponti) and New York (Marcel Breuer). After his father's death in 1965 he and his brother Loed ran the practice together. Bever architecten were chiefly active in and around Eindhoven, where their works included the Stadskantoor (municipal offices, 1995), the Catharina Hospital (1965), Fellenoord office complex (1978), an ice rink (1981) and Eindhoven Airport (1983). In 2007 the practice was taken over by his son Stefan and daughter-in-law Heleen van Geel.

Frans van Gool (1922–2015)

Op 25 oktober overleed architect Frans van Gool op 93-jarige leeftijd. Van Gool begon zijn loopbaan bij de Woningdienst van Vlaardingen en werkte vanaf 1945 bij Van den Broek en Bakema, waar hij ontwierp aan het plan voor de Lijnbaan. In 1953 verliet hij het Rotterdamse bureau voor de Gemeentelijke Woningdienst van Amsterdam. Met het bureau dat hij in 1957 oprichtte met Hein Stolle en Arnold Numan Oyevaar (Oyevaar Stolle van Gool) bouwde hij veel woningen, waaronder het experimentele Bluebanddorp (de 'zaagtandwoningen') in Amsterdam-Slotervaart in 1959 en in 1963–1969 in Amsterdam-Buikslotermeer het spraakmakende ontwerp Het Breed ('Plan Van Gool'), een wijk met ruim 1100 woningen in blokken met binnenstraten die door luchtbruggen worden verbonden. Kantoorgebouwen vormen een substantieel deel van Van Gools oeuvre, waaronder de Zilveren Toren (1959–1967) aan de Utrechtsebaan en een kantoor voor Nationale Nederlanden (1970), beide in Den Haag, AA-Landen in Zwolle (1979), de uitbreiding van de Postcheque- en Girodienst in Leeuwarden (1982), Nationale Nederlanden II in Den Haag (1985) en het complex voor de Centrale Directie van de PTT in Groningen (1990). Grote controverse ontstond er omstreeks in 1979 rond twee kantoorvilla's tegenover het Rijksmuseum aan de Amsterdamse Weteringschans, die door columnisten werden verguisd als 'doodskoparchitectuur' (H.J.A. Hofland), 'Nieuwe Lelijkheid' (Renate Rubinstein) en 'wolvennesten' (Gerrit Komrij). Het duokantoor, dat op de plaats stond van twee negentiende-eeuwse stadsvilla's, kreeg de bijnaam Peper en Zout. Inmiddels had op het bureau in 1978 Pi de Bruijn de plaats van Stolle ingenomen en in 1984 verving Jan Dirk Peereboom Voller Oyevaar. De maatschap Van Gool, De Bruijn, Peereboom Voller zou in 1988 aan de basis liggen van de Architekten Cie. Tussen 1986 en 1989 was Van Gool rijksbouwmeester. In 1993 kreeg hij de BNA Kubus; het juryrapport roemde Van Gools chirurgische precisie in situering, detaillering en materialisering.
The architect Frans van Gool died on 25 October 2015, aged 93. Having begun his career at the Vlaardingen Housing Agency, Van Gool joined Van den Broek en Bakema in 1945, where he worked on the design of the Lijnbaan. In 1953 he left the Rotterdam firm for the Amsterdam Housing Agency. The practice he established in 1957 together with Hein Stolle and Arnold Numan Oyevaar (Oyevaar Stolle van Gool) was responsible for a lot of housing, including the experimental Blueband Village ('sawtooth houses') in Amsterdam-Slotervaart in 1959 and, in 1963–1969 in Amsterdam-Buikslotermeer, Het Breed, a celebrated district of over 1100 dwellings in blocks separated by internal streets and linked by overhead bridges. Office buildings figure prominently in Van Gool's oeuvre, among them the Silver Tower (1959–1967) on the Utrechtsebaan and an office for Nationale Nederlanden (1970), both in The Hague, AA-Landen in Zwolle (1979), the extension of the Postcheque- en Girodienst building in Leeuwarden (1982), Nationale Nederlanden II in The Hague (1985) and the PTT headquarters in Groningen (1990). Round about 1979, controversy flared over two office blocks opposite the Rijksmuseum on Weteringschans in Amsterdam. They were variously reviled by columnists as 'death's-head architecture' (H.J.A. Hofland), 'New Ugliness' (Renate Rubinstein) and 'wolf's lairs' (Gerrit Komrij). The pair of offices, which occupied the site of two nineteenth-century urban villas, were nicknamed Pepper and Salt. In the firm, meanwhile, Stolle's place had been taken by Pi de Bruijn in 1978, and in 1984 Jan Dirk Peereboom Voller replaced Oyevaar. In 1988, the partnership of Van Gool, De Bruijn, Peereboom Voller would form the basis for de Architecten Cie. Between 1986 and 1989, Van Gool was Chief Government Architect. In 1993 he was awarded the BNA Cube for his oeuvre; the jury report praised his surgical precision in siting, detailing and materialization.

Hein de Haan (1943–2015)

De Amsterdamse architect Hein de Haan overleed op 4 augustus op 72-jarige leeftijd. In 1982 richtte De Haan samen met Harm Beuling CASA architecten op. Als architect was hij sterk maatschappelijk betrokken. Hij verzette zich tegen sloop en pleitte bij stadsvernieuwingsprojecten voor bottom-upinitiatieven om te komen tot een gemengde stad, waar wonen en werken niet gescheiden zijn. Hij had een grote expertise op het terrein van het geschikt maken van leegstaande kantoor- en bedrijfsgebouwen voor (collectieve) woon-werkvormen. In de Amsterdamse wijk IJburg realiseerde hij het woon-werkcomplex Vrijburcht, waar hij na zijn afscheid van CASA in 2007 een adviespraktijk startte voor het realiseren van bouwprojecten voor groepen. In 2006 was hij een van de medeoprichters van de Stichting Urban Resort, die als eerste in een reeks herbestemmingen het voormalige Volkskrantgebouw in Amsterdam tot broedplaats ontwikkelde. De Haan was lang actief voor de vereniging ProWest en was zo betrokken bij vele plannen voor behoud en hergebruik van het cultureel erfgoed in Amsterdam Nieuw-West, onder meer van de Bakemabuurt, het gebied rond station Lelylaan en het Andreasziekenhuis. Vanaf 1975 was hij verbonden aan de faculteit Bouwkunde van de TU Delft, in 2008 nam hij afscheid als hoofddocent Stadsvernieuwing en Stedelijk Beheer.
The Amsterdam architect Hein de Haan died, aged 72, on 4 August. In 1982, together with Harm Beuling, De Haan founded CASA architecten. De Haan was a socially committed architect. He opposed demolition and in urban renewal projects argued for bottom-up initiatives that would result in a heterogeneous city, with no separation between living and working. He had considerable expertise in rendering empty office and industrial buildings suitable for individual and collective live-work arrangements. In the Amsterdam IJburg district he realized the Vrijburcht live-work complex where, after his departure from CASA in 2007, he set up a consultancy practice for the realization of building projects for groups. In 2006 he was one of the co-founders of Stichting Urban Resort, which ushered in a series of repurposing projects, with its conversion of the former Volkskrant building in Amsterdam into a creative hub. De Haan was a long-time, active member of ProWest and as such involved in many plans for the preservation and adaptive reuse of cultural heritage in Amsterdam Nieuw-West, including in the Bakemabuurt, the area around the Lelylaan station and the Sint Lucas Andreas Hospital. A member of the teaching staff at the Architecture Faculty of TU Delft since 1975, De Haan was senior lecturer in Urban Renewal and Management when he retired in 2008.

Péter Sigmond (1932–2015)

Op 16 augustus overleed op 83-jarige leeftijd architect Péter Géza Sigmond in zijn woonplaats Weert. Sigmond was na de Hongaarse opstand in 1956 als jong bouwkundige naar Londen gevlucht, waar hij onder meer werkte bij het beroemde architectenechtpaar Peter en Alison Smithson. Twee jaar later solliciteerde hij in Neder-

land bij het bureau van Gerard Holt. Als projectarchitect was hij in 1961 betrokken bij het ontwerp voor de Pastoor Van Arskerk in Haarlem (nu rijksmonument). Holt was stadsarchitect van Heerlen en gaf zijn jonge medewerker al in 1961 de gelegenheid een 'filiaal' te starten in deze stad. Zo kon Sigmond in vrijheid ontwerpen aan de St. Claraschool. Kort daarna zette hij zijn een eigen bureau op. Als wederopbouwarchitect ontwierp hij een groot aantal gebouwen in Heerlen, onder meer winkelcentrum 't Loon (een van de eerste overdekte winkelcentra van Nederland), garage Canton Reiss, bejaardentehuis Douvenrade, een torenflat en verschillende woongebouwen op pilotis. Van belang vanwege de architectuur is zijn door Le Corbusier geïnspireerde ontwerp voor de wijk Vrieheide-De Stack, met 800 woningen een modernistische mijnwerkerskolonie. In de regio bouwde Sigmond ook een aantal kleinere projecten, waaronder bankfiliaal-woning Goessen in Maastricht (nu rijksmonument), villa met atelier Hermans in Nuth, de protestante kerk De Ark in Landgraaf en een AMRO-bank in Brunssum. Begin jaren zeventig werkt hij met Theo Boosten samen aan een stedenbouwkundig plan voor het Boschstraatkwartier in Maastricht. In 1976 richtte hij met diverse partners AGS op, een bureau dat hij in 1981 verlaat om PG Sigmond Adviezen te beginnen. Hij was betrokken bij enkele grootschalige projecten, zoals het centrumplan voor Almere en een multicultureeel centrum in Praag. Als zelfstandig architect bouwde hij onder meer winkelpanden voor Ahold in Tsjechië en werkte hij aan de herbestemming van het stadhuis in Weert, waarvan hij de architect was.

On 16 August 2015, the Hungarian-born architect Péter Géza Sigmond died in his home town of Weert, aged 83. As a young architect, Sigmond had fled his native country after the 1956 Hungarian uprising, fetching up in London where he worked for, among others, the celebrated architectural couple, Peter and Alison Smithson. Two years later he applied to work for the Dutch architectural practice of Gerard Holt, where in 1961 he was involved in the design of the Pastoor Van Arskerk in Haarlem (now heritage-listed). Holt was the city architect in Heerlen and as early as 1961 he gave his young assistant the opportunity to start a 'branch' in that city, which allowed Sigmond the freedom to design the St. Clara School. Shortly after this he established his own practice. As a post-war reconstruction architect he designed a large number of buildings in Heerlen, including 't Loon shopping centre (one of the first covered shopping centres in the Netherlands), the Canton Reiss garage, Douvenrade home for the elderly, a tower block and various apartment buildings on pilotis. Significant on account of the architecture is his Corbusier-inspired design for the Vrieheide-De Stack district, a modernist mineworkers' colony of 800 dwellings. Sigmond also built a number of smaller projects in the region, including the Goessen bank-cum-house in Maastricht (now heritage-listed), the Hermans villa with studio in Nuth, De Ark protestant church in Landgraaf and an AMRO bank building in Brunssum. In the early 1970s, he collaborated with Theo Boosten on an urban design plan for the Boschstraat quarter in Maastricht. In 1976, together with various partners, he established AFS, a firm he left in 1981 to set up PG Sigmond Adviezen. He was involved in a few large-scale projects, such as the plan for the centre of Almere and a multicultural centre in Prague. As an independent architect he built retail stores for Ahold in the Czech Republic and worked on the repurposing of one of his own creations, the town hall in Weert.

Dirk van der Veer (1943–2015)

Op 28 januari 2015 overleed Dirk van der Veer. Hij was van 1986 tot 2003 directeur van de BNA. De architectenbranche ontworstelde zich in het begin van deze periode aan de gevolgen van de crisis van de jaren zeventig en het herstel zette langzaam in. Tijdens zijn langdurig directeurschap werden de lijnen uitgezet voor de toekomst en groeide de BNA. De bond ontplooide een breed scala aan activiteiten, de Nederlandse Architecten Vereniging ging in de BNA op (1990), de Dag van de Architectuur werd uitgebouwd tot landelijke manifestatie en het actieplan 'De ondernemende architect' kwam tot stand.

Dirk van der Veer died on 28 January 2015. He was director of the BNA (Royal Institute of Dutch Architects) from 1986 to 2003. In the early part of this period the architectural profession was still struggling to emerge from the effects of the economic crisis of the 1970s and recovery was slow. During Van der Veer's long tenure the future course of the BNA was set out and the organization grew. The Institute developed a wide range of activities, the Association of Dutch Architects was absorbed into the BNA (1990), Architecture Day was expanded into a national event and the 'entrepreneurial architect' action plan was launched.

Personalia
People

Floris Alkemade

Floris Alkemade (1961) is sinds 1 september 2015 de nieuwe rijksbouwmeester. Hij volgde Frits van Dongen op, die in november 2014 was teruggetreden. Alkemade combineert de functie van rijksbouwmeester en voorzitter van het College van Rijksadviseurs met het werk voor zijn bureau FAA (Floris Alkemade Architect) en zijn lectoraat aan de Amsterdamse Academie van Bouwkunst. Hij startte zijn loopbaan bij OMA, waar hij in 2001 partner werd. In 2008 richtte hij in Sint-Oedenrode zijn eigen bureau op, inmiddels met vestigingen in Brussel en Parijs. Als architect-stedenbouwer werkt hij internationaal aan complexe projecten, waarbij herbestemming en stedelijke vernieuwing belangrijke onderdelen vormen. Alkemade heeft gewerkt aan het nieuwe Stadshart van Almere, aan de herontwikkeling van Zollverein in het Duitse Essen en is als 'architecte coordinateur' betrokken bij de herontwikkeling van het omvangrijke entrepotgebouw Macdonald aan de rand van Parijs.

Floris Alkemade (b. 1961) took up the post of Chief Government Architect on 1 September 2015, succeeding Frits van Dongen, who had stepped down in November 2014. Alkemade will combine the offices of Government Architect and chairman of the Board of Government Advisers with work for his architectural practice, FAA (Floris Alkemade Architect) and his lectureship at the Amsterdam Academy of Architecture. Alkemade began his career with OMA, becoming a partner in 2001. His own practice, which he set up in Sint-Oedenrode, North Brabant in 2008, now has branches in Brussels and Paris. As architect/urban planner Alkemade has worked at home and abroad on complex projects in which conversion and urban renewal feature prominently. Alkemade has worked on the new Almere city centre project, on the redevelopment of Zollverein in the German city of Essen, and is coordinating architect in the redevelopment of the huge Macdonald warehouse on the outskirts of Paris.

Ole Bouman

Historicus Ole Bouman (1960) werd per januari 2015 aangesteld als directeur van het toekomstige Shekou Design Museum in de Chinese stad Shenzhen, waar hij nu leiding geeft aan een oprichtingsteam. Het museum moet eind 2016 zijn deuren openen. Het Shekou Design Museum, een ontwerp van de Japanse architect Fumihiko Maki, wordt ontwikkeld in samenwerking met het Britse Victoria & Albert Museum (V&A), dat ook een eigen afdeling binnen het museum zal krijgen. In 2013–2014 was Bouman creatief directeur van de vijfde Shenzhen Architecture and Urbanism Biennale. Van 2006 tot en met 2012 was hij directeur van het Nederlands Architectuurinstituut. Eerder was Bouman hoofdredacteur van het tijdschrift *Volume* en directeur van de Stichting Archis.

Starting in January 2015, historian Ole Bouman (b. 1960) was appointed director of the future Shekou Design Museum in the Chinese city of Shenzhen, where he is currently heading up a founding team. The museum is scheduled to open its doors at the end of 2016. The Shekou Design Museum, designed by Japanese architect Fumihiko Maki, is being developed in collaboration with the British Victoria & Albert Museum (V&A), which will also have its own gallery within the museum. In 2013–2014, Bouman was creative director of the fifth Shenzhen Architecture and Urbanism Biennale. Bouman was director of the Netherlands Architecture Institute from 2006 to 2012, and before that editor-in-chief of the magazine *Volume* and director of Stichting Archis.

Jo Coenen

Op 23 januari 2015 nam Jo Coenen (1949) afscheid als hoogleraar aan de faculteit Bouwkunde van de TU Delft. Bij zijn aantreden in 2004 stelde Coenen dat versmelting van oud en nieuw de architectuuropgave van de toekomst is en dat hij het als een van zijn hoofdtaken zag om studenten daarop voor te bereiden. In zijn tienjarige hoogleraarschap vormde hij de vakgroep Restauratie om tot Restauratie, Modificatie, Interventie en Transformatie (RMIT) en later tot Heritage & Architecture.

On 23 January 2015, Jo Coenen (b. 1949) stepped down as professor in the architecture faculty at TU Delft. When he took up the position in 2004, Coenen asserted that the blending of the old and the new would be the architectural challenge of the future and that he saw it as one of his main tasks to prepare students for that. During his ten-year professorship he transformed the Department of Restoration into Restoration, Modification, Intervention and Transformation (RMIT) and later into Heritage & Architecture.

Rients Dijkstra

Rients Dijkstra (1961) is sinds augustus 2015 hoogleraar Urban Design bij de afdeling Urbanism van de faculteit Bouwkunde van de TU Delft. Dijkstra is zelf als stedenbouwkundige opgeleid aan de TU Delft en werkte daarna achtereenvolgens bij de Architekten Cie. en OMA. Met zijn eigen bureau Maxwan architects + urbanists ontwikkelde hij de masterplannen voor onder andere de Utrechtse nieuwbouwwijk Leidsche Rijn en station Leiden Centraal. Maxwan is internationaal actief in onder meer Londen, Antwerpen, Moskou en Helsinki. Dijkstra is ook rijksadviseur infrastructuur en stad.

Rients Dijkstra (b. 1961) was appointed Professor of Urban Design in the Department of Urbanism in the architecture faculty of TU Delft, as from August 2015. Dijkstra himself studied urban design at Delft, thereafter working successively for de Architecten Cie. and OMA. With his own practice, Maxwan architects + urbanists, he has developed master plans for, among others, the Leidsche Rijn housing development in Utrecht and Leiden's central station. Maxwan is also active abroad, for example in London, Antwerp, Moscow and Helsinki. Dijkstra is also Government Adviser on Infrastructure and the City.

Herman Hertzberger

Op 1 januari 2015 trad Herman Hertzberger (1932) terug als directeur en verantwoordelijk architect van Architectuurstudio HH. Zijn partners Laurens Jan ten Kate en Patrick Fransen hebben zijn taken overgenomen en zetten het architectenbureau voort onder de naam AHH. Hertzberger blijft als adviseur op de achtergrond bij het bureau betrokken bij een flink aantal projecten. Daarnaast zet hij persoonlijke activiteiten voort onder eigen naam, waarbij hij gebruikmaakt van de faciliteiten van AHH.

On 1 January 2015, Herman Hertzberger (b. 1932) stepped down as director and architect in charge of Architectuurstudio HH. His partners Laurens Jan ten Kate and Patrick

Fransen have taken over his tasks and are carrying the practice forward under the name AHH. Hertzberger will remain involved in the practice in the background as consultant on a large number of projects. He will also continue to work under his own name, making use of the facilities at AHH.

Wessel de Jonge

Wessel de Jonge (1957) is vanaf 1 september 2015 hoogleraar Heritage & Design aan de faculteit Bouwkunde van de TU Delft. De Jonge is gespecialiseerd in herbestemming en restauratie van gebouwen en heeft een bijzondere expertise op het gebied van twintigste-eeuws erfgoed. Als zelfstandig architect startte hij in 1999 het bureau Wessel de Jonge Architecten, dat onder meer Sanatorium Zonnestraal van Jan Duiker in Hilversum en Rietvelds Biënnalepaviljoen in Venetië restaureerde. Hij coördineerde de herontwikkeling van de Van Nellefabriek in Rotterdam. De Jonge is medeoprichter van Docomomo, een internationaal netwerk van architectuurhistorici, architecten en erfgoedexperts op het gebied van architectuur van de Moderne Beweging.
Wessel de Jonge (b. 1957) was appointed Professor of Heritage & Design in the architecture faculty of TU Delft, commencing 1 September 2015. De Jonge specializes in conversion and restoration and has particular expertise in the area of twentieth-century heritage. He set up his own practice, Wessel de Jonge Architecten, in 1999, since when its projects have included the restoration of Jan Duiker's Zonnestraal Sanatorium in Hilversum and Rietveld's Biennale Pavilion in Venice. He also coordinated the redevelopment of the Van Nelle factory in Rotterdam. De Jonge is co-founder of Docomomo, an international network of architectural historians, architects and heritage experts in the field of Modern Movement architecture.

Madeleine Maaskant

Madeleine Maaskant (1966) is sinds 1 juni 2015 directeur van de Academie van Bouwkunst in Amsterdam. Zij volgde daarmee Aart Oxenaar op, die begin 2015 directeur Monumenten en Archeologie bij de gemeente Amsterdam werd. Maaskant studeerde bouwkunde aan de TU Delft. Na het winnen van de Europan-prijsvraag startte zij in 1996 met Victor van Velzen het bureau Maaskant en van Velzen, waarvoor zij tot 2010 actief was. Vanaf 2010 was zij hoofd van de afdeling Gebouwen van Natuurmonumenten en bestuursvoorzitter van Stichting Archiprix en Archiprix International, het samenwerkingsverband van onderwijsinstellingen voor hoger onderwijs op het gebied van architectuur, stedenbouw en landschapsarchitectuur. De afgelopen vijftien jaar was Maaskant diverse malen aan de Academie van Bouwkunst verbonden als gastdocent en als lid van afstudeer- en examencommissies.
Madeleine Maaskant (b. 1966) became director of the Amsterdam Academy of Architecture on 1 June 2015, succeeding Aart Oxenaar, who had become Director of Heritage and Archeology with the City of Amsterdam at the beginning of 2015. Maaskant studied architecture at TU Delft. In 1996, after winning the Europan competition, she joined forces with Victor van Velzen to set up Maaskant en van Velzen, where she was active until 2010 when she became head of the department of buildings at the Dutch Society for Nature Conservation, and CEO of Stichting Archiprix and Archiprix International, an alliance of tertiary education institutions in the fields of architecture, urban design and landscape architecture. During the past fifteen years, Maaskant had been attached to the Academy of Architecture on various occasions as guest lecturer and as a member of graduation and examination boards.

Koen van Velsen

Na het voortijdige terugtreden van Frits van Dongen als rijksbouwmeester, trad Koen van Velsen (1952) als rijksadviseur architectuur tijdelijk toe tot het College van Rijksadviseurs bij het Rijksvastgoedbedrijf. Samen met Rients Dijkstra (rijksadviseur infrastructuur en stad) en Eric Luiten (rijksadviseur landschap en water) vervulde hij tot het aantreden van Floris Alkemade de taken van de rijksbouwmeester. Van Velsen, architect en directeur van Architectenbureau Koen van Velsen, was van 1 januari 2009 tot 1 januari 2015 in deeltijd spoorbouwmeester.
After Frits van Dongen's premature departure as Chief Government Architect, Koen van Velsen (b. 1952) temporarily joined the Board of Government Advisers as Adviser on Architecture at the Central Government Real Estate Agency. Together with Rients Dijkstra (Adviser on Infrastructure and the City) and Eric Luiten (Adviser on Landscape and Water), he carried out the tasks of Chief Government Architect until the appointment of Floris Alkemade. Van Velsen, architect and director of Architectenbureau Koen Van Velsen, fulfilled the part-time post of Dutch Railway Architect from 1 January 2009 until 1 January 2015.

Nathalie de Vries

Nathalie de Vries (1965) werd gekozen tot de nieuwe voorzitter van de BNA. Zij nam het voorzitterschap over van Willem Hein Schenk, architect en partner van De Zwarte Hond, die van september 2011 tot juli 2015 deze positie innam. De Vries is architect en partner bij het internationaal gerenommeerde bureau MVRDV in Rotterdam. Sinds 2013 is zij professor Baukunst aan de Kunstacademie van Düsseldorf, een functie die zij van 2002 tot 2004 aan de TU Berlin bekleedde. Eerder had zij diverse academische functies aan onder meer Harvard GSD, IIT Chicago, het Berlage Institute en de TU Delft. Van 2005 tot 2008 was zij Nederlands Spoorbouwmeester voor ProRail/NS.
Nathalie de Vries (b. 1965) was elected the new chair of the Royal Institute of Dutch Architects (BNA). She took over the chairmanship from Willem Hein Schenk, architect and partner in De Zwarte Hond, who had held this position from September 2011 until July 2015. De Vries is an architect and a partner in the internationally renowned Rotterdam firm, MVRDV. Since 2013 she has been Professor of Architecture at the Kunstakademie Düsseldorf, a position she had held at TU Berlin, from 2002 to 2004. Before that she had taught at various academic institutions, including Harvard GSD, IIT Chicago, the Berlage Institute and TU Delft. From 2005 to 2008 she was Dutch Railway Architect with ProRail/NS.

Prijzen
Prizes

Abe Bonnemaprijs
Abe Bonnema Prize

Een jury onder voorzitterschap van Marc Visser koos uit meer dan zestig gebouwen uit de jaren 2013 en 2014 het Nationaal Militair Museum van Dick van Wageningen voor de Abe Bonnemaprijs 2015 (50.000 euro). Het gebouw op de voormalige vliegbasis Soest werd gekenmerkt als 'een krachtig statement en een messcherp meesterwerk'. Het jaarthema was dialoog, die onder meer werd teruggevonden in de inpassing van het gebouw en de interactie van het ontwerp met het museum als architectonisch type. Bij de bekendmaking en de prijsuitreiking in het Rijksmuseum in Amsterdam lichtten alle genomineerden hun project toe. De Abe Bonnemalezing werd gehouden door de nieuwe Rijksbouwmeester Floris Alkemade.
A jury chaired by Marc Visser considered over sixty buildings from 2013 and 2014, before awarding the Abe Bonnema Prize 2015 (50,000 euros) to Dick van Wageningen's National Military Museum. The jury described the building, on the former Soest air base, as 'a forceful statement and a razor-sharp masterwork'. This year's theme was dialogue, which was found in the building's integration with its surroundings and the design's interaction with the museum as architectural type. During the announcement and presentation of the award in the Rijksmuseum in Amsterdam, each of the short-listed nominees talked about their project. The Abe Bonnema Lecture was given by the Chief Government Architect, Floris Alkemade.

ARC Awards

De ARC Detail Award bekroont architectonisch uitdagende projecten die zich onderscheiden door innovatieve details in een samenhangend totaalconcept. De ARC15 Detail was voor de Vlotwateringbrug van NEXT architects, een sculpturale voetgangers/fietsersbrug naar de Poelzone bij Monster (Wateringen) die mede als doel heeft een ideale habitat te vormen voor vleermuissoorten. De ARC Innovatie Award stimuleert veelbelovende ideeën, producten en processen die vernieuwend én haalbaar zijn en die relevant zijn voor de opgaven van transformatie en herbestemming. De winnaar van de prijs in 2015 was busstation Schiphol Noord van Claessens Erdman. Bij deze bijzondere vorm van hergebruik werd een Britse vliegtuighangar uit de Tweede Wereldoorlog verplaatst (vanuit Rotterdam Airport naar Schiphol), gerenoveerd en herbouwd tot energieneutraal busstation.
The ARC Detail Award recognizes architecturally daring projects that are distinguished by innovative details in a coherent overall concept. The ARC15 Detail went to NEXT architects' Vlotwateringbrug, a sculptural pedestrian/cyclist bridge leading to the Poelzone near Monster (Wateringen), which also aims to provide an ideal habitat for bat species. The ARC Innovation Award encourages promising ideas, products and processes that are both innovative and feasible and that are relevant to the tasks of transformation and repurposing. The winner of the prize in 2015 was the Schiphol Noord bus station by Claessens Erdman. In this unusual form of adaptive reuse, a British Second World War aircraft hangar was relocated (from Rotterdam Airport to Schiphol), renovated and rebuilt as an energy-neutral bus station.

Archiprix

Jaarlijks selecteren de Nederlandse masteropleidingen met de afstudeerrichtingen architectuur, stedenbouw en landschapsarchitectuur hun beste afstudeerplannen als inzending voor de Archiprix. 'Een voorkant voor de achterkant' van Ivar van der Zwan, een ontwerp voor een woon-werkcomplex binnen een bouwblok in de historische binnenstad van Amsterdam, werd bekroond met de eerste prijs van de Archiprix 2015. De jury bestaande uit Peter Defesche, Steven Delva, Boris Hocks, Michelle Provoost en Oana Rades, selecteerde het 'virtuoze ontwerp' uit 27 inzendingen. Het plan toont aan 'hoe een kwalitatief hoogwaardig milieu gerealiseerd kan worden op bestaande dichtbebouwde locaties', aldus de jury. Van der Zwan is afgestudeerd aan de Amsterdamse Academie van Bouwkunst. De gedeelde tweede prijs was voor het plan Bayt van Abdessamed Azarfane (AvB Amsterdam), Monument voor Charles-Axel Guillaumot van Gerard Mulder (AvB Arnhem) en (Re)claimed Land van Francesca Rizzetto (TU Delft, stedenbouw).
Every year the Dutch master's programmes in architecture, urban design and landscape architecture enter their best graduation plans in Archiprix. 'A front for the back', a design for a live/work complex within a housing block in the historical centre of Amsterdam, by Ivar van der Zwan, won first prize in Archiprix 2015. The jury consisting of Peter Defesche, Steven Delva, Boris Hocks, Michelle Provoost and Oana Rades, selected the 'virtuoso design' from 27 entries. According to the jury, the plan demonstrates 'how a high-quality environment can be realized in existing densely-built locations'. Van der Zwan is a graduate of the Amsterdam Academy of Architecture. Second prize was shared three ways by Bayt, a plan by Abdessamed Azarfane (Amsterdam Academy), Monument to Charles-Axel Guillaumot by Gerard Mulder (Arnhem Academy) and (Re)claimed Land by Francesca Rizzetto (TU Delft, urban design).

Architect van het Jaar Prijs
Architect of the Year Prize

Een jury bestaande uit Klaske Havik, Jeroen van Schooten en voorzitter Carel de Reus koos Bert Dirrix (1954) als Architect van het Jaar. Hij ontving 5.000 euro en een oorkonde. De huidige spoorbouwmeester en oprichter van diederendirrix architecten voldeed aan de acht criteria die de jury voor selectie had vastgesteld: onbetwist vakmanschap, een consistent oeuvre, met grote betekenis voor de stedelijke ruimte, een inventieve omgang met ons gebouwde erfgoed, met een stabiel ondernemerschap en een grote betrokkenheid en generositeit naar de maatschappij en de vakgemeenschap. 'Naast zijn dagelijks werk in de architectuur heeft Dirrix altijd een grote betrokkenheid gehad bij de maatschappij en bij het architectuuronderwijs', aldus het juryrapport.
A jury made up of Klaske Havik, Jeroen van Schooten and chairman Carel de Reus, chose Bert Dirrix (b. 1954) as Architect of the Year. He received 5,000 euros and a certificate. The current National Railway Architect and founder of diederendirrix architecten satisfied all eight criteria the jury had established for the selection: unquestioned professional skill, a consistent body of work, of major significance for the urban space, a creative approach to the Dutch built heritage, a stable entrepreneurship and substantial involvement in and generosity towards society and the professional community. 'In addition to his everyday architectural work, Dirrix has always been heavily involved in society and architectural education,' the jury commented.

Architectuur Prijs Achterhoek
Achterhoek Architecture Prize

De vijftiende editie van de APA telde 26 inzendingen en volgens de jury was de kwaliteit ervan bovengemiddeld. De criteria waarop de projecten werden getoetst, waren landschappelijke inpassing, functionaliteit, architectonische uitstraling en voorbeeldfunctie. De vakjury onder voorzitterschap van Emmie Vos bekroonde een bedrijfswoning op het landgoed Vriezenhuis in Winterswijk van architect Vincenth Schreurs, vanwege de 'uitzonderlijke architectuur, die zich bijzonder eigenzinnig en dienstwillig voegt naar het landgoed waartoe het behoort'. Tankstation Brand Oil op bedrijventerrein De Mars in Zutphen, een ontwerp van Maas Architecten, kreeg de publieksprijs.
The fifteenth edition of the APA attracted 26 entries of above-average quality, according to the jury. The criteria on which the entries were judged were integration in the landscape, functionality, architectural charisma and exemplary effect. The professional jury chaired by Emmie Vos chose a staff dwelling on Landgoed Vriezenhuis in Winterswijk by Vincenth Schreurs, because of the 'exceptional architecture, which conforms both idiosyncratically and functionally to the estate to which it belongs'. The Brand Oil service station on the De Mars commercial estate in Zutphen, designed by Maas Architecten, won the People's Choice Award.

Beste gebouw van Groningen
Best Building in Groningen

Het Sportblok van architectenbureau Marlies Rohmer, een complex met twee gymzalen, is volgens de vakjury het beste gebouw van Groningen in 2015. De jury, bestaande uit JaapJan Berg, Paul Diederen en Owen Zachariasse, noemde het een project dat een inspirerende route aanwijst waarlangs de Groningse architectuur zich verder zou kunnen ontwikkelen. De sculpturale golvende baksteengevel werd als opzienbarend en verrassend gekwalificeerd. De tweede prijs was voor woningbouw Touwbaan Fase 2 van De Zwarte Hond en de derde prijs voor Het Icoon, een paviljoen bij het Martini Ziekenhuis, van SEED Architects. Het publiek koos voor een woningbouwproject aan de Trompstraat van Tonnis Bouman Architect. De Gouden Kiezel, een prijs voor bijzondere en kleinschalige projecten, kende de jury toe aan het kantoor van pvanb architecten in het voormalig Zeefgebouw, ontworpen door het bureau zelf.
Sportblok by architectenbureau Marlies Rohmer, a sports complex with two gym halls, was voted Groningen's best building of 2015 by the professional jury (JaapJan Berg, Paul Diederen and Owen Zachariasse). They called it a project that points to an inspiring course for architectural development in Groningen. The sculptural, undulating brick facade was categorized as stunning and refreshing. Second prize went to the Touwbaan Phase 2 housing by De Zwarte Hond and third prize to Het Icoon, a pavilion at the Martini Ziekenhuis by SEED Architects. The public chose a housing project on Trompstraat by Tonnis Bouman Architect. The Golden Pebble, a prize for unusual and small-scale projects, was awarded to the self-designed office of pvanb architecten in the Zeefgebouw, a former industrial building.

Beste Gebouw van het Jaar
Best Building of the Year

Rotterdam Centraal is gekozen tot het Beste Gebouw van het Jaar 2015. De ontwerpers, Team CS (een samenwerkingsverband tussen Benthem Crouwel, MVSA Meyer en van Schooten Architecten en West 8), zijn er volgens de jury in geslaagd een 'moderne overstapmachine' te maken. 'Het nieuwe Rotterdam Centraal station is een prettige, open en heldere openbaarvervoersterminal die tevens fungeert als ontmoetingsplek', aldus juryvoorzitter Wim Pijbes. Rotterdam Centraal werd gekozen uit negen genomineerden. Daarnaast waren er drie categoriewinnaars: Kaasmakerij in Westbeemster van Bastiaan Jongerius Architecten (categorie Identiteit & Icoonwaarde); Montessorischool Waalsdorp in Den Haag van De Zwarte Hond (categorie Stimulerende Omgevingen); Brouwhuis in Oisterwijk van Bedaux de Brouwer Architecten BV BNA (categorie Particuliere Woonbeleving). De winnaar van de Publieksprijs was High Tech Systems Park Hengelo van Leijh Kappelhoff Seckel van den Dobbelsteen architecten in samenwerking met Reitsema & partners.
Rotterdam's Central Station was chosen as the Best Building of the Year 2015. According to the jury, the designers, Team CS (a collaboration between Benthem Crouwel, MVSA Meyer en van Schooten Architecten and West 8), had succeeded in creating a 'modern transfer machine'. 'The new Rotterdam Central Station is a pleasant, open and coherent public transport terminal that also functions as a meeting place,' commented jury chairman Wim Pijbes. Rotterdam Centraal was chosen from nine nominated projects. There were also three category winners: a cheese factory in Westbeemster by Bastiaan Jongerius Architecten (Identity and Iconic Value); Waalsdorp Montessori School in The Hague by De Zwarte Hond (Stimulating Environments); the Brouwhuis residence in Oisterwijk by Bedaux de Brouwer Architecten BV BNA (Private Living Experience). The winner of the People's Choice Award was High Tech Systems Park Hengelo by Leijh Kappelhoff Seckel van den Dobbelsteen architecten in collaboration with Reitsema & partners.

Betonprijs
Concrete Awards

De Betonprijs is een tweejaarlijkse prijs voor projecten waarin het materiaal beton op een bijzondere wijze is toegepast. Winnaar in de categorie Utiliteitsbouw was de OV Terminal Arnhem (UNStudio). De toepassing van vervormbare mallen maakte het bij dit project mogelijk om het golvende dak te bekleden met betonelementen. Van de winnaar in de categorie Woningbouw, Villa kavel 01 op Rieteiland-Oost in Amsterdam (studioninedots), prees de jury onder meer de interessante oplossing van de vloerenconstructie. In de categorie Restauratie/reparatie ging de prijs naar de transformatie van gebouw De Holland (Bierman Henket), het in 1939 door Sybold van Ravesteyn gebouwde kantoor voor de gelijknamige verzekeringsmaatschappij in Dordrecht. De Willem van Oranjetunnel onder het NS-station Delft (Benthem Crouwel Architects) won in de categorie Uitvoering. Het I/O-gebouw faculteit Educatie in Nijmegen (LIAG architecten), in 2014 verkozen tot het leefbaarste gebouw van Nederland, kreeg de prijs voor de toegepaste betontechnologie, waarmee het volgens de jury had 'gewoekerd' om een hoge duurzaamheid te bereiken.
The Concrete Awards are biennial prizes for projects in which concrete is used in an exceptional way. The winner in the Non-residential category was OV Terminal Arnhem (UNStudio), where the use of deformable moulds made it possible to clad an undulating roof with concrete elements. Among the features that impressed the jury about the winner in the Residential category, Villa kavel 01 on Rieteiland-Oost in Amsterdam (studioninedots), was the interesting solution for the floor construction. In the Restoration/repair category the prize went to the transformation of the De Holland building in Dordrecht (Bierman Henket), the office designed by Sybold van Ravesteyn for the eponymous insurance company in 1939. The Willem van Oranje Tunnel beneath Delft railway station (Benthem Crouwel Architects) won the Execution category. The I/O Education Faculty building in Nijmegen (LIAG architecten), voted the most liveable building in the Netherlands in 2014, received the prize for applied concrete technology, which the jury said it had 'exploited' to achieve a high level of sustainability.

Dirk Roosenburgprijs
Dirk Roosenburg Prize

Om de twee jaar reikt de gemeente Eindhoven de Dirk Roosenburgprijs uit, vernoemd naar de architect die veel in opdracht van Philips werkte en daarmee een belangrijk stempel drukte op de gebouwde omgeving van Eindhoven. Sinds 1989 wordt deze prijs voor ruimtelijke kwaliteit toegekend aan een opmerkelijk en inspirerend bouwproject in Eindhoven. De Dirk Roosenburgprijs 2015 werd gewonnen door project spilcentrum 't Hofke in stadsdeel Tongelre, ontworpen door Uarchitects, een Eindhovens bureau dat in 2003 werd opgericht door Misak Terzibasiyan en Emile van Vught. 't Hofke, bestaande uit een basisschool en een kinderopvang, kreeg ook de publieksprijs. Het juryrapport omschrijft het als 'een gebouw dat zorgvuldig in zijn omgeving is ingepast met veel aandacht voor de buitenruimte en de boomrijke omgeving. Een ontwerp dat goed, origineel en consequent is gedetailleerd. Een project dat met relatief beperkte financiële middelen is gerealiseerd, maar toch met een eigen karakter.'
Every two years the City of Eindhoven awards the Dirk Roosenburg Prize, named after the architect who did a lot of work for Philips and thus left an indelible mark on Eindhoven's built environment. Since its inception in 1989, this prize for spatial quality has been awarded to a remarkable and inspiring building project in Eindhoven. The Dirk Roosenburg Prize 2015 was won by the Spilcentrum 't Hofke project in the Tongelre district, designed by Uarchitects, a local firm established in 2003 by Misak Terzibasiyan and Emile van Vught. 't Hofke, consisting of an elementary school and child care centre, also won the People's Choice Award. The jury report described it as 'a building that has been carefully inserted into its context with due regard for the outdoor space and the tree-filled surroundings. A design in which the detailing is skilled, original and consistent. A project realized with a relatively limited budget, which nevertheless has a distinct character.'

DVDA-prijs Zeeland
DVDA Prize Zeeland

Het paviljoen van brasserie BLVD op de kop van de Boulevard Evertsen in Vlissingen is door het publiek aangewezen als het mooiste Zeeuwse gebouw uit 2014 en won daarmee de Dag van de Architectuurprijs 2015. De brasserie aan de Westerschelde is een ontwerp van het Bureau Kroner architecten in Den Haag. Het bureau verzorgde in 1999 de restauratie van de voormalige burgemeesterswoning Wooldhuis, een ontwerp van Dirk Roosenburg uit 1931, dat tegenover BLVD staat. De kenmerkende terracottakleur van leipannen en de ronde gevellijnen van dit rijksmonument komen terug in de koperen dakbedekking en de golvende vorm van het strandpaviljoen.
The BLVD brasserie pavilion at the end of the Evertsen Boulevard in Vlissingen was chosen by the public as the finest Zeeland building of 2014, thereby winning the Architecture Day Prize 2015. The brasserie on Westerschelde was designed by Bureau Kroner architecten of The Hague. In 1999 the firm restored the former lord mayor's residence, Wooldhuis, a 1931 design by Dirk Roosenburg, that stands opposite BLVD. The characteristic terra cotta colour of the roof tiles and the rounded facade lines of this heritage-listed building reappear in the copper roofing and the undulating shape of the beach pavilion.

Geurt Brinkgreve Bokaal
Geurt Brinkgreve Cup

De Geurt Brinkgreve Bokaal, een prijs van de gemeente Amsterdam voor het beste herontwikkelings- of renovatieproject, die in samenwerking met de Vereniging Vrienden van de Amsterdamse Binnenstad wordt uitgereikt, ging naar de Tandwielenfabriek. Dit oude industriële gebouw was na veertien jaar leegstand genomineerd voor de sloop, maar werd na tussenkomst door buurtbewoners in opdracht van Buro Amsterdam door Ronald Janssen en Donald Osborne getransformeerd tot een woningblok met twaalf appartementen. Het architectenbureau heeft daarbij zowel de industriële uitstraling als de sfeer van een groene oase in de stad weten te behouden.
The Geurt Brinkgreve Cup, a prize awarded by the City of Amsterdam in collaboration with the Vereniging Vrienden van de Amsterdamse Binnenstad to the best redevelopment or renovation project, went to the Tandwielenfabriek. After having stood empty for fourteen years, this old industrial building was slated for demolition, but following the intervention of local residents, Buro Amsterdam commissioned Ronald Janssen and Donald Osborne to convert it into a 12-apartment housing block. The architects managed to retain both the industrial aesthetic and the atmosphere of a green urban oasis.

Gouden A.A.P.
Golden A.A.P.

De Amsterdamse Architectuur Prijs is in het leven geroepen door Arcam, Architectuurcentrum Amsterdam, en wordt toegekend aan de architect en de opdrachtgever van een in het voorafgaande jaar gerealiseerd project dat boven alle andere uitsteekt. De winnaars van de A.A.P. 2015 zijn de VvO Klussen op de Klarenstraat en Vanschagen Architecten, respectievelijk de opdrachtgevers en de architect van het wooncomplex aan de U.J. Klarenstraat. 'Dit project voorziet op bescheiden wijze in een manier om in een impopulair gebouwtype gewilde stadswoningen te realiseren zonder de bestaande structuur uit te wissen. Dat bewoners zeggenschap hebben over hun eigen woning, is helaas nog steeds eerder uitzondering dan regel', aldus de jury. De publieksprijs ging naar het Artisplein, dat in opdracht van de dierentuin werd ontworpen door landschapsarchitect Michael van Gessel.
The Amsterdam Architecture Prize was established by ARCAM (Amsterdam Architecture Centre), and is awarded to the architect and client of the most outstanding project realized in the previous year. The winners of the A.A.P. 2015 are VvO Klussen op de Klarenstraat and Vanschagen Architecten, respectively client and architect of the housing complex on U.J. Klarenstraat. According to the jury, 'This low-key project provides a way of realizing sought-after urban dwellings in an unpopular building type without erasing the existing structure. Giving residents a say about their own dwelling is unfortunately more the excep-

tion than the rule,' the jury commented. The People's Choice Award went to Artisplein, a public square designed by landscape architect Michael van Gessel at the request of Artis Royal Zoo.

Hilversumse Architectuurprijs
Hilversum Architecture Prize

De Melkfabriek is bekroond met de tweejaarlijkse Hilversumse Architectuurprijs. De transformatie van de voormalige Campina-melkfabriek kreeg van zowel de jury als het publiek de prijs toegekend. Het complex werd rond 1955 gebouwd als Verenigde Gooise Melkbedrijven naar ontwerp van de architecten Breebaart, Martens & Kramer. Tot eind 2005 was het in gebruik als zuivelfabriek en direct daarna werd het door de gemeente tot monument uitgeroepen. Woningcorporatie Dudok Wonen gaf bureau Inbo de opdracht voor de herontwikkeling in een duurzaam woon-, werk- en onderwijscomplex en heeft nu haar eigen kantoor in de Melkfabriek.

The Melkfabriek was awarded the biennial Hilversum Architecture Prize. The conversion of the former Campina milk factory won both the jury prize and the People's Choice Award. The complex was built around 1955 as the Verenigde Gooise Melkbedrijven to a design by Breebaart, Martens & Kramer. The dairy factory ceased operations in late 2005, and was promptly granted listed status by the city council. The Dudok Wonen housing association, which commissioned Inbo to redevelop the building into a sustainable live, work and educational complex, now has its offices in the Melkfabriek.

Jonge Architecten Prijs
Young Architects Prize

De ontwerpcompetitie voor architecten onder de 40 jaar, georganiseerd door ArchitectenWerk, had in 2015 als onderwerp een volkstuinhuis voor Wim van Krimpen in Rotterdam. Van Krimpen, voormalig directeur van de Kunsthal en van het Haags Gemeentemuseum, had eerder in een interview te kennen gegeven dat hij overwoog een Corbusier-achtig 'cabanon' bij zijn volkstuin te bouwen. De oorkonde en 2.500 euro waren voor Bogdan Adrian Rusu, die in 2015 afstudeerde aan de TU Delft. Er waren 72 inzendingen.

The topic for the 2015 edition of the design competition for architects under the age of 40, organized by ArchitectenWerk, was an allotment garden shed for Wim van Krimpen in Rotterdam. Van Krimpen, a former director of the Kunsthal and the Haags Gemeentemueum, had revealed in an interview that he was considering building a Corbusian 'cabanon' on his allotment. The certificate and 2,500 euros went to Bogdan Adrian Rusu, who graduated from TU Delft in 2015. There were 72 entries.

Jonge Maaskantprijs 2015
Young Maaskant Prize 2015

De Rotterdam-Maaskantprijs voor Jonge Architecten, de zogenaamde 'jonge prijs', wordt in oneven jaren uitgereikt als aanmoedigingsprijs voor architecten, landschapsarchitecten of stedenbouwers tot 35 jaar. De prijs bestaat uit een geldbedrag van 5.000 euro, een oorkonde en subsidie voor een publicatie. De jury, bestaande uit Kirsten Hannema, Aart Oxenaar en Ronald Rietveld, riep Maarten Gielen (1984) uit tot winnaar in 2015. Hij werd beloond met de prijs vanwege de manier waarop zijn praktijk de thematiek van materialenstromen in de architectuur onderzoekt en weet te vertalen naar ontwerpen die niet alleen een poëtische kwaliteit bezitten, maar het publiek ook confronteren met relevante maatschappelijke vraagstukken. Gielen vormt samen met Tristan Boniver en Lionel Devlieger het Brusselse ontwerperscollectief Rotor, dat bij zijn projecten gebruikmaakt van afval uit de industrie en de bouw. Daarnaast werkt Rotor aan theoretische studies, tentoonstellingen en publicaties, waarin zij de verhouding tussen ontwerp, restmaterialen en grondstoffen onderzoeken. Het bureau maakte voor de Biënnale van Venetië in 2010 de veelbesproken opstelling 'Usus/Usures' in het Belgische paviljoen. In 2011–2012 was Rotor curator van de tentoonstelling 'OMA/Progress' in de Barbican Art Gallery in Londen.

The Rotterdam Maaskant Prize for Young Architects, the 'youth prize', is awarded in uneven years to architects, landscape architects or urban designers up to the age of 35. The incentive prize consists of 5,000 euros, a certificate and a publication grant. The jury, made up of Kirsten Hannema, Aart Oxenaar and Ronald Rietveld, declared Maarten Gielen (b. 1984) the 2015 winner on account of the way his work explores the theme of material streams in architecture and manages to translate this into designs that are not only poetic but also confront the public with relevant social issues. Gielen, along with Tristan Boniver and Lionel Devlieger, is a member of Rotor, a Brussels-based designer collective that makes use of industrial and construction waste in its projects. Rotor also produces theoretical studies, exhibitions and publications in which it investigates the relation between design, scrap materials and raw materials. For the 2010 Venice Biennale, the collective made the much-discussed 'Usus/Usures' installation in the Belgian Pavilion. In 2011–2012, Rotor curated the 'OMA/Progress' exhibition at London's Barbican Art Gallery.

De Meester
The Master

De Fleur Groenendijk Foundation, opgericht in 1997, stimuleert Rotterdamse jongeren bij hun opleiding en vorming op het gebied van architectuur. In 2015 heeft de FGF in samenwerking met de Rotterdamse Academie van Bouwkunst de nieuwe prijs De Meester in het leven geroepen. Deze promotieprijs van 5.000 euro wordt ingezet voor het creëren van naamsbekendheid van een architect of stedenbouwer die pas is afgestudeerd aan de Rotterdamse Academie van Bouwkunst. Ruben Sannen (1985) was de eerste winnaar met zijn afstudeerproject Tanah Antara (Tussenland), een stedenbouwkundig plan voor Jakarta waarin hij de organisatiestructuur van de kampong verbindt met watermanagement.

The Fleur Groenendijk Foundation, set up in 1997, provides encouragement to young Rotterdam students and practitioners of architecture. In 2015, in collaboration with the Rotterdam Academy of Architecture, the FGF established a new prize, De Meester (The Master). This 5,000 euro award is aimed at promoting awareness of the work of a newly graduated architect or urban designer. Ruben Sannen (b. 1985) was the first recipient with his graduation project Tanah Antara (In-between Land), an urban design plan for Jakarta in which the organizational structure of the kampong is linked to water management.

Nederlandse Bouwprijs
Dutch Building Awards

De jury van de tweejaarlijkse Nederlandse Bouwprijs prees het innovatieve vermogen van de sector, die veel aandacht voor duurzaamheid aan de dag legt. Rotterdam Centraal van Team CS kreeg de prijs toegekend in de categorie Gebouwen. Juryvoorzitter Anke van Hal noemde het station 'de mooiste entree die een stad zich kan wensen'. In de categorie Bouwmaterialen en -systemen wonnen de kabelnetgevels van de eind 2014 in gebruik genomen Markthal in Rotterdam. Aan de kopse kanten van het boogvormige gebouw zijn de grootste kabelnetgevels van Europa toegepast, een ontwerp van Octatube. Een zeer intelligent en gewaagd ontworpen systeem, aldus de jury. In de categorie Civiele Kunstwerken was de prijs voor Waalbrug De Oversteek in Nijmegen. De aanmoedigingsprijs Talent met Toekomst kende twee winnaars: Marc Koehler (Marc Koehler Architects) en Bas van Loenen (Van Hattum en Blankevoort).

The jury of the biennial Dutch Building Awards praised the innovative capacity of the sector, which pays a lot of attention to sustainability. Rotterdam Centraal by Team CS was awarded the prize in the Buildings category. Jury chair Anke van Hal called the station 'the finest entrance a city could wish for'. The Building Materials & Systems category was won by the cable-net facades of the Markthal in Rotterdam, which was inaugurated in late 2014. The Octatube-designed front and rear elevations of the arched building are the largest cable-net supported facades in Europe: an intelligently and daringly designed system according to the jury. In the Civil Engineering Works category, the award went to Waalbrug De Oversteek in Nijmegen, while the Talent with a Future incentive award had two winners: Marc Koehler (Marc Koehler Architects) and Bas van Loenen (Van Hattum en Blankevoort).

Neprom-prijs
Neprom Prize

De Neprom-prijs wordt uitgereikt aan overheden en marktpartijen die door goede samenwerking een hoogwaardig project voor locatieontwikkeling hebben opgeleverd. De zesde Neprom-prijs is toegekend aan de gemeente Rotterdam en ontwikkelaar Provast voor Markthal/Laurenskwartier in Rotterdam. De jury benadrukt de waarde van de Markthal voor zijn omgeving. Door bijzondere gebouwen te realiseren, zowel in nieuwbouw als met herontwikkeling, heeft het Laurenskwartier een forse impuls gekregen. 'De Markthal vormt het sluitstuk van een langjarige operatie en zet het merk "010" overtuigend op de nationale en internationale kaart.'

The Neprom Prize is awarded to local governments and commercial partners who have delivered a high-quality location development project through efficient collaboration. The sixth Neprom Prize was awarded to the City of Rotterdam and Provast developers for Markthal/Laurenskwartier in Rotterdam. The jury stressed the Markthal's importance for the surrounding area. The realization of exceptional buildings, both new-build and renovated, had given the Laurenskwartier a strong impetus. 'The Markthal is the final piece of a lengthy operation and puts the "010" brand once and for all on the national and international map.'

NRP Gulden Feniks
NRP Golden Phoenix

De NRP Gulden Feniks, de prijs voor de beste (gebieds)transformatie- en renovatieproject, had in 2015 vier winnaars. In de categorie Gebiedstransformatie ging de prijs naar het Bartókpark van Buro Harro en D.T.O., de aanleg van 'stuk Hoge Veluwe' op een braakliggend terrein aan de rand van het Arnhemse centrum. De Hallen in Amsterdam, een project van André van Stigt en Jet van den Heuvel, won in de categorie Transformatie. De jury roemde de combinatie van commerciële, lokale en maatschappelijke functies. Het vernieuwde Mauritshuis (Hans van Heeswijk) in Den Haag kreeg de onderscheiding in de categorie Renovatie, vanwege de uitzonderlijke kwaliteit. De renovatie van de Barbaraschool (NAP) in Amsterdam ontving de Gulden Feniks in de categorie Low Budget, High Impact voor onder meer de 'slimme en mooie bouwkundige ingrepen'.

The NRP Golden Phoenix, the prize for the best redevelopment, conversion and renovation projects, had four winners in 2015. In the Redevelopment category the prize went to Bartókpark by Buro Harro and D.T.O., the creation of an undulating heath landscape on a piece of waste land on the edge of the centre of Arnhem. De Hallen in Amsterdam, a project by André van Stigt and Jet van den Heuvel, won the Conversion category. The jury praised the combination of commercial, local and social functions. The renovated Mauritshuis museum (Hans van Heeswijk) in The Hague won the Renovation award for its exceptional quality. The renovation of the Barbaraschool (NAP) in Amsterdam received the Golden Phoenix in the Low Budget High Impact category for its 'clever and attractive architectural interventions'.

Prins Bernhard Cultuurfonds Prijs
Prins Bernhard Cultuurfonds Prize

Architect Francine Houben kreeg de Prins Bernhard Cultuurfonds Prijs 2015 toegekend vanwege haar decennialange staat van dienst als internationaal toonaangevend architect. De oeuvreprijs bestaat uit een vrij besteedbaar bedrag van 75.000 euro en een startkapitaal van 75.000 euro om een CultuurFonds op Naam in te stellen. Houben bedacht daartoe het Eye Opener Fonds, waarmee zij initiatieven wil ondersteunen die het culturele, economische en maatschappelijke belang van bibliotheken voor het voetlicht brengen. Houben is architect van onder meer de bibliotheek van de TU Delft en de bibliotheek van Birmingham. In 2015 werd zij gevraagd voor de renovatie van de Mid-Manhattan Library, onderdeel van de beroemde New York Public Library.

Architect Francine Houben received the Prins Bernhard Cultuurfonds Prize 2015 for her decades-long record of service as a leading international architect. The oeuvre prize consists of a freely disposable sum of 75,000 euros and a further 75,000 euros as starting capital for the establishment of a personal cultural fund. Houben has called her fund Eye Opener and its aim is to support initiatives that highlight the cultural, economic and social importance of libraries. Houben is the architect of the TU Delft library and the Library of Birmingham. In 2015 she was invited to lead the renovation of the Mid-Manhattan branch of the New York Public Library.

Rietveldprijs
Rietveld Prize

De Rietveldprijs 2015 werd toegekend aan muziekcentrum TivoliVredenburg. De jury onder leiding van Jacob van Rijs (MVRDV) koos unaniem voor dit gebouw in het centrum van Utrecht. Het complex is ontworpen door Architectuurstudio HH, in samenwerking met Jo Coenen Architects & Urbanists, Architectuurcentrale Thijs Asselbergs en NL Architects. 'TivoliVredenburg getuigt ervan dat lef en visie niet tot een nostalgisch verleden horen, maar nog altijd bestaan. Het laat ook zien dat de creatieve daad een architectuur oplevert die een

even wezenlijke als verrassende bijdrage levert aan het leven, de beleving en de bruikbaarheid van de grote stad', aldus de jury. De RTV Utrecht Publieksprijs ging naar de Parkpergola in het Máximapark (Leidsche Rijn) van West 8.
The Rietveld Prize 2015 was awarded to the TivoliVredenburg music centre. The building in the centre of Utrecht was the unanimous choice of the jury chaired by Jacob van Rijs (MVRDV). The complex was designed by Architectuurstudio HH, in collaboration with Jo Coenen Architects & Urbanists, Architectuurcentrale Thijs Asselbergs and NL Architects. 'TivoliVredenburg is testimony to the fact that grit and vision do not belong to a nostalgic past, but still exist. It also demonstrates that the creative act delivers an architecture that makes an equally vital and surprising contribution to the life, the perception and the functionality of the big city,' commented the jury. The RTV Utrecht People's Choice Award went to the Parkpergola in the Máximapark (Leidsche Rijn) by West 8.

Rotterdam Architectuurprijs
Rotterdam Architecture Prize

De Rotterdam Architectuurprijs is een onafhankelijke prijs georganiseerd door AIR, het architectuurcentrum van Rotterdam. De vakjury onder leiding van Don Murphy koos uit vier projecten als onbetwiste winnaar van de zesde editie van de prijs de Markthal van MVRDV, met als opdrachtgever Provast en als bouwers Martens en Van Oord, Mobilis en J.P. van Eesteren. Het juryrapport beschrijft het als 'een weergaloos project waarmee een volstrekt nieuwe typologie is uitgevonden. De Markthal levert een bijdrage van grote waarde aan het woonaanbod van Rotterdam. Hier komt wonen samen met marktfuncties, winkels en horeca in een feestelijk gebouw van onbetwiste iconische waarde. Een aanwinst voor de stad.' De publieksprijs was voor De Nieuwe Margriet, de renovatie van galerijflat Prinses Margriet in Prinsenland uit 1964 door Piet Sprangers (Groosman) en Finbarr McComb Architect in opdracht van Woonstad. Het ontwerp doet eer aan het oorspronkelijke gedachtegoed van de functionalistische architectuur.
The Rotterdam Architecture Prize is an independent prize organized by AIR, Rotterdam's architecture centre. Out of the four projects vying for the sixth edition of the prize, the professional jury chaired by Don Murphy unanimously chose the Markthal by MVRDV, with client Provast and builders Martens en Van Oord, Mobilis and J.P. van Eesteren. In their report the jury described it as 'an incomparable project that has invented a whole new typology. The Markthal makes a significant contribution to Rotterdam's housing stock. Here living is combined with market functions, shops and eateries in a festive building of unquestioned iconic value. An asset for the city.' The People's Choice Award went to De Nieuwe Margriet, the renovation of a 1964 gallery-access apartment block in Prinsenland by Piet Sprangers (Groosman) and Finbarr McComb Architect for Woonstad. The design does justice to the original thinking behind the functionalist architecture.

Victor de Stuersprijs
Victor de Stuers Prize

De gemeente Maastricht reikt jaarlijks een prijs uit aan een architect, opdrachtgever of instelling die zich in het bijzonder verdienstelijk heeft gemaakt bij de instandhouding van het cultureel erfgoed, of bij de bevordering van de stedenbouwkundige of architectonische kwaliteit van deze stad. De prijs werd in 2015 toegekend aan Studio Stad voor de transformatie van het oude brandweergebouw aan de Capucijnenstraat tot dynamisch en creatief gebouw. De voormalige kazerne aan de rand van de Maastrichtse binnenstad biedt na de herinrichting en herbestemming plaats aan kantoren voor creatieve ondernemers, multifunctionele ruimten (voor workshops en exposities) en grand café De Kantine. 'Het gebouw is als het ware boven zichzelf uitgestegen', volgens de jury.
Every year the City of Maastricht awards a prize to an architect, client or institution that has played an important role in the preservation of cultural heritage, or in furthering the urban design or architectural quality of this city. In 2015 the prize was awarded to Studio Stad for the transformation of the old fire brigade building on Capucijnenstraat into a dynamic and creative building. Following the redesign and conversion, the former station on the edge of the city centre provides accommodation for offices for creative entrepreneurs, multifunctional spaces (for workshops and exhibitions) and a grand café. 'The building has surpassed itself, as it were,' commented the jury.

Willem Diehlprijs
Willem Diehl Prize

De Willem Diehlprijs is een tweejaarlijkse architectuurprijs voor het beste project op het gebied van restauratie en herbestemming in Arnhem, georganiseerd door architectuurcentrum CASA. Project De Transformatie, de herontwikkeling van de voormalige gebouwen van de Provinciale Geldersche Electriciteits-Maatschappij (PGEM) tot 'kunstfabriek', was de winnaar van de vakjuryprijs. Het is een project van TAK Architecten en K3 Architectuur in opdracht van Volkshuisvesting Arnhem en Kuiper-Arnhem. Volgens de jury legde de herontwikkeling van het complex iets bloot 'wat er in potentie was maar nog onbenut bleef'.
The Willem Diehl Prize is a biennial architecture prize for the best restoration and repurposing project in Arnhem, organized by the CASA architectural centre. De Transformatie, a project involving the redevelopment of the buildings of the former provincial electricity company into an 'art factory', was the winner of the professional jury prize. It is a project by TAK Architecten and K3 Architectuur for Volkshuisvesting Arnhem and KuiperArnhem. According to the jury, the redevelopment of the complex revealed a quality 'that was latent but as yet untapped'.

Zuiderkerkprijs
Zuiderkerk Prize

De Zuiderkerkprijs is een onderscheiding voor het beste woningbouwproject dat in het voorgaande jaar is gerealiseerd in Amsterdam. De jury onder voorzitterschap van Madeleine Maaskant koos als winnaar van de Zuiderkerkprijs 2015 unaniem voor PUUUR BLOK van atelier PUUUR. Dit woongebouw met achttien appartementen en twee kadewoningen in de Houthaven aan het IJ is een project dat in collectief particulier ondernemerschap is ontwikkeld. Een dakterras en een fitnessruimte zijn als gemeenschappelijke voorzieningen in het ontwerp opgenomen. Voor alle onderdelen zijn duurzame materialen gebruikt.
The Zuiderkerk Prize is an award for the best housing project realized in Amsterdam in the preceding year. The jury chaired by Madeleine Maaskant unanimously chose PUUUR BLOK by atelier PUUUR as the winner of the Zuiderkerk Prize 2015. This residential block containing eighteen apartments and two quayside dwellings in Houthaven, was developed as a collective private commission. Shared facilities in the form of a roof terrace and fitness room were incorporated into the design. Sustainable materials were used throughout.

Internationale prijzen
International Prizes

European Union Prize for Cultural Heritage/Europa Nostra Award

De European Union Prize for Cultural Heritage/Europa Nostra Award werd in 2002 ingesteld door de Europese Commissie en Europa Nostra. De prijs eert en bevordert de beste praktijken op het gebied van erfgoedinstandhouding. In de categorie conservatie won het project De Hallen in Amsterdam-West, de herontwikkeling van een voormalige tramremise tot multifunctioneel complex, met onder andere een hotel, tv-studio's en een foodhal. De jury is lovend over de 'zorgvuldige en nuchtere renovatie' van de gebouwen en het bescheiden interieurontwerp. De renovatie is uitgevoerd naar een plan van architect André van Stigt in opdracht van de Stichting TramRemise OntwikkelingsMaatschappij.
The European Union Prize for Cultural Heritage/Europa Nostra Award was established in 2002 by the European Commission and Europa Nostra. The prize recognizes and promotes best practices in the field of heritage preservation. The Conservation category was won by the De Hallen project in Amsterdam-West, the redevelopment of a former tram depot into a multifunctional complex containing a hotel, TV studios and a food hall. The jury was full of praise for the 'meticulous and pragmatic renovation' of the buildings and the unpretentious interior design. The renovation was carried out to a plan by the architect André van Stigt for the Stichting TramRemise Ontwikkelings-Maatschappij.

Prijsvragen en meervoudige opdrachten
Open and Invited Competitions

Hart van Groen, Abcoude

Hilberink Bosch architecten won met het plan Hart van Groen samen met Abbink X Co de aanbesteding van zestig energiezuinige en onderhoudsarme sociale huurwoningen in Abcoude. Het project van woningcorporatie Groen West bevindt zich in de nieuwe dorpsuitbreiding Land van Winkel, waar de komende jaren ongeveer tweehonderd woningen zullen worden gerealiseerd. De 49 sociale huurwoningen en 11 appartementen zijn verdeeld over drie deelgebieden: het Dorpspleintje, het Wilgenlaantje en het Erf. Om een afwisselend dorps beeld te verkrijgen, is een flexibel cascosysteem ontworpen, dat tevens zorgt voor een minimale bouwtijd. Het beeldkwaliteitsplan voor de nieuwe wijk werd gemaakt door de landschapsarchitecten van La4Sale.
Hilberink Bosch architecten in collaboration with Abbink X Co won the tender for sixty energy-efficient and low-maintenance subsidized rental dwellings in Abcoude with their Hart van Groen plan. The Groen West housing association project is located in the new Land van Winkel village development, where some two hundred dwellings will be built in the coming years. The 49 houses and 11 apartments are divided over three areas: Dorpspleintje, Wilgenlaantje and Erf. To obtain a varied village image, the architects designed a flexible shell system that also minimizes construction time. The visual quality plan for the new area was drawn up by landscape architects La4Sale.

nhow RAI Amsterdam

Een consortium van NH Hotel Group, COD en OMA was winnaar van een tender voor een 'headquarter hotel' op een locatie naast de Amsterdamse RAI en de rondweg A10. De 91 meter hoge toren met 650 kamers wordt het grootste hotel van de Benelux. Het hotel krijgt op de 25ste verdieping een restaurant, bar en een multimedialounge voor bijeenkomsten en presentaties. Verder zal het onderdak bieden aan een galerie met beeldentuin en aan spa- en wellnesscentrum. Als inspiratie voor gedraaide volumes van de hoogbouw diende de bekende RAI-reclametoren 'Het Signaal' bij de Europahal, een ontwerp uit 1961 van Dick Elffers en tegenwoordig rijksmonument. De start van de bouw is gepland voor medio 2016, de opening is in 2018.
A consortium of NH Hotel Group, COD and OMA won the tender for a 'headquarter hotel' on a site next to the Amsterdam RAI and the A10 ring road. The 91-metre-high tower containing 650 rooms will be the largest hotel in the Benelux. On the 25th floor the hotel will have a restaurant, bar and a multimedia lounge for gatherings and presentations. It will also host a gallery with sculpture garden plus a spa and wellness centre. The inspiration for the rotated volumes of the high-rise was the RAI's famous 'Het Signaal' advertising tower beside the Europahal, designed in 1961 by Dick Elffers and now a listed structure. Construction is due to start in mid 2016, with the opening planned for 2018.

Ravel Plaza, Amsterdam

De gemeente Amsterdam heeft OVG Real Estate en MVRDV geselecteerd voor de ontwikkeling van de kavel P15 Ravel in de Beethovenstraat op de Zuidas. Het betreft een multifunctioneel complex met een gemengd programma van kantoren, woningen en voorzieningen en een totaal oppervlak van ca. 75.000 m². Volgens Klaas de Boer, directeur Zuidas, vergroot de Ravel Plaza de aantrekkelijkheid van de Zuidas en moet de realisatie ervan een omslagpunt gaan vormen in de ontwikkeling van de Zuidas naar een gemengd gebied met wonen, werken en voorzieningen.
The City of Amsterdam has chosen OVG Real Estate and MVRDV for the development of the P15 Ravel plot on Beethovenstraat in the Zuidas. It is a multifunctional complex with a mixed programme of offices, dwellings and amenities and a total surface area of c. 75,000 m². According to Klaas de Boer, the Zuidas director, Ravel Plaza will increase the area's appeal and its realization should be a turning point in the Zuidas's evolution into a mixed area of housing, work and services.

Spoorzone, Delft
Railway Zone, Delft

Barcode Architects is als winnaar aangewezen voor de nieuwbouwontwikkeling op het zogeheten Veld5 in de Spoorzone Delft. Een complex met onder meer appartementen, winkels, flexibele werkplekken en een ondergrondse parkeergarage zal daar naast het NS-station (Mecanoo Architecten) en het stadskantoor (Benthem Crouwel) het gezicht van de spoorzone gaan bepalen. Het energieneutrale project bestaat uit drie in hoogte verspringende volumes rond een binnenhof. Het ontwerp voor Veld5 werd door ERA Contour, stedenbouwkundige Jaap van den Bout (Palmbout – Urban Landscapes) en stadsbouwmeester Wytze Patijn verkozen boven de inzendingen van MVRDV, Arons & Gelauff en Rooijakkers + Tomesen architecten. De bouw is gepland voor 2017–2018.
Barcode Architects was the designated winner of the new Veld5 development in Delft's Railway Zone. Situated beside the station (Mecanoo Architecten) and municipal offices (Benthem Crouwel), the complex of apartments, shops, flexible workspaces and an underground car park, will determine the visual identity of the railway zone. The energy-neutral project consists of three volumes of different heights around a central courtyard. The design for Veld5 was chosen by ERA Contour, urban designer Jaap van den Bout (Palmbout – Urban Landscapes) and City Architect Wytze Patijn, ahead of entries by MVRDV, Arons & Gelauf and Rooijakkers + Tomesen architecten. Construction is scheduled for 2017–2018.

Spuikwartier, Den Haag
Spuikwartier, The Hague

De aanbestedingsprocedure voor de gebiedsontwikkeling van het Spuikwartier is gewonnen door het consortium van Boele & van Eesteren en Visser & Smit Bouw (beide VolkerWessels-ondernemingen), met als architecten Patrick Fransen van AHH, Jo Coenen Architects & Urbanists en NL Architects. De andere twee consortia die meedongen, waren Heijmans met Felix Claus Dick van Wageningen Architecten en Geurst & Schulze Architecten, en BAM/Ballast Nedam met OMA. Het winnende consortium heeft een integraal plan gemaakt voor het Onderwijs en Cultuur Complex (OCC), waarin het Residentie Orkest, Nederlands Danstheater, de stichting Dans- en Muziekcentrum Den Haag en het Koninklijk Conservatorium gezamenlijk zullen worden gehuisvest. In het gebied tussen Turfmarkt, Turfhaven, Schedelhoekshaven en Spui komen verder 300 woningen, horeca, een hotel en winkels. Ook komt er een fietsenkelder voor 1500 fietsen. Het Spuiplein blijft behouden en wordt groen. Voor het OCC zijn het Danstheater, de Anton Philipszaal (beide OMA, 1987) en de Jubitoren II gesloopt. Tegenstanders wilden de bestaande gebouwen renoveren en hebben geprobeerd al in een eerder stadium plannen voor het Spui tegengehouden. In 2014 verdween het plan Spuiforum van Neutelings Riedijk na gemeenteraadsverkiezingen vanwege te hoge kosten van tafel. De nieuwe coalitie besloot tot een plan voor herontwikkeling. Het OCC wordt naar verwachting in 2019 in gebruik genomen.
The tendering procedure for the Spuikwartier area development was won by the consortium of Boele & van Eesteren and Visser & Smit Bouw (both VolkerWessels companies), and architects Patrick Fransen of AHH, Jo Coenen Architects & Urbanists and NL Architects. The two other competing consortia were Heijmans with Felix Claus Dick van Wageningen Architecten and Geurst & Schulze Architecten, and BAM/Ballast Nedam with OMA. The winning consortium produced an integrated plan for the educational and cultural complex (OCC) that will house the Residentie Orkest, the Nederlands Danstheater, the Dans- en Muziekcentrum Den Haag foundation and the Royal Conservatoire. In the area between Turfmarkt, Turfhaven, Schedelhoekshaven and Spui, there will be 300 dwellings, cafés and restaurants, a hotel and shops, plus an underground bicycle garage for 1500 bicycles. Spuiplein will be retained and greened. The Danstheater, the Anton Philipszaal (both by OMA, 1987) and Jubitoren II were demolished to make room for the OCC. Opponents wanted to renovate the existing buildings and had already tried to block earlier plans for Spui. After local council elections in 2014 the Spuiforum plan by Neutelings Riedijk was scrapped on the grounds of cost. The new political coalition opted instead for redevelopment. The OCC is scheduled to open in 2019.

Vrijzinnig Christelijk Lyceum, Den Haag
Vrijzinnig Christelijk Lyceum, The Hague

Atelier PRO heeft de Europese aanbesteding voor de vernieuwbouw van het Vrijzinnig Christelijk Lyceum gewonnen. Het VCL, een school voor havo, atheneum en gymnasium met circa 800 leerlingen, bevindt zich in het Van Stolkpark bij de Scheveningse duinen. Het huidige schoolgebouw bestaat uit bouwdelen uit verschillende bouwjaren, waarvan het oudste deel, een villa uit 1872, behouden zal blijven vanwege de monumentenstatus. De nieuwere bouwdelen, uit de jaren dertig, zestig en tachtig, worden vervangen door nieuwbouw. Een van de eisen uit het programma was een praktischer, compacter en toegankelijker gebouw te maken, echter met behoud van de identiteit en positieve eigenschappen van het huidige schoolgebouw. De jury oordeelde dat in het nieuwe gebouw van atelier PRO het gevoel van kleinschaligheid en menselijke maat van het huidige gebouw behouden blijven. De school krijgt een multifunctionele aula, die onafhankelijk van de kantine kan functioneren. Het gebouw zal volgens planning eind 2018 in gebruik worden genomen.
Atelier PRO won the European tender for the redevelopment of the Vrijzinnig Christelijk Lyceum (VCL), a higher secondary school for some 800 pupils, located in Van Stolkpark near the dunes at Scheveningen. The current school is made up of buildings of differing vintage, the oldest being an 1872 villa that will be preserved because of its listed status. The newer sections, dating from the 1930s, '60s and '80s, will be replaced by a new building. The brief called for a more practical, compact and accessible building but without abandoning the identity and positive qualities of the present school building. The jury felt that the new building by atelier PRO retained the sense of intimacy and human scale of the present one. The school will acquire a multifunctional auditorium that can be used independently of the canteen. The building is scheduled to be finished by the end of 2018.

De Bakermat, Eindhoven

Het Marconiplein in Eindhoven behaalde in het verleden een vierde plaats in de toptien van 'lelijkste plekken in Nederland'. De locatie is al jaar en dag een doorn in het oog van de gemeente en van de inwoners van Eindhoven. Twee teams van het Eindhovense bureau Van Aken Architecten (VAA), elk bestaande uit vier internationale architecten, maakten voor locatie De Bakermat, de hoek Marconilaan/Boschdijk, in opdracht van SDK Vastgoed een ontwerp voor een iconisch bouwwerk waarin gewoond, gewerkt en gewinkeld kan worden. Zij deden dit onder begeleiding van designer Maarten Baas. De winnaar werd gekozen op basis van 2.200 publieksstemmen en het oordeel van een vakjury onder leiding van Lidewij Edelkoort. De bouw van het winnende ontwerp, The Sketch, een wooncomplex bestaande uit gekleurde hoogbouw, start in 2016.
Marconiplein in Eindhoven once came fourth in the top ten of 'the ugliest places in the Netherlands'. The area has long been a thorn in the eye of the city council and Eindhoven residents. At the request of SDK Vastgoed, two teams from the Eindhoven firm of Van Aken Architecten (VAA), each made up of four international architects, designed an iconic mixed-use building for the Bakermat site on the corner of Marconilaan and Boschdijk. They were supervised in this work by the designer Maarten Baas. The winner was chosen on the basis of 2,200 popular votes and the verdict of a professional jury chaired by Lidewij Edelkoort. Construction of the winning design, The Sketch, an apartment complex made up of coloured high-rises, is due to start in 2016.

Theater aan de Parade, 's-Hertogenbosch
Theatre on the Parade, 's-Hertogenbosch

UNStudio gaat het nieuwe Theater aan de Parade in 's-Hertogenbosch ontwerpen. Het ontwerp van het bureau kreeg 57 procent van de publieksstemmen (2.785 in totaal) en B en W heeft die uitslag overgenomen. Vijf bureaus waren geselecteerd om een voorlopig ontwerp te maken; naast UNStudio waren dat De Zwarte Hond, AHH/NL Architects, MVRDV en Ector Hoogstad Architecten. Het laatstgenoemde bureau werd door de gunningscommissie ook als finalist aangewezen. Het nieuwe theater, nabij de Sint-Janskathedraal, zal bestaan uit vier ten opzichte van elkaar verschoven kubusvormige volumes, die net boven de boomtoppen uitsteken. Het theater zal twee zalen bevatten. Naar verwachting start de bouw begin 2017 en gaat het nieuwe theater in 2020 open voor het publiek.
UNStudio will design the new Theatre on the Parade in 's-Hertogenbosch. The firm's design received 57 per cent of the popular votes (2,785 in all) and the city council adopted that result. Five firms had been selected to produce a preliminary design; the other four were De Zwarte Hond, AHH/NL Architects, MVRDV and Ector Hoogstad Architecten. The last-named firm was

selected as finalist by the contract-awarding committee. The new theatre, close to the Sint-Jans cathedral, will consist of four offset cuboid volumes that rise above the tree tops. The theatre will have two auditoria. Construction is due to start in early 2017 with completion scheduled for 2020.

Ambyerveld, Maastricht

De gemeente Maastricht schreef samen met Maastricht-LAB een ontwerpwedstrijd voor het ontwerp van een woning voor de locatie Ambyerveld. Om potentiële kopers te laten zien wat mogelijk is en daarmee de gebiedsontwikkeling op gang te brengen, zijn 27 van de bijna 40 inzendingen opgenomen in een inspiratieboek voor het bouwen op vrije kavels. De prijsvraag leverde drie prijswinnaars op. De eerste prijs (3.500 euro) was voor Maarten Huls van White Door Architects (Maastricht), volgens de jury een bijzonder ontwerp, dat 'de kenmerken heeft van een landelijk huis zonder het te zijn'. Maarten Thewissen en Joost van Rooijen van Studio Komma (Den Haag) ontvingen de tweede prijs (2.500 euro) en de derde prijs (1.500) was voor Daniëlle Huls van KettingHuls (Amsterdam).
The City of Maastricht and Maastricht-LAB jointly organized a design competition for a dwelling in the new Ambyerveld location. To show potential buyers what is possible and kick-start the area development, 27 of the almost 40 entries were included in an inspiration book for private development plots. First prize (3,500 euros) went to Maarten Huls of White Door Architects (Maastricht), an exceptional design that, in the opinion of the jury, 'has the attributes of a country house without being one'. Maarten Thewissen and Joost van Rooijen of Studio Komma (The Hague) received second prize (2,500 euros),while third prize (1,500 euros) went to Daniëlle Huls of KettingHuls (Amsterdam).

Veemarktterrein, Utrecht
Veemarkt Site, Utrecht

FARO Architecten won samen met Ooms Bouw & Ontwikkeling en Strootman landschapsarchitecten de besloten prijsvraag voor de ontwikkeling van bouwveld C in de duurzame wijk Veemarkt in Utrecht. Het voormalige veemarktterrein krijg een stedenbouwkundige structuur van gesloten bouwblokken met gevarieerd gevels. De binnenterreinen bieden plaats aan groen en speelruimte. In bouwveld C zijn meerdere typen van mede-opdrachtgeverschap mogelijk. Een koper kan met een eigen architect en aannemer een woning ontwerpen en bouwen. Op deze wijze wordt een maximum aan diversiteit gegarandeerd. FARO heeft de supervisie over het deelplan, dat vijftig woningen en acht appartementen en een volledig overbouwde parkeervoorziening omvat.
FARO Architecten in collaboration with Ooms Bouw & Ontwikkeling and Strootman landscape architects, won the invited competition for the development of building site C in the sustainable Veemarkt neighbourhood in Utrecht. The former cattle market site was subdivided into perimeter blocks with varied street elevations. The inner courtyards will provide green space and play areas. On site C, multiple forms of co-commissioning are possible. A buyer can even design and build a dwelling together with their own choice of architect and contractor. It is an approach designed to guarantee maximum diversity. FARO will supervise the sub-plan comprising fifty houses and eight apartments and a fully roofed parking facility.

Gemeentehuis Westland
Westland Town Hall

Consortium De Groene Schakel (Boele & van Eesteren, HOMIJ Technische Installaties en PCH) met Architectenbureau cepezed heeft de opdracht verworven voor de bouw van het nieuwe gemeentehuis van Westland. In Naaldwijk komen twee nieuwe gebouwen te staan: een publieks- en bestuurscentrum aan de Verdilaan en een kantoorgebouw voor medewerkers aan de Tiendweg. Voor beide ontwerpen heeft cepezed de metafoor van de kas gebruikt, wat leidde tot transparante gebouwen. Het uitgangspunt is een generiek systeem van kantoorbeuken met een open vrij indeelbare plattegrond. De oplevering is naar verwachting medio 2017.
De Groene Schakel consortium (Boele & van Eesteren, HOMIJ Technische Installaties and PCH) with Architectenbureau cepezed won the commission to build the new Westland town hall in Naaldwijk. There will be two new buildings: a public and administrative centre on Verdilaan, and an office building for staff on Tiendweg. In both designs cepezed made use of the glasshouse metaphor, resulting in transparent buildings. The starting point is a generic system of office sections with a flexible floor plan. Completion is scheduled for mid 2017.

Cultuurcluster Zaanstad
Zaanstad Cultural Cluster

Architectenbureau MVRDV gaat het Cultuurcluster aan het Stadhuisplein in Zaandam ontwerpen. Met hun visie op het cultuurcluster speelt MVRDV in op de *genius loci*. Het ontwerp past heel goed in de omgeving, aldus de beoordelingscommissie, bestaande uit vertegenwoordigers van de gemeente, supervisor van stedenbouwkundig plan Inverdan Sjoerd Soeters, en een vertegenwoordiger van de culturele instellingen, FluXus-directeur Harrie Swinkels. Het Cultuurcluster komt aan een nieuw, hoger gelegen plein naast het station, het stadhuis (Sjoerd Soeters) en het Intell Hotel (WAM Architecten). Verschillende culturele instellingen worden ondergebracht in een kubusvormig ontwerp met een uitgesneden Zaans huis als centrale ruimte. Dit atrium dient als 'huiskamer', waaraan alle instellingen zijn gelegen. In het Cultuurcluster komen het Centrum voor de Kunsten FluXus, Filmtheater De Fabriek, poppodium DE FLUX, de Bieb, Zaanradio en Babel. Het poppodium biedt ruimte aan circa 500 bezoekers en is multi-inzetbaar, waardoor er dagelijks verschillende evenementen kunnen plaatsvinden. De bouw is gepland voor eind 2016 of begin 2017.
MVRDV architects have been chosen to design the Cultural Cluster on the town hall square in Zaandam. Their vision of the cluster responds to the *genius loci*. The design fits its context well, according to the assessment committee, made up of representatives of the city council, the supervisor of the Inverdan master plan, Sjoerd Soeters, and a representative of the cultural institutions, FluXus director Harrie Swinkels. The Cultural Cluster will stand on a new, higher square next to the station, the town hall (Soeters) and the Intell Hotel (WAM Architecten). Various cultural organizations will be housed in the cube-shaped design with a cut-out Zaan house as its central space. This atrium will serve as the 'living room' around which the organizations are arranged. They are: Centrum voor de Kunsten FluXus, Filmtheater De Fabriek, DE FLUX pop music venue, de Bieb, Zaanradio and Babel. The pop music hall can accommodate some 500 visitors and is multifunctional, so that different events can be staged there on a daily basis. Construction is due to start in late 2016 or early 2017.

BNA/Heilijgers Pitch Prijsvraag
BNA/Heilijgers Pitch Competition

Nederland telt 2,8 miljoen eenpersoonshuishouden en de komende vijftien jaar groeit dat aantal door tot 3,8 miljoen. De BNA/Heilijgers Pitch Prijsvraag had als opdracht een woning te ontwerpen voor de generatie tussen 25 en 35 jaar, alleenstaand en hoogopgeleid en met een stedelijke woonwens. Deze generatie dreigt qua woningaanbod tussen wal en schip te raken: ze verdienen te veel voor een sociale huurwoning, maar te weinig voor een huurwoning in de vrije sector of voor een koopwoning. studioDAT werd winnaar met het woonconcept Superloft, een geschakelde cascowoning met de kwaliteiten van een loft. Het concept is volgens de jury flexibel, toepasbaar in stedelijk en niet-stedelijk gebied en bovendien uitvoerbaar in zowel bestaande bouw als nieuwbouw. Door de unieke opzet is de woning aanpasbaar aan de veranderende behoeften van de gebruiker, aldus juryvoorzitter Arjen van Asselt van Heilijgers.
The Netherlands has 2.8 million single households and in the next fifteen years that figure is set to rise to 3.8 million. The BNA/Heilijgers Pitch Competition assigned entrants the task of designing a dwelling for the generation of 25 to 35-year-olds, single, well-educated and keen to live in the city. When it comes to housing, this generation is in danger of falling between two stools: they earn too much for a subsidized rental home, but too little for a rental home in the non-subsidized sector or for an owner-occupied house. studioDAT was the winner with its Superloft housing concept, a semi-detached shell home with the attributes of a loft. According to the jury, the concept is flexible, suitable for both urban and non-urban contexts and moreover realizable in both existing and new construction. Thanks to the unique set-up, the house can be adapted to the user's changing needs, according to jury chairman Arjen van Asselt from Heilijgers.

Internationale prijsvragen
International Competitions

Rinkkaai, Gent
Rinkkaai, Ghent

KCAP Architects&Planners is samen met de Belgische bureaus Omgeving en evr-Architecten door het Gentse stadsontwikkelingbedrijf sogent geselecteerd voor het ontwerp van het nieuwe stadsdeel Rinkkaai, vlak bij het station Gent-Sint-Pieters. De nieuwe woonbuurt voor een diversiteit aan doelgroepen krijgt een ruime variatie aan woningtypologieën, commerciële voorzieningen en openbare voorzieningen als een buurthuis, gezondheidscentrum en kinderopvang. Het architectonisch concept voorziet in een ensemble van zes compacte gebouwen met in totaal 300 woningen in een parkachtige setting.
KCAP Architects&Planners, together with the Belgian firms Omgeving and evr-Architecten, was chosen by sogent, a Ghent-based city development company, to design the new Rinkkaai district, close to the Gent-Sint-Pieters station. The new residential area aimed at a diversity of target groups, will have a wide variety housing typologies, commercial facilities and public amenities such as a community centre, medical centre and child care centre. The architectural concept provides for an ensemble of six compact buildings with a total of 300 dwellings in a park-like setting.

Kigali Art & Culture Centre, Kigali

Groosman heeft samen met Geelhoed Group de ontwerpprijsvraag voor het Kigali Art & Culture Centre gewonnen. Het project voor de Rwandese hoofdstad bestaat uit drie gebouwen op een verhoogd plein, en daaronder een winkelcentrum en een parkeergarage. Op twee hoeken van het plein staan volumes van 50 x 50 x 50 meter, die onderdak bieden aan een hotel en een woningbouwcomplex. Het concept voor het culturele centrum is geïnspireerd op de Afrikaanse kunst, ambacht en cultuur. Kenmerkend voor de Afrikaanse identiteit is het gebruik van patronen, die de basis vormen voor het ontwerp.
Groosman and Geelhoed Group together won the design competition for the Kigali Art & Culture Centre. The project for the Rwandan capital consists of three buildings on a raised plaza, and below that a shopping centre and car park. On two corners of the plaza stand 50 x 50 x 50-metre volumes, containing a hotel and a housing complex. The concept for the cultural centre drew inspiration from African art, crafts and culture. Patterns, which are characteristic of African identity, form the basis for the design.

South Thamesmead, Londen
South Thamesmead, London

Architectenbureau Mecanoo is samen met Proctor and Matthews Architect door de Londense woningcorporatie Peabody geselecteerd om het masterplan te maken voor de herontwikkeling van South Thamesmead, een hoogbouwwijk in Zuidoost-Londen die bekendheid geniet als decor van gewelddadige scènes in de film *A Clockwork Orange*. In deze wijk voor 50.0000 inwoners zullen de komende tien jaar duizenden nieuwe woningen worden gebouwd. 1.900 daarvan

worden in de eerste fase ontworpen door het team van Mecanoo en Proctor and Matthews.
Architectural firm Mecanoo, together with Proctor and Matthews Architect, was selected by the London Peabody housing association to make the master plan for the redevelopment of South Thamesmead, a high-rise district in south-east London which won notoriety as the backdrop for violent scenes in the film *A Clockwork Orange*. In this district for a population of 50,000, thousands of new homes will be built in the coming ten years. In the first development phase, 1,900 will be designed the Mecanoo, Proctor and Matthews team.

ZIL Tower, Moskou
ZIL Tower, Moscow

Neutelings Riedijk Architecten won een prijsvraag voor hoogbouw op het terrein van de voormalige autofabriek ZIL in Moskou, 5 kilometer van het centrum. Het ontwerp bestaat uit vijf onderling verbonden woontorens op een plintgebouw met winkels, restaurants en wellnessfaciliteiten. De plint is georganiseerd rond een atrium, dat overdekt is met een glazen koepel. De façades bestaan uit gefacetteerde elementen van staal en glas. Het project in opdracht van de LSR Group omvat 39.000 m² en wordt 75 meter hoog. De ZIL Tower ligt naast de rivier de Moskva bij een park, vlak bij de toekomstige Moskouse vestiging van de Hermitage.
Neutelings Riedijk Architecten won a competition for high-rise on the site of the former ZIL automobile factory in Moscow, 5 kilometres from the centre. The design consists of five interconnected apartment towers on a podium building containing shops, restaurants and wellness facilities. The podium is organized around an atrium capped by a glass dome. The facades consist of faceted glass and steel elements. The project for the LSR Group comprises 39,000 m² and will be 75 metres high. The ZIL Tower stands opposite a park on the bank of the Moskva River, close to the future Moscow branch of the Hermitage.

Am Hirschgarten, München
Am Hirschgarten, Munich

Wiel Arets Architects (WAA) won de competitie voor het ontwerp van vier duurzame en flexibele gebouwen in München voor kantoren, winkels en een hotel. De gebouwen moesten eenvoudig zijn aan te passen aan een ander programma. Het bureau stelt het project Am Hirschgarten, met een totaal oppervlak van ruim 68.000 m², voor als een campusachtig cluster waarin de torens vanaf een plint van zes of zeven verdiepingen oprijzen tot zeventien verdiepingen. De kantoorvloeren zijn flexibel indeelbaar. De gevels hebben met verdiepinghoge ramen, gevat in betonpanelen met een ornamentreliëf. De binnenhoven van de gebouwen zijn van de openbare ruimte afgescheiden door pergola's.
Wiel Arets Architects (WAA) won the competition for the design of four sustainable and flexible buildings in Munich for offices, shops and a hotel. The buildings had to be easy to adapt to a different programme. The firm envisaged the Am Hirschgarten project, with a total area of over 68,000 m², as a campus-style cluster in which the towers rise from a shared six or seven-storey podium to seventeen floors. The office floors have a flexible layout. The elevations are made up of floor-to-ceiling windows set in concrete panels with an ornamental relief. The courtyards of the individual buildings are separated from the public internal space by pergolas.

Vasilievsky-eiland, Sint-Petersburg
Vasilievsky Island, St. Petersburg

KCAP Architects&Planners en ORANGE Architects wonnen de eerste prijs in een masterplan- en architectuurprijsvraag voor de meest westelijke punt van Vasilievsky-eiland in Sint-Petersburg, een belangrijke historische locatie in de stad. Hier wordt een 15 ha groot terrein getransformeerd tot een nieuw stadsdeel met een gevarieerde mix van stedelijke functies, waarmee het plan ook de omliggende gebieden zal faciliteren en onderling verbinden. Het project manifesteert zich prominent aan het water van de Finse Golf en zal functioneren als de nieuwe stadsentree tot Sint-Petersburg voor bezoekers die de stad met de boot bereiken. Stadsblokken en een diversiteit aan stedelijke hoven zijn de kernelementen van het stedenbouwkundig concept, dat teruggrijpt op de stedelijke structuur van Sint-Petersburg. Daar tussenin staan torens met een goudkleurige opbouw, naar de Petersburgse architectuurtraditie van goudkleurige spitsen. De internationale ontwerpwedstrijd, georganiseerd door Glorax Development en de gemeente Sint-Petersburg, kende twaalf deelnemers. Naast KCAP in samenwerking met ORANGE Architects werd ook aan A-Len uit Sint-Petersburg de eerste prijs toegekend. Beide teams zullen bij het project betrokken worden.
KCAP Architects&Planners and ORANGE Architects won first prize in a master plan and architecture competition for the most westerly point of Vasilievsky Island in St. Petersburg, an important historical location in the city. A 15 ha site here will be transformed into a new district with a mix of urban functions, so that the plan will serve and connect the surrounding neighbourhoods. The project, which will be a prominent presence beside the waters of the Gulf of Finland, will function as the new entrance to St. Petersburg for visitors to the city arriving by boat. City blocks and a diversity of urban courts are the key elements of the urban design concept, which harks back to the urban structure of St. Petersburg. In between stand towers with a golden superstructure in the local architectural tradition of golden spires. The international design competition, organized by Glorax Development and the City of St. Petersburg, had twelve entrants. KCAP/ORANGE Architects shared first prize with A-Len, a team of local architects. Both teams will be involved in the project.

Turm mit Taille, Wenen
Turm mit Taille, Vienna

Met een opvallend ontwerp voor een toren op een gedraaide basis werd MVRDV winnaar van een prijsvraag voor multifunctionele hoogbouw in Wenen. De 110 meter hoge toren zal ruim 35.000 m² flexibele ruimte bevatten voor kantoren en woningen. Verder komen er winkels, restaurants en cafés en een ondergrondse parkeergarage. De toren komt naast de monumentale negentiende-eeuwse bakstenen Gasometers, die rond 2000 werden verbouwd door Jean Nouvel, Coop Himmelb(l)au, Wilhelm Holzbauer en Manfred Wehdorn. De bouwlocatie is onderdeel van de stedelijk vernieuwing van het gebied rond de Gasometers. Het is de bedoeling dat het plein aan de voet van de toren met de schaduw van de hoogbouw gaat functioneren als zonnewijzer. De start van de bouw is gepland voor 2016.
With a striking design for a tower on a rotated base, MVRDV won a competition for a multifunctional high-rise in Vienna. The 110-metre-high tower will contain over 35,000 m² of flexible floor space for offices and apartments. There will also be shops, restaurants and cafés, and an underground car park. The tower will stand beside the monumental nineteenth-century brick Gasometers, which were converted in 2000 by Jean Nouvel, Coop Himmelb(l)au, Wilhelm Holzbauer and Manfred Wehdorn. The building site is part of the urban regeneration of the area around the Gasometers. The intention is that the tower's shadow will turn the square at its foot into a sundial. Construction is planned to start in 2016.

Tentoonstellingen
Exhibitions

Unbuilt Heerlen

Aan de hand van ongebouwde architectuur- en stedenbouwprojecten werd de ontwikkeling van de stad Heerlen onderzocht, waarbij er aandacht was voor hoe de afgelopen honderd jaar over de stad is nagedacht. Aan bod kwamen de ideeën over de stad, het centrum ervan en het station en omgeving. Er waren ongerealiseerde ontwerpen te zien van onder anderen Frits Peutz, Francine Houben en Jo Coenen, die van een uitgesproken visie op de Limburgse stad getuigden.
Schunck*, Heerlen
– 18 januari 2015
Plaza Vertigo, Eindhoven
19 maart – 25 april 2015
The development of Heerlen was explored via unbuilt architectural and urban design projects, with special attention to how Heerlen has been perceived over the past hundred years. On show were ideas about the city, its centre and the station precinct. There were unrealized designs by, among others, Frits Peutz, Francine Houben and Jo Coenen, which testified to a pronounced view of the Limburg city.
Schunck*, Heerlen
– 18 January 2015
Plaza Vertigo, Eindhoven
19 March – 25 April 2015

Revolutionary Traces

De Portugees-Zuid-Afrikaanse kunstenares Ángela Ferreira (1958) legde in de installatie *Revolutionary Traces* een relatie tussen de sociale woningbouwprojecten van de Portugese architect Álvaro Siza in de Haagse Schilderswijk (1985–1993) en die in Bairro de Bouça in Porto (1973–1977). De tentoonstelling ging in op de woningbouwgeschiedenis en stelde vragen over de rol van cultuur bij stedelijke vernieuwing, de betrokkenheid van visionaire bestuurders en de roep van de overheid om participatie van bewoners.
Stroom, Den Haag
– 15 maart 2015
In her *Revolutionary Traces* installation, the Portuguese-South African artist Ángela Ferreira (b. 1958) drew a link between the social housing projects of the Portuguese architect Álvaro Siza in the Schilderswijk in The Hague (1985–1993) and those in Bairro de Bouça in Porto (1973–1977). The exhibition examined the history of housing and questioned the role of culture in urban renewal, the involvement of visionary administrators and the government call for resident participation.
Stroom, The Hague
– 15 March 2015

De derde huid
The Third Skin

De Oostenrijkse architect Friedensreich Hundertwasser (1928–2000) en het Nederlandse architectenbureau Alberts & Van Huut (opgericht in 1963) zijn twee kleurrijke en internationaal bekende vertegenwoordigers van de organische architectuur. De tentoonstelling in Museum De Buitenplaats – zelf een voorbeeld van organische architectuur – liet hun ideale wereld zien door middel van gerealiseerde projecten, theorieën en schetsen, maar ook vrij werk.
Museum De Buitenplaats, Eelde
– 12 april 2015

The Austrian architect Friedensreich Hundertwasser (1928–2000) and the Dutch architectural firm of Alberts & Van Huut (founded in 1963) are two colourful and internationally famous exponents of organic architecture. The exhibition in Museum De Buitenplaats – itself an example of organic architecture – presented their ideal world by way of realized projects, theories and sketches, as well as non-commissioned work.
Museum De Buitenplaats, Eelde
– 12 April 2015

City Hotels

In het afgelopen decennium heeft Amsterdam er meer dan honderd nieuwe hotels bij gekregen. Sommige daarvan presenteren zich als echte 'stadshotels' met voor algemeen publiek toegankelijke voorzieningen zoals restaurants, spa & wellness en expositieruimten. In samenwerking met architectenbureau Office Winhov werden vijftien karakteristieke voorbeelden getoond van bijzondere of monumentale gebouwen in Amsterdam die de afgelopen jaren tot hotel zijn getransformeerd, waaronder voormalige scholen, banken, kantoren en een diamantslijperij.
Arcam, Amsterdam
18 januari – 12 april 2015
In the past decade, Amsterdam has acquired over one hundred new hotels. Some depict themselves as genuine 'city hotels' with publicly accessible amenities like restaurants, spas, gyms and galleries. In collaboration with Office Winhov, the exhibition presented fifteen typical examples of exceptional or heritage Amsterdam buildings that have been converted into hotels in recent years, including schools, banks, offices and a diamond-cutting factory.
Arcam, Amsterdam
18 January – 12 April 2015

Nederland bouwt in baksteen
The Netherlands Builds in Brick

De functionalistische architectuur in glas en beton is lang als kenmerkend beschouwd voor de periode tussen de twee wereldoorlogen. Aan de hand van foto's uit de collectie werd getoond dat ook de traditionele baksteenarchitectuur zich vernieuwde in het Interbellum. De titel is een verwijzing naar de tentoonstelling die in tijdens de Duitse bezetting in 1941 in Museum Boymans werd gehouden.
Het Nieuwe Instituut, Rotterdam
23 januari – 6 april 2015
Functionalist glass and concrete architecture has long been regarded as typical of the period between the two world wars. Drawing on photographs from the collection, this exhibition demonstrated that traditional brick architecture underwent modernization in the interwar period too. The title refers to an exhibition held in Museum Boymans during the German Occupation in 1941.
Het Nieuwe Instituut, Rotterdam
23 January – 6 April 2015

Interventie Petra Blaisse
Petra Blaisse Intervention

Door de vloeren van Huis Sonneveld met spiegels te bedekken, legde gastcurator Petra Blaisse (ontwerpbureau Inside Outside) 'de andere kant' van de witte villa bloot en werden de functionalistische kwaliteiten van Huis Sonneveld ('licht, lucht en ruimte') versterkt.
Huis Sonneveld, Rotterdam
1 februari – 13 september 2015
By covering the floors of the Sonneveld House with mirrors, guest curator Petra Blaisse (Inside Outside design office) revealed 'the other side' of the white villa, thereby accentuating the functionalist features of the Sonneveld House ('light, air and space').
The Sonneveld House Museum, Rotterdam
1 February – 13 September 2015

Archiprix

Presentatie van de beste afstudeerplannen van de Nederlandse onderwijsinstellingen voor hoger onderwijs op het gebied van architectuur, stedenbouw en landschapsarchitectuur.
Faculteit Bouwkunde, TU Delft
6 februari 2015 – 11 maart 2015
Presentation of the best graduation plans from Dutch tertiary educational institutions in the field of architecture, urban design and landscape architecture.
Faculty of Architecture, TU Delft
6 February – 11 March 2015

De maquette als onderzoeksmiddel
The Model as Research Tool

De tentoonstellingsruimten van het ABC waren tijdelijk in gebruik als maquetteatelier. Studenten van de Hogeschool voor de Kunsten Utrecht werkten daar in kader van een workshop 'maquettebouw als onderzoeksmiddel' aan een model van een deel van Haarlem-Oost. Ter inspiratie was er een verscheidenheid aan maquettes opgesteld, van eenvoudige werk- en schetsmaquettes tot kostbare presentatiemaquettes.
ABC Architectuurcentrum, Haarlem
11 februari – 12 april 2015
The ABC's exhibition spaces were temporarily used as a model studio by students from the HKU University of the Arts Utrecht, who were making a model of part of Haarlem-Oost for a workshop on 'model making as research tool'. Inspiration was provided by a wide variety of models, ranging from simple working models and sketch models to costly presentation models.
ABC Architectuurcentrum, Haarlem
11 February – 12 April 2015

De geest van de plek
The Spirit of the Place

Presentatie van ontwerpen van architect Paul van Hontem, die sinds 1980 meer dan vierhonderd projecten ontwierp, met onder meer in de regio Nijmegen woningbouwproject Het Rode Dorp, stadswoningen aan de St. Jacobslaan en verbouwingen van Het Vlaams Arsenaal en kapel Albertinum.
Architectuur Centrum Nijmegen
12 februari – 22 maart 2015
Presentation of designs by the architect Paul van Hontem, who has designed over four hundred projects since 1980, including such local Nijmegen projects as the Rode Dorp housing project, town houses on St. Jacobslaan and renovations of the Vlaams Arsenaal and Albertinum chapel.
Architectuur Centrum Nijmegen
12 February – 22 March 2015

De Bazel in De Bazel

In 1915 werd architect Karel Petrus Cornelis de Bazel (1869–1923) benaderd door de directeur van de Glasfabriek Leerdam, P.M. Cochius, met het verzoek eigentijds gebruiksglas te ontwerpen. Als uitgangspunt nam De Bazel hiervoor de geometrie, waardoor de ontwerpen grote eenvoud uitstralen. Hij ontwierp negen kristallen drinkserviezen, een ontbijtservies uit persglas en talloze vazen, schalen en gebruiksartikelen. Zijn producten gelden als een van de eerste aanzetten tot eigentijdse vormgeving. De tentoonstelling van het vernieuwende glaswerk werd georganiseerd in samenwerking met het Nationaal Glasmuseum Leerdam.
Stadsarchief Amsterdam, Amsterdam
13 februari – 19 april 2015
In 1915, the architect Karel Petrus Cornelis de Bazel (1869–1923) was approached by the director of the Leerdam glass factory, P.M. Cochius, with a request to design contemporary glassware. De Bazel used geometry as his starting point, producing designs that radiate great simplicity. He designed nine sets of crystal drinking glasses, a pressed glass breakfast set and countless vases, dishes and everyday objects. His products are regarded as one of the first steps towards contemporary design. The exhibition of innovative glassware was organized in collaboration with the Nationaal Glasmuseum Leerdam.
Stadsarchief Amsterdam, Amsterdam
13 February – 19 April 2015

Hilversumse architectuurprijs
Hilversum Architecture Prize

Tentoonstelling van de negen bouwprojecten uit 2013 en 2014 die genomineerd waren voor de tweejaarlijkse Hilversumse architectuurprijs. De vakjuryprijs en de publieksprijs waren beide voor de transformatie van de Campina-fabriek tot multifunctioneel gebouw De Melkfabriek.
Museum Hilversum
2-15 maart 2015
Exhibition of the nine building projects from 2013 and 2014 that were nominated for the biennial Hilversum Architecture Prize. The professional jury prize and the People's Choice Award both went to the transformation of the Campina dairy factory into the multifunctional building De Melkfabriek.
Museum Hilversum
2-15 March 2015

Herbestemmen van school naar school
Converting from School into School

De standaardschoolgebouwen die tussen 1945 en 1980 in ons land werden gebouwd zijn praktisch en economisch ontworpen, met ruime, lichte lokalen, en ze zijn flexibel in het gebruik. Ze kunnen krimpen en groeien, en hebben al vele onderwijskundige vernieuwingen opgevangen. Het zijn schoolgebouwen die nog vele jaren mee kunnen wanneer de renovatie ervan als een serieuze architectuuropgave wordt behandeld. Negen architectenbureaus presenteerden resultaten van ontwerpend onderzoek naar hergebruik van naoorlogse scholen.
ABC Architectuurcentrum, Haarlem
27 maart – 21 juni 2015
The standard school buildings erected in the Netherlands between 1945 and 1980 were designed to be practical and economical, with large, light classrooms, and they have proved flexible in their use. They can shrink and expand, and have already absorbed many educational changes. They are school buildings that still have many years of use in them when their renovation is treated as a serious architectural task. Nine architectural firms presented the results of design-led research into the reuse of post-war school buildings.
ABC Architectuurcentrum, Haarlem
27 March – 21 June 2015

Kijk Raumplan versus plan libre
KIJK Raumplan Versus Plan Libre

In navolging van de tentoonstelling 'Raumplan versus plan Libre' samengesteld door Max Risselada, die in 1986–1987 aan de TU Delft plaatsvond, onderzochten studenten architectonische vormgeving van de Maastricht Academy of Architecture de hedendaagse betekenis van de ontwerpen van Loos en Le Corbusier. Maquettes en maquettefoto's gaven inzicht in de ruimtelijke beleving van de woonhuizen van Adolf Loos en Le Corbusier.
Bureau Europa, Maastricht
10-19 april 2015
Echoing the exhibition 'Raumplan Versus Plan Libre' curated by Max Risselada at TU Delft in 1986/1987, Architectural Design students at the Maastricht Academy of Architecture explored the contemporary significance of designs by Adolf Loos and Le Corbusier. Models and photographs of models provided insight into the spatial experience of the houses designed by these two architects.
Bureau Europa, Maastricht
10-19 April 2015

Live with Life

Uitkomsten van een baanbrekend onderzoek uitgevoerd door een internationaal team van studenten en jonge professionals naar 'natuurinclusief' bouwen. Het ontwerpen voor mensen, planten en dieren tegelijk leidt tot meer levenskwaliteit in de drukke stad.
Arcam, Amsterdam
18 april – 13 september 2015
Results of pioneering research carried out by an international team of students and young professionals into 'nature-inclusive' building. Designing for people, plants and animals at the same time leads to a better quality of life in the busy city.
Arcam, Amsterdam
18 April – 13 September 2015

A.A.P. 2015

Presentatie van tien projecten die in 2014 binnen de stadgrenzen van Amsterdam zijn gebouwd en die meedongen naar de Amsterdamse Architectuur Prijs, een prijs voor architect en opdrachtgever.
Arcam, Amsterdam
24 april 2015 – 24 april 2016
Presentation of ten projects built within Amsterdam's city borders in 2014, which vied for the Amsterdam Architecture Prize, an award for both architect and client.
Arcam, Amsterdam
24 April 2015 – 24 April 2016

Innovation at the World Expo 1851–now

In de tentoonstelling 'Wat is Nederland', samengesteld door Stephan Petermann (AMO), werd een beeld gegeven van de veertien Nederlandse bijdragen aan Wereldtentoonstellingen sinds 1910. Maquettes van de verschillende paviljoens waren op dezelfde schaal uitgevoerd, waardoor vergelijken goed mogelijk werd. In de deelpresentatie 'GLAS' vormde Crystal Palace, gebouwd voor de eerste Wereldtentoonstelling in Londen (1851), het vertrekpunt voor de verschillende invalshoeken op het materiaal glas, dat nog altijd is verbonden met vooruitgang en ontwerpers blijvend uitdaagt tot experiment. In 'Tuin van machines' werd een speculatief beeld opgeroepen van de verregaande invloed die nieuwe technologieën op ons leven en dat van dieren en planten zullen hebben.
Het Nieuwe Instituut, Rotterdam
26 april – 23 augustus 2015

The 'What is the Netherlands' exhibition curated by Stephan Petermann (AMO), surveyed fourteen Dutch contributions to World Expos since 1910. Models of the various pavilions were built to the same scale, making comparisons possible. In the associated presentation 'GLASS', the Crystal Palace, built for the first World Expo in London in 1851, was the starting point for various perspectives on this man-made material, which is still associated with progress and continues to challenge designers to experiment. 'Garden of Machines' conjured up a speculative picture of the far-reaching impact that new technologies will have on our lives and that of animals and plants.
Het Nieuwe Instituut, Rotterdam
26 April – 23 August 2015

Het festival van de ongebouwde IJ-oeverplannen
Festival of the Unbuilt IJ Waterfront Plans

Presentatie van niet-gerealiseerde ontwerpen, sculpturen en ruimtelijke objecten van 1857 tot heden voor de IJ-oevers van Amsterdam, waaronder plannen van KCAP Architects & Planners, Paul de Ruiter, SeARCH, UNStudio, Rudy Uytenhaak, Van Herk & de Kleijn, Jolijn Valk en Willem Jan Landman.
Borneo Architectuur Centrum, Amsterdam
17 juni 2015 – 27 januari 2016
Presentation of unrealized designs, sculptures and spatial objects for the IJ waterfront in Amsterdam, from 1857 to the present day. Included were plans by KCAP Architects & Planners, Paul de Ruiter, SeARCH, UNStudio, Rudy Uytenhaak, Van Herk & de Kleijn, Jolijn Valk and Willem Jan Landman.
Borneo Architectuur Centrum, Amsterdam
17 June 2015 – 27 January 2016

No Size Fits All

'No Size Fits All: Architecting Quality of Life' liet aan de hand van zes thema's de resultaten zien van een onderzoek waarin werd aangetoond hoe architectuur (vaak onbewust) een grote invloed heeft op onze levenskwaliteit.
Casa Vertigo, TU/E, Eindhoven
19 juni – 17 juli 2015
'No Size Fits All: Architecting Quality of Life' presented the results of a study revealing the (often unconscious) effect that architecture has on our quality of life, assessed by way of six themes.
Casa Vertigo, TU/E, Eindhoven
19 June – 17 July 2015

Aldo Rossi – Het venster van de dichter
Aldo Rossi – The Poet's Window

Ter gelegenheid van de twintigjarig bestaan van Aldo Rossi's 'Museo di Maastricht' werd onder de titel 'La finestra del poeta. Grafiek 1973–1997' de collectie van honderd prenten (aankoop 2011) van de Italiaanse architect en kunstenaar getoond, aangevuld met tekeningen en schilderijen uit particuliere collecties. De grafiek en schilderijen combineren poëtische en professionele aspecten en geven een persoonlijke blik op de wereld van de architect. De tentoonstelling was hierna te zien in Archizoom, Ecole polytechnique fédérale de Lausanne, en in GAMeC – Galleria d'Arte Moderna e Contemporanea van Bergamo.
Bonnefantenmuseum, Maastricht
26 juni – 15 november 2015
To mark the twentieth anniversary of Aldo Rossi's 'Museo di Maastricht', the museum's collection of a hundred prints by the Italian architect and artist (acquired 2011), supplemented by drawings and paintings from private collections, was presented under the title 'La finestra del poeta. Prints 1973–1997'. The prints and paintings combine poetic and professional aspects and reflect the architect's personal view of the world. The exhibition was subsequently to be seen in Archizoom, Ecole polytechnique fédérale de Lausanne, and in GAMeC – Galleria d'Arte Moderna e Contemporanea van Bergamo.
Bonnefantenmuseum, Maastricht
26 June – 15 November 2015

Piet Klaarhamer, leermeester van Gerrit Rietveld
Piet Klaarhamer, Gerrit Rietveld's Teacher

De artistieke ontwikkeling van Piet Klaarhamer werd getoond aan de hand van zijn meubels. Centraal stond de reconstructie van de jongensslaapkamer die Klaarhamer met Vilmos Huszár ontwierp voor Landhuis Arendshoeve (1919), het woonhuis van fabrikant Bruynzeel in Voorburg.
Museum Swaensteyn, Voorburg
12 september – 25 oktober 2015
The artistic development of Piet Klaarhamer was sketched through his furniture. Key to the exhibition was a reconstruction of the boy's bedroom Klaarhamer and Vilmos Huszár designed for Landhuis Arendshoeve (1919), the home of the manufacturer Cornelis Bruynzeel in Voorburg.
Museum Swaensteyn, Voorburg
12 September – 25 October 2015

Twee werelden, één gedachte
Two Worlds, One Idea

Overzicht van het werk van LEVS architecten (Marianne Loof, Adriaan Mout en Jurriaan van Stigt) ter gelegenheid van het 25-jarig bestaan van het bureau. Met hun nieuwbouw-, herbestemmings- en restauratieprojecten en stedenbouwkundige plannen wil het bureau bijdragen aan een duurzame ontwikkeling van de samenleving, het onderwijs en de economie. Die maatschappelijke betrokkenheid is zichtbaar in het werk in verschillende culturen: in het Dogon-gebied in Mali en in Nederland en andere Europese landen.
ABC Architectuurcentrum, Haarlem
24 september – 6 december 2015
Survey of the work of LEVS architecten (Marianne Loof, Adriaan Mout and Jurriaan van Stigt) to mark the firm's 25th anniversary. With their new-build, repurposing and restoration projects and urban design plans, the architects endeavour to contribute to a sustainable development of society, education and the economy. That social engagement is visible in their work in different cultures: the Dogon area of Mali, the Netherlands and other European countries.
ABC Architectuurcentrum, Haarlem
24 September – 6 December 2015

Nooit gebouwd
Never Built

Een tentoonstelling van veertig projecten van toonaangevende Nederlandse architecten die nooit zijn gerealiseerd, omdat ze wellicht te vooruitstrevend of te innovatief waren. Te zien waren onder meer de transformatie van Natlab in Eindhoven door Benthem Crouwel, het Wereldhandelscentrum aan de Leuvehaven in Rotterdam van Jan Hoogstad, de Zuid(K)as, een gebouw in de vorm van een kas met een school, retailfuncties, woningen en kantoren van architectenbureau Paul de Ruiter, het ontwerp van UNStudio voor de uitbreiding van Naturalis in Leiden, twee prijsvraagontwerpen van Mecanoo: The Great Egyptian Museum in Caïro en het Learning Center, École polytechnique fédérale de Lausanne, en de drie ontwerpen van KCAP Architects & Planners voor The Fountainhead in Amsterdam.
Klokgebouw 125, Strijp-S, Eindhoven
17-25 oktober 2015
An exhibition of forty projects by leading Dutch architects that were never built, perhaps because they were too advanced or too innovative. Among the exhibits were the transformation of Natlab in Eindhoven by Benthem Crouwel, the World Trade Centre on Leuvehaven in Rotterdam by Jan Hoogstad, the Zuid(K)as, a building in the shape of a glasshouse containing a school, shops, apartments and offices by architectenbureau Paul de Ruiter, the design by UNStudio for the extension of Naturalis in Leiden, two competition designs by Mecanoo – The Great Egyptian Museum in Cairo and the Learning Center, École polytechnique fédérale de Lausanne – and the three designs by KCAP Architects & Planners for The Fountainhead in Amsterdam.
Klokgebouw 125, Strijp-S, Eindhoven
17-25 October 2015

Herman Zeinstra Architect – Work and Methods

Terugblik op de 45-jarige praktijk van architect Herman Zeinstra (1937), met aandacht voor zijn bouwwerken in Haarlem, waaronder het crematorium in Haarlem-Noord en woningbouw De Jonge Olifant aan het Spaarne. Ook Zeinstra's minimale en conceptuele kunstwerken uit de jaren zestig en zeventig waren te zien.
ABC Architectuurcentrum, Haarlem
22 oktober 2015 – 15 januari 2016
A look back over the 45-year practice of architect Herman Zeinstra (b. 1937), in particular his works in Haarlem, including the crematorium in Haarlem-Noord and De Jonge Olifant housing scheme on the Spaarne. Also on show were Zeinstra's minimalist and conceptual artworks from the 1960s and '70s.
ABC Architectuurcentrum, Haarlem
22 October 2015 – 15 January 2016

Lieven de Key Penning 2015
Lieven de Key Medallion 2015

De Lieven de Key Penning wordt jaarlijks door de stad Haarlem uitgereikt aan een persoon of organisatie die zich verdienstelijk heeft gemaakt op het gebied van monumentenzorg, architectuur of stedenbouw. In 2015 was het thema monumentenzorg, hergebruik, behoud cultuurhistorisch erfgoed en renovatie. Bezoekers konden tijdens de tentoonstelling van de genomineerde projecten hun stem uitbrengen. De prijs van de vakjury ging naar het Seinwezen, een industrieel pand dat is verbouwd tot multifunctioneel gebouw, naar een plan van architect Servy Bruis. De renovatie van de historische Bakenesserkerk, begeleid door gemeentearchitect Martin Busker, kreeg de publieksprijs.
ABC Architectuurcentrum, Haarlem
27 oktober – 22 november 2015
The Lieven de Key Medallion is awarded annually by the City of Haarlem to a person or organization that has made a major contribution to heritage preservation, architecture or urban design. In 2015 the theme was heritage preservation, adaptive reuse, preservation of cultural-historical heritage and renovation. During the exhibition visitors could vote on the nominated projects. The professional jury's prize went to Seinwezen, an industrial property converted into a multifunctional building, to a plan by Servy Bruis. The renovation of the historical Bakenesser Church, supervised by City Architect Martin Busker, won the People's Choice Award.
ABC Architectuurcentrum, Haarlem
27 October – 22 November 2015

OnderDAK – sociale woningbouw in Deventer
OnderDAK – Social Housing in Deventer

Meer dan een derde van het totale woningbestand van Deventer behoort tot de sociale huursector. De geschiedenis ervan gaat terug tot het eind van de negentiende eeuw, toen de eerste woningbouwcorporaties werden opgericht. De tentoonstelling belichtte behalve het verleden ook de toekomst van de woningwetwoningen.
Architectuurcentrum Rondeel, Deventer
29 oktober 2015 – 7 februari 2016
Over a third of the total housing stock in Deventer belongs to the subsidized rental sector. Its history goes back to the end of the nineteenth century, when the first housing associations were founded. The exhibition focused on the past and the future of Housing Act housing.
Architectuurcentrum Rondeel, Deventer
29 October 2015 – 7 February 2016

Abe Bonnema Architectuurprijs
Abe Bonnema Architecture Prize

Presentatie van de inzendingen van vijf genomineerde projecten die uit meer dan zestig inzendingen werden geselecteerd voor de Abe Bonnemaprijs: Treebeek Centrum fase 1 (Jo Janssen architecten), Kaasmakerij De Tijd, Westbeemster (Bastiaan Jongerius Architecten), Rozet Arnhem (Neutelings Riedijk), Cacaofabriek Helmond (cepezed), en van de winnaar, het Nationaal Militair Museum, Soest (Dick van Wageningen). Het jaarthema van de Abe Bonnemaprijs, vernoemd en ingesteld door de Friese architect, was dialoog.
Fries Museum, Leeuwarden
3 december 2015 – 3 januari 2016
Presentation of the five nominated projects that were selected from the over sixty entries for the Abe Bonnema Prize: Treebeek Centrum phase 1 (Jo Janssen architecten), Kaasmakerij De Tijd, Westbeemster (Bastiaan Jongerius Architecten), Rozet Arnhem (Neutelings Riedijk), Cacaofabriek Helmond (cepezed), and the winner, the National Military Museum, Soest (Dick van Wageningen). The theme of this edition of the prize, named after and established by the Frisian architect, was dialogue.
Fries Museum, Leeuwarden
3 December 2015 – 3 January 2016

WHAT? Work Home Apart Together
WHAT? Work Home Apart Together

De lange geschiedenis van woon-werkvormen werd getoond aan de hand van een selectie van verschillende woningtypen, onder meer het dijkhuis, de dienstwoning, de winkelwoning en het koopmanshuis. Mensen die wonen of werken in Amsterdam vertelden hun persoonlijke verhaal over de combinatie van wonen en werken. Ook de verhouding tussen afstand en reistijd was in kaart gebracht.
INFINITY Office, Amsterdam
18 december 2015 – 13 maart 2016
The long history of live-work arrangements was surveyed in reference to a selection of different living typologies, including the dike house, the company dwelling, the shop-house and the merchant's mansion. People who live or work in Amsterdam related their personal experiences of combining home and work. The relation between distance and travel time was also charted.
INFINITY Office, Amsterdam
18 December 2015 – 13 March 2016

Jonge Architectenprijs 2015
Young Architects Prize 2015

Expositie van de inzendingen die meedongen naar de ontwerpcompetitie voor jonge architecten, die in 2015 'een volkstuinhuis voor Wim van Krimpen in Rotterdam' als onderwerp had.
Gebouw Pedro, Amsterdam
20 december 2015 – 28 januari 2016
Exhibition of entries in the design competition for young architects, which in 2015 was on the topic of 'an allotment garden shed for Wim van Krimpen in Rotterdam'.
Gebouw Pedro, Amsterdam
20 December 2015 – 28 January 2016

Manifestaties
Events

Jaar van de Ruimte
Year of Space

Op initiatief van Platform31 was 2015, het jaar van de afronding van de Vinex, uitgeroepen tot het Jaar van de Ruimte. Er werd teruggeblikt op twintig jaar ruimtelijk beleid en de uitwerking in de praktijk. Maar ook werd er aandacht gevraagd voor een nieuwe 'era van ruimtelijk handelen' met als motto: wie maakt Nederland? Waar de planningslogica voorheen op groei was gebaseerd, is voor een groot deel van Nederland stilstand of krimp het uitgangspunt geworden. Nu grootschalige en integrale planning op veel plekken niet meer werkt, komen de kleinschalige initiatieven op: wijkenergiecorporaties, buurtondernemingen en gebiedsfondsen. Bij activiteiten op ruimtelijk gebied staan duurzaamheid, hergebruik, van stad en gebouw, stadslandbouw, ecologisch zelfbeheer en nabuurschap centraal. Informatietechnologie geeft een impuls aan de onderlinge verbondenheid en creeert een nieuw soort online gemeenschapszin. Conclusies en bevindingen werden vastgelegd in het Manifest2040.
On the initiative of Platform31, 2015, the year in which Vinex was wound up, was declared the Year of Space. The event looked back over twenty years of spatial policy and the concrete results. But attention was also drawn to a new 'era of spatial practice' under the motto: who makes the Netherlands? Whereas planning logic was previously based on growth, for a large part of the Netherlands the point of departure is now standstill or shrinkage. Now that large-scale, integrated planning no longer works in many places, we see the rise of small-scale initiatives: district energy associations, neighbourhood enterprises, and area funds. The focus in spatial activities is on sustainability, adaptive reuse – of the city and buildings – urban farming, ecological self-management and neighbourliness. Information technology incentivizes interconnectedness and creates a new kind of online community spirit. Conclusions and findings were recorded in Manifest2040.

Het Grote Woningbouwcongres
The Big Housing Conference

Architectenweb organiseerde Het Grote Woningbouwcongres met als doel de kennisuitwisseling over het ontwerp van woningbouw te stimuleren. Met het tweedaagse congres richtte de organisatie zich op (interieur)architecten en andere ruimtelijk ontwerpers, maar ook op adviseurs en opdrachtgevers. In het eerste deel van het programma stonden woontorens centraal. Er was aandacht voor de technische en commerciële parameters die het ontwerp van woontorens sturen, voor innovaties op het gebied van draagconstructie en woningtypologie, en de inpassing van woontorens in het stedelijk weefsel. Over hun eigen hoogbouwprojecten spraken onder anderen Tako Postma (Inbo, woontorens Zuidas), Paul Stavert (Powerhouse Company, Amstel Tower) en Erikjan Vermeulen (Concrete, woonconcept Urban Ready Living). De tweede congresdag werd besteed aan de kansen die collectief particulier opdrachtgeverschap biedt en het verloop van CPO-processen. Programmapunten waren de schaal van CPO-projecten, succesvolle concepten en de verschillende rollen van de architect in bottom-up-processen, van initiatiefnemer tot gebiedspromotor en medeontwikkelaar.
Jaarbeurs, Utrecht
11 en 13 februari 2015
Architectenweb organized The Big Housing Conference with the aim of encouraging the exchange of knowledge on the subject of housing. The two-day conference targeted architects, interior architects and other spatial designers, as well as consultants and clients. The first part of the programme focused on apartment towers, with attention paid to the technical and commercial parameters governing the design of towers, to innovations in load-bearing structure and housing typology, and the integration of apartment towers with the urban fabric. Architects who spoke about their own high-rise projects included Tako Postma (Inbo, Zuidas apartment buildings), Paul Stavert (Powerhouse Company, Amstel Tower) and Erikjan Vermeulen (Concrete, Urban Ready Living concept). The second day was devoted to opportunities for collective private commissioning (CPO) and the course of CPO processes. Programme points were the scale of CPO projects, successful concepts and the different roles of the architect in bottom-up processes, from initiator to area promoter and co-developer.
Jaarbeurs, Utrecht
11 and 13 February 2015

De toekomst van de architectuur
The Future of Architecture

De Koninklijke Akademie van Wetenschappen (KNAW) organiseerde een minisymposium over de toekomst van de architectuur, die zal bestaan uit herbestemmen, aanpassen en intensiveren van het gebruik. Er was aandacht voor de krimpende bouwindustrie en voor tendensen die van invloed zijn op het toekomstig gebruik van de gebouwde omgeving, zoals vergrijzing en duurzaam energiegebruik. Sprekers waren Dirk Sijmons, Jo Coenen, Thijs Asselbergs en Mick Eekhout, allen (voormalig) docent aan de TU Delft.
Trippenhuis, Amsterdam
24 februari 2015
The Royal Netherlands Academy of Arts and Sciences (KNAW) organized a mini symposium about the future of architecture, which will be all about repurposing, modification and intensification of use. There was a focus on the shrinking construction industry and on trends that affect the future use of the built environment, such as an ageing population and sustainable energy consumption. The speakers were Dirk Sijmons, Jo Coenen, Thijs Asselbergs and Mick Eekhout, all (one-time) lecturers at TU Delft.
Trippenhuis, Amsterdam
24 February 2015

Rotterdamse Dakendagen
Rotterdam Rooftop Days

Meer dan veertig gebouwen stelden hun daken open tijdens de eerste Rotterdamse Dakendagen, een manifestatie die wil bijdragen aan een duurzame toekomst door inspirerende voorbeelden van dakgebruik te tonen en op prikkelende wijze de mogelijkheden van het Rotterdamse daklandschap te onderzoeken. Ontwerpers, dakexperts, dakbeheerders en beleidsmakers bogen zich tijdens een bijeenkomst over de vraag hoe daken kunnen bijdragen aan een levendige en aantrekkelijke stad. Er waren concerten en andere optredens op daken, sportclinics, dansavonden met dj's, filmvertoningen, een 'vrijmibo op het dak' en een speciaal kinderprogramma. Onder de gebouwen waarvan het dak was opengesteld waren Stroom, Didden Village, Kunsthal, Kruispleinflat, Codarts, Groothandelsgebouw, Delftse Poort, DakAkker Schieblock, Holbeinhuis, Erasmushuis, Hotel Atlanta en Hotel New York, Raaf en de Bijenkorf.
Diverse locaties in Rotterdam
11-14 juni 2015
Over forty buildings opened their roofs during the first Rotterdam Roofs Days, an event aimed at contributing to a sustainable future by showing inspiring examples of roof use and investigating the potential of the Rotterdam roofscape in a stimulating way. During a special meeting, designers, roof experts, roof managers and policy-makers pondered the question of how roofs can contribute to a lively and attractive city. There were concerts and other performances on roofs, sport clinics, dance evenings with DJs, film screenings, a 'Friday afternoon drinks on the roof' and a special programme for children. Among the buildings whose roofs were opened to the public were Stroom, Didden Village, Kunsthal, Kruispleinflat, Codarts, Groothandelsgebouw, Delftse Poort, DakAkker Schieblock, Holbeinhuis, Erasmushuis, Hotel Atlanta and Hotel New York, Raaf and the Bijenkorf.
Various locations in Rotterdam
11-14 June 2015

Dag van de Bouw
Construction Day

De tiende editie van de Dag van de Bouw trok 90.000 bezoekers. In heel Nederland waren 175 bouwplaatsen opengesteld voor publiek, onder meer van grote infrastructuurprojecten, energieneutrale woningbouw en medische centra. Het publiek kon bekijken hoever een bouwwerk gevorderd was en kreeg uitleg over het werken met de modernste technologieën en bouwtechnieken. Tot de best bezochte projecten behoorden de Penitentiaire Inrichting Zaanstad, de toren A'DAM in Amsterdam, de OV-terminal in Arnhem, de Kampanje (Den Helder), de Noord-Zuidlijn (Amsterdam), het Centrumplan Leidsche Rijn (Utrecht) en de Elfstedenhal (Leeuwarden). De Dag van de Bouw is een initiatief van Bouwend Nederland, de brancheverenigingvan bouw- en infrabedrijven, waarbij de aangesloten leden één keer per jaar hun meest bijzondere bouwplaatsen openstellen. De brancheorganisatie vroeg tegelijkertijd aandacht voor de woningnood in de Randstad en riep het kabinet op om bezuinigingen terug te draaien, zodat op korte termijn 15.000 banen in de bouw en infra kunnen terugkomen.
Diverse locaties
13 juni 2015
The tenth edition of Construction Day attracted 90,000 visitors. Across the Netherlands, 175 building sites were opened to the public, including large infrastructure projects, energy-neutral housing and medical centres. The public could see what stage construction had reached and were told about works employing the latest technologies and building techniques. Among the most-visited projects were Zaanstad Penitentiary, the A'DAM Tower in Amsterdam, the public transport terminal in Arnhem, de Kampanje (Den Helder), the North-South Line (Amsterdam), the Leidsche Rijn Centre Plan (Utrecht) and Elfstedenhal (Leeuwarden). Construction Day is an initiative of Bouwend Nederland (Dutch Construction and Infrastructure Federation), the umbrella organization for construction and infrastructure companies, whose members open their most interesting building sites to the public once a year. The organization also drew attention to the housing shortage in the Randstad conglomeration and called on the government to reverse its spending cuts, in order to kick-start the recovery of 15,000 jobs in the construction and infrastructure sector.
Various locations
13 June 2015

Dag van de Architectuur
Architecture Day

Het thema van de Dag van de Architectuur 2015, 'Nieuw Nederland', was verbonden met het Jaar van de Ruimte, georganiseerd rond een maatschappelijk, politiek en professioneel debat over de ruimtelijke toekomst van Nederland. Gecoördineerd door Architectuur Lokaal organiseerden verschillende architectuurcentra en andere culturele instellingen activiteiten tijdens dit landelijke evenement. In Amsterdam, waar de architectonische en stedenbouwkundige ontwikkelingen langs de IJ-oevers centraal stonden, konden boottochten worden gemaakt en waren wandel- en fietsroutes uitgezet. In Eindhoven stond de dag in het teken van de rondweg en in de Haarlemmermeer stond de leegstand centraal. In Rotterdam vond de officiële opening van de Luchtsingel plaats en kon cruiseschip *SS Rotterdam* worden bezocht. In Utrecht was er speciale aandacht voor het project Spoorzone Tweede Daalsedijk, een voormalig spooremplacement dat wordt herontwikkeld tot een woonwijk. Den Haag had als thema 'Op zoek naar ruimte' en er was een programma rond duurzame projecten van buurtbewoners, zelfbouwkavels en kleinschalig opdrachtgeverschap. Daarnaast kon er in het kader van een evaluatie van de vinexwijken onder leiding van professionals een excursie door Ypenburg worden gemaakt. Ook in de Leidse vinexlocatie Roomburg was een rondleiding georganiseerd. Breda had een themamiddag rond de vinexlocaties in de stad. Arnhem en Assen organiseerden zelfs een Maand van de Architectuur, in Arnhem met onder andere een filmfestival.
Diverse locaties
20 en 21 juni 2015
The theme of Architecture Day 2015, 'New Netherlands', was linked to the Year of Space, organized around a social, political and professional debate about the spatial future of the Netherlands. Coordinated by Architectuur Lokaal, various architecture centres and other cultural institutions organized activities during this national event. In Amsterdam the focus was on architectural and urban design developments along the IJ waterfront, where there were boat trips and special walking and cycling routes. In Eindhoven the focus was on the ring road and in the Haarlemmermeer on long-term vacancy. In Rotterdam the Luchtsingel was officially opened and the cruise ship *SS Rotterdam* was open for inspection. In Utrecht there was special attention for the Spoorzone Tweede Daalsedijk project, a former rail yard that is being redeveloped into a residential area. The theme in The Hague was 'In search of space' and there was a programme around sustainable projects by locals, self-build plots and small-scale commissioning. In addition, there was a professional guided tour of Ypenburg in the context of an evaluation of the Vinex residential developments. There was also a guided tour of Roomburg, another Vinex development in Leiden. Breda held a thematic afternoon about Vinex locations in the city. Arnhem and Assen even organized an Architecture Month, which in Arnhem included a film festival.
Various locations
20 and 21 June 2015

MakeHappen! BNA Inspiration Day

BNA International organiseerde in 2015 de eerste MakeHappen! Inspiration Day. Tijdens de bijeenkomst konden architecten en stedenbouwers presentaties bijwonen, ervaringen delen en internationaal werkende collega's ontmoeten. De nieuwe BNA-voorzitter Nathalie de Vries, zelf succesvol internationaal ondernemer met haar bureau MVRDV, opende de dag. Jan van den Herik (KPMG) sprak over nieuwe buitenlandse markten en economische groei. Er waren 'break-through'-sessies georganiseerd die ingingen op interessante markten en voorbeelden van inspirerend internationaal ondernemerschap. Ook deelden in het buitenland succesvolle architecten hun ervaring over hun projecten in Afrika, India, Frankrijk en Duitsland.
LantarenVenster, Rotterdam
9 oktober 2015
In 2015, BNA International organized the first MakeHappen! Inspiration Day. During the event, architects and urban designers were able to attend presentations, swap experiences and meet colleagues working abroad. The new BNA director Nathalie de Vries, herself a successful international entrepreneur with her MVRDV practice, opened the day. Jan van den Herik (KPMG) spoke about new overseas markets and economic growth. There were break-through sessions dealing with interesting markets and examples of inspiring international entrepreneurship. Internationally successful architects also shared their experiences in Africa, India, France and Germany.
LantarenVenster, Rotterdam
9 October 2015

Architectuur Film Festival
Architecture Film Festival

Het tweejaarlijkse AFFR had als thema 'Gobal Home' en ging op zoek naar de kern van het begrip 'thuis'. Wordt een stad een groot hotel, een kampement vol nomaden? Waar liggen de grenzen van permanentie en tijdelijkheid, identiteit en anonimiteit, het gebouwde en het virtuele huis? In tientallen filmvertoningen en verschillende debatten tussen filmmakers, schrijvers, filosofen en architecten stelde het festival de vraag hoe het wonen en de netwerksteden van de toekomst eruit gaat zien. De openingsfilm was *Die Böhms. Architektur einer Familie*, over de Duitse architect Gottfried Böhm (1920) en zijn zoons, die ook alle drie architect zijn.
LantarenVenster, Rotterdam
7-11 oktober 2015
'Global Home' was the theme of this edition of the biennial AFFR, which explored the essence of the concept of 'home'. Is the city becoming a big hotel, a camp full of nomads? Where do the boundaries lie between permanence and temporariness, identity and anonymity, the built and the virtual home? In dozens of film screenings and several debates among filmmakers, writers, philosophers and architects, the festival posed the question of what domestic life and the network cities of the future will look like. The opening film was *Die Böhms. Architektur einer Familie*, about the German architect Gottfried Böhm (b. 1920) and his three sons, who are all architects, too.
LantarenVenster, Rotterdam
7-11 October 2015

Varia
Miscellaneous

Archief MVRDV
MVRDV Archive

Het Rotterdamse Architectenbureau MVRDV heeft een omvangrijk archief geschonken aan Het Nieuwe Instituut, dat zich contractueel heeft verplicht het archief de komende jaren publiek toegankelijk te maken. Om de ontsluiting te bevorderen, heeft MVRDV een donatie gedaan. Het overgedragen archief, dat 400 van de in totaal ca. 680 projecten van het bureau omvat, is voornamelijk digitaal, een unicum voor HNI. Het instituut zal de aanwinst als pilot gebruiken voor het beleid op het gebied van 'digital-born' materiaal. MVRDV werd in 1991 opgericht door Winy Maas, Jacob van Rijs en Nathalie de Vries en groeide uit tot een internationaal gerenommeerd bureau.
The Rotterdam architectural firm MVRDV has gifted its considerable archive to Het Nieuwe Instituut, which is contractually committed to opening the archive to the public in the coming years. MVRDV has made a donation to assist the institute in that task. The archive, which comprises 400 of the firm's approximately 680 projects, is chiefly digital, a first for HNI. The institute will use the acquisition as a pilot project for policy with respect to 'digital-born' material. MVRDV was founded in 1991 by Winy Maas, Jacob van Rijs and Nathalie de Vries, since when it has grown into an internationally renowned practice.

Malkit Shoshan curator Nederlands paviljoen Architectuurbiënnale
Malkit Shoshan Curator of Dutch Pavilion at Architecture Biennale

In opdracht van Het Nieuwe Instituut is de Israëlische architect Malkit Shoshan (1976) aangesteld als curator voor het Nederlands paviljoen tijdens de 15e Architectuurbiënnale in Venetië in 2016. Shoshan, oprichter van de architectuur-denktank FAST (gevestigd in Amsterdam), was als *fellow* verbonden aan Het Nieuwe Instituut en realiseerde daar het onderzoeksprogramma 'Drones and Honeycombs', over de publieke ruimte als oorlogsgebied. Dit doorlopende onderzoek naar architectuur in conflictgebieden sluit aan bij het overkoepelend thema van de Architectuurbiënnale 2016: 'Reporting from the Front'. De presentatie in het Nederlands paviljoen wordt opgebouwd rond een casestudy van Camp Castor in Gao, Mali, waar de VN een vredesmissie uitvoert. Het Nieuwe Instituut verzorgt de Nederlandse deelname aan de Architectuurbiënnale van Venetië in opdracht van het Ministerie van Onderwijs, Cultuur en Wetenschap.
Het Nieuwe Instituut selected Israeli architect Malkit Shoshan (b. 1976) to curate the Dutch pavilion at the 15th Venice Architecture Biennale in 2016. Shoshan, founder of the architectural think-tank FAST (based in Amsterdam), has been a fellow with Het Nieuwe Instituut, where she set up the research programme 'Drones and Honeycombs', about public space as war zone. That ongoing research into architecture in conflict zones fits neatly within the overarching theme of the Architecture Biennale 2016: 'Reporting from the Front'. The presentation in the Dutch pavilion will be built around a case study of Camp Castor in Gao, Mali, where the UN is conducting a peace mission. Het Nieuwe Instituut manages Dutch participation in the Venice Architecture Biennale on behalf of the Ministry of Education, Culture and Science.

Winy Maas geridderd
Winy Maas Knighted

Architect-stedenbouwkundige en medeoprichter van MVRDV Winy Maas is benoemd tot ridder in de Orde van de Nederlandse Leeuw. Hij kreeg de onderscheiding uit handen van de Rotterdamse burgemeester Ahmed Aboutaleb voor zijn buitengewone verdiensten voor de Nederlandse architectuur en met name voor de Markthal Rotterdam, die oktober 2014 werd geopend en winnaar is van vele nationale en internationale prijzen. Eerder in 2015 won Maas al de Marketing Award Rotterdam. Hij kreeg die prijs samen met projectontwikkelaar Hans Schröder als een erkenning voor de grote aantrekkende kracht van de Markthal, die miljoenen bezoekers trekt en in Rotterdam tot een stijging van het aantal toeristen heeft geleid.
Architect-urban designer and MVRDV co-founder Winy Maas was made a Knight in the Order of the Netherlands Lion. The honour, which was presented by the Rotterdam mayor, Ahmed Aboutaleb, was for exceptional services to Dutch architecture and in particular Markthal Rotterdam. Opened in October 2014, it has gone on to win many national and international prizes. Earlier in 2015, Maas won the Marketing Award Rotterdam, which he received together with the Markthal developer Hans Schröder, in recognition for the enormous pulling power of the Markthal, which attracts millions of sightseers and has led to a rise in the number of tourists visiting Rotterdam.

Boeken
Books

Architect op een snel stromende rivier. Een wenkend retrospectief van 25 jaar KCAP Architects&Planners
Kees Christiaanse et al.
KCAP Architects&Planners, Rotterdam
e-book

Architecture and Structuralism. The Ordering of Space
Herman Hertzberger
nai010 uitgevers/publishers, Rotterdam

Architectuur in Nederland. Jaarboek 2014/15/Architecture in the Netherlands, Yearbook 2014/15
Tom Avermaete et al.
nai010 uitgevers/publishers, Rotterdam

Archiprix 2015. De beste Nederlandse afstudeerplannen/The Best Dutch Graduation Projects
Henk van der Veen (red./eds.)
nai010 uitgevers/publishers, Rotterdam

Archiprix International Madrid 2015. Mejores proyectos fin de carrera del mundo
Henk van der Veen (ed.)
nai010 uitgevers/publishers, Rotterdam

Wiel Arets. Bas Princen
John Bezold (red./ed.)
Hatje Cantz, Ostfildern

Barba. Life in the Fully Adaptable Environment
Winy Maas et al.
nai010 uitgevers/publishers, Rotterdam

Cities in Transition. Power, Environment, Society
Wowo Ding, Arie Graafland, Andong Lu (red./eds.)
nai010 uitgevers/publishers, Rotterdam

DASH 11 Stijlkamers. Representatie van het goede wonen/Interiors on Display. A Representation of Good Living
Delft University of Technology (red./ed.)
nai010 uitgevers/publishers, Rotterdam

DASH 12/13 Woningbouw wereldwijd. Betaalbare woningen voor groeiende steden/Global Housing. Affordable Dwellings for Growing Cities
Delft University of Technology (red./ed.)
nai010 uitgevers/publishers, Rotterdam

Evert en Herman Kraaijvanger. Architectonische noblesse
Ida Jager
nai010 uitgevers/publishers, Rotterdam

De geest van de plek. Paul van Hontem, architect en stedenbouwkundige
Michiel Kruidenier
Architectuur Centrum, Nijmegen

Gouden Piramide 2015. Naar goed gebruik
Olof Koekebakker (red.)
nai010 uitgevers/publishers, Rotterdam

Herman Hertzberger
Robert McCarter
nai010 uitgevers/publishers, Rotterdam

Imagine 09. Concretable
Ulrich Knaack, Sascha Hickert, Linda Hildebrand (red./eds.)
Delft University of Technology, Faculty of Architecture/nai010 uitgevers/publishers, Rotterdam

Infratecture. Infrastructure by Design
Marc Verheijen
nai010 uitgevers/publishers, Rotterdam

Inside Le Corbusier's Philips Pavilion. A Multimedia Space at the 1958 Brussels World's Fair
Peter Wever
nai010 uitgevers/publishers, Rotterdam

Koppen. Het Aanzien van de Kopgevel in de Woningbouw /End Walls. Aspects of End Walls in Housing (Freestyle 05)
Marjolein van Eig, Lidwine Spoormans
Bond Nederlandse Architecten, Amsterdam

Landschapsarchitectuur en Stedenbouw in Nederland. Jaarboek 2014
Rob van der Bijl, Mark Hendriks, Anne Seghers
Uitgeverij Blauwdruk, Wageningen

Learning from City Hotels
JaapJan Berg, Office Winhov
Winhov+, Amsterdam
e-book

MVRDV Buildings. Updated Edition
Ilka & Andreas Ruby (red./eds.)
nai010 uitgevers/publishers

OASE 94. OMA. De eerste tien jaar/ The First Decade
Christoph Gerrewey et al. (red./eds.)
nai010 uitgevers/publishers

OASE 95. Grenzenloos. Transculturele praktijken in architectuur en stedenbouw/ Cross Boundaries. Transcultural Practices in Architecture and Urbanism
Tom Avermaete et al. (red./eds)
nai010 uitgevers/publishers

OMA MAP
Rutger van der Graaf, Pieter Custer, Emine Yilmazgil
OMI, Rotterdam

People, Place, Purpose. The World According to Mecanoo Architects
Francine Houben, Herbert Wright, Dick van Gameren
Artifice, Londen/London

Rietveldprijs 2015. Het beste van Utrechts bouwproductie in 2013 en 2014
Vibeke Gieskens en Mark Nolden
TOTH, Bussum

Kees Rijnboutt, architect. 'What Shall We Do with All This Useless Beauty?'
Jan van Grunsven
TOTH, Bussum

Rotterdam Architecture City
Paul Groendijk, Piet Vollaard, Ossip van Duivenbode
nai010 uitgevers/publishers, Rotterdam

Rotterdam Architectuur Stad
Paul Groendijk, Piet Vollaard, Ossip van Duivenbode
nai010 uitgevers/publishers, Rotterdam

De ruimtelijke metamorfose van Nederland 1988-2015
Ries van der Wouden et al.
PBL, Den Haag/The Hague /
nai010 uitgevers/publishers, Rotterdam

Scholenbouwatlas. Verbouwen als nieuwe opgave voor basisscholen en kindcentra
Dolf Broekhuizen (red.)
nai010 uitgevers/publishers, Rotterdam

Jan Frederik Staal 1879–1940. De wil van het gebouw en de wil van de tijd
Hans Willem Bakx
Stichting BONAS, Rotterdam

De Stoep. Ontmoetingen tussen huis en straat.
Eric van Ulden, Daniel Heussen, Sander van der Ham et al.
nai010 uitgevers/publishers, Rotterdam

Tussen tent en villa. Het vakantiepark in Nederland 1920-nu
Mieke Dings
nai010 uitgevers/publishers, Rotterdam

Van Gogh Museum. Het gebouw
Maarten Kloos, Hans van Heeswijk
nai010 uitgevers/publishers, Rotterdam

Van Gogh Museum. The Building
Maarten Kloos, Hans van Heeswijk
nai010 uitgevers/publishers, Rotterdam

Walls that Teach. On the Architecture of Youth Centres
Susanne Pietsch, Andreas Mueller (red./ eds.)
Jap Sam Books, Heijningen

Weather in the City. How Design Shapes the Urban Climate
Sanda Lenzholzer
nai010 uitgevers/publishers, Rotterdam

Herman Zeinstra. Works and Methods
Christoph Grafe, JaapJan Berg
Architectura & Natura, Amsterdam

Colofon
Acknowledgements

Samenstelling/Edited by
Tom Avermaete, Kirsten Hannema, Hans van der Heijden, Edwin Oostmeijer

Teksten/Text
Tom Avermaete, Kirsten Hannema, Hans van der Heijden, Edwin Oostmeijer

Samenstelling jaaroverzicht/Year in Review
Els Brinkman

Vormgeving/Design
Joseph Plateau grafisch ontwerpers, Amsterdam

Vertaling/Translation
Robyn de Jong-Dalziel

Beeldredactie/Picture Editing
Ingrid Oosterheerd

Tekstredactie/Copy Editing
Els Brinkman/Robyn de Jong-Dalziel

Projectleiding/Project Coordinator
Barbera van Kooij, nai010 uitgevers/publishers
i.s.m./with
Maaike Delemarre, Chantal Pieters

Uitgever/Publisher
nai010 uitgevers/publishers

Druk en lithografie/Printing and Lithography
Drukkerij Die Keure, Brugge/Bruges

Advertenties/Advertisments
RSM
Sixhavenweg 8
1021 HG Amsterdam
T: +31(0)20-7708481
e: reinhart@rsminfo.nl
w: http://www.rsminfo.nl

Foto's projecten/Project Photos

Peter van Aalst 54-55
Frederique van Alphen 20
Stijn Bollaert 6, 7, 8, 9 (cover)
Arjan Bronkhorst 26
Marcel van der Burg 97, 104, 105, 106, 107
Felix Claus Dick van Wageningen Architecten 24
Sebastiaan van Damme 28, 29, 30
Sebastiaan van Damme © OMA 15, 16, 18, 19
Christel Derksen en Rolf Bruggink 50, 51, 52, 53
Ossip van Duivenbode 35
Ossip van Duivenbode © OMA 14, 15, 17
Filip Dujardin 134, 135
Jan van Grunsven 99
Allard van der Hoek 55, 56, 57, 80, 81, 108-109, 110
Hufton+Crow 136, 137, 138, 139
Kees Hummel 98, 99
Jan Kempenaers 44, 45
Christian van der Kooy 86, 87, 88
Furkan Köse 75
Annenies Kraaij 104, 107
Luuk Kramer 70-71, 72, 73, 74, 142-143, 144, 145
Jannes Linders 150, 151, 153
Jeroen Musch 10, 11, 12, 13, 58, 59, 60, 61
Stefan Müller 46, 47, 48, 83, 84, 100-101, 102, 103
Office Winhov 82, 84
Onsite Photography 144
Bas Princen 32, 33, 34 (cover)
Christian Richters 24, 25, 27
Philippe Ruault © OMA 18
Peter de Ruig 146, 147, 149
Arjen Schmitz 116, 117, 118
Machteld Schoep/Mecanoo 154, 155, 157
Stadsarchief Amsterdam 85, 109
Stijnstijl/Stijn Poelstra 96
Ronald Tilleman 112, 113, 114, 115
Barbara Visser 44
René de Wit 76-77, 78, 79, 128-129, 130, 131
Leon van Woerkom 21, 22

Foto's essay's/Essay Photos

Michel Boesveld 121
Marcel van der Burg 92
DeFlat Kleiburg 92
Dienst Ruimtelijke Ordening, Amsterdam 91
Jannes Linders 123
Lite 125
Donna van Milligen Bielke (Studio DvMB) 68
Monadnock 38, 68
Millad Pallesh 94
StijnStijl/Stijn Poelstra 93
Studio Anne Holtrop 37
Koen van Velsen 124
René de Wit 127
XVW architectuur 40, 41

nai010 uitgevers is een internationaal georiënteerde uitgever, gespecialiseerd in het ontwikkelen, produceren en distribueren van boeken over architectuur, beeldende kunst en verwante disciplines.

nai010 publishers is an internationally orientated publisher specialized in developing, producing and distributing books on architecture, visual arts and related disciplines.
www.nai010.com
info@nai010.com

nai010 books are available internationally at selected bookstores and from the following distribution partners:
North, Central and South America - Artbook | D.A.P., New York, USA, dap@dapinc.com
Rest of the world - Idea Books, Amsterdam, the Netherlands, idea@ideabooks.nl
For general questions, please contact nai010 publishers directly at sales@nai010.com or visit our website www.nai010.com for further information.

Printed and bound in Belgium
ISBN 978-94-6208-278-6

Deze publicatie is mede tot stand gekomen met financiële steun van het Stimuleringsfonds voor Creatieve Industrie
This publication was made possible by the financial support of the Creative Industries Fund NL

creative industries fund NL

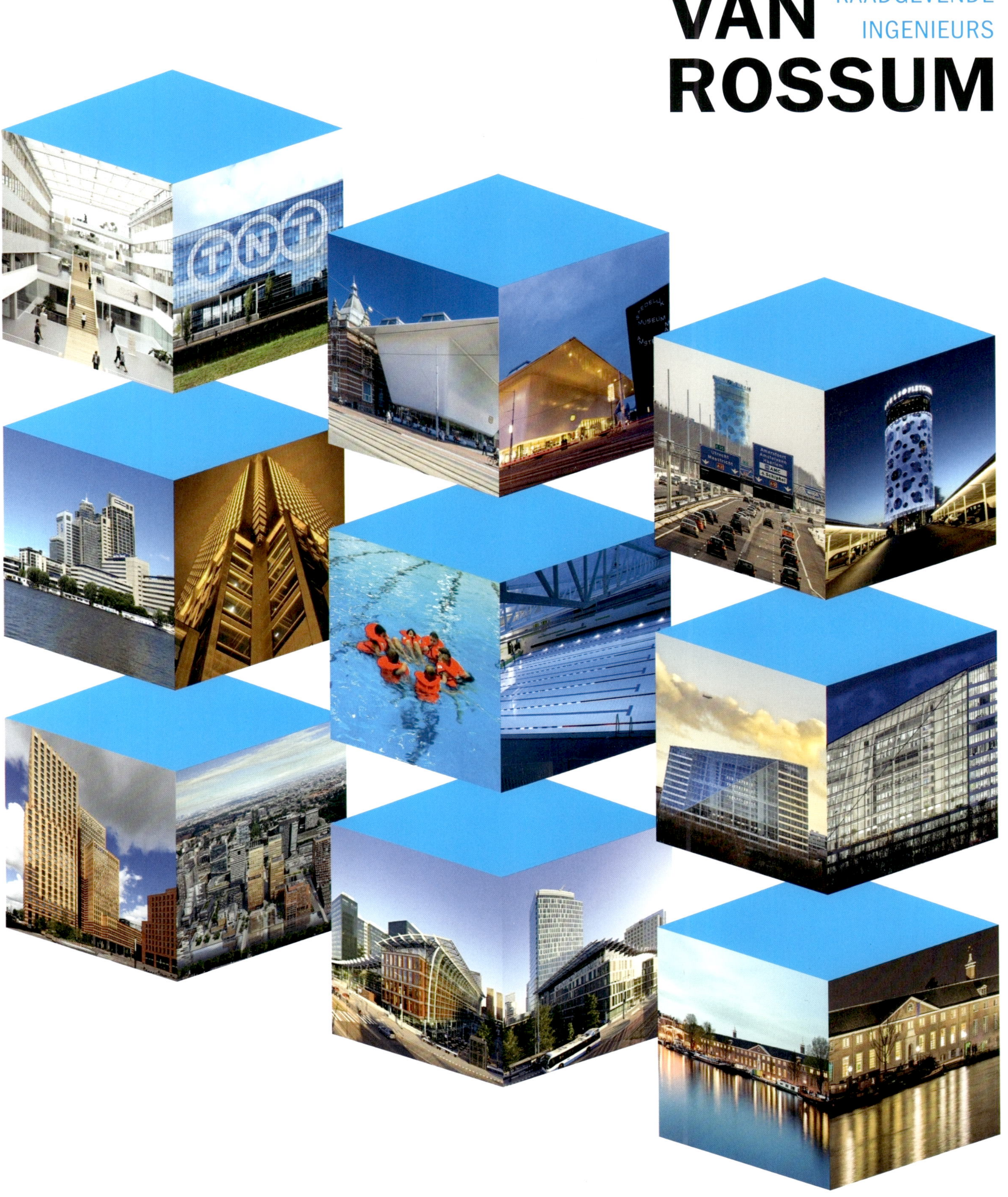
TNT

RENAISSANCE
CONSTRUCTION
WE BUILD
TRUST
www.rencons.com
Botlek
Ballast Nedam
CREATING ENDURING
QUALITY
www.ballast-nedam.com

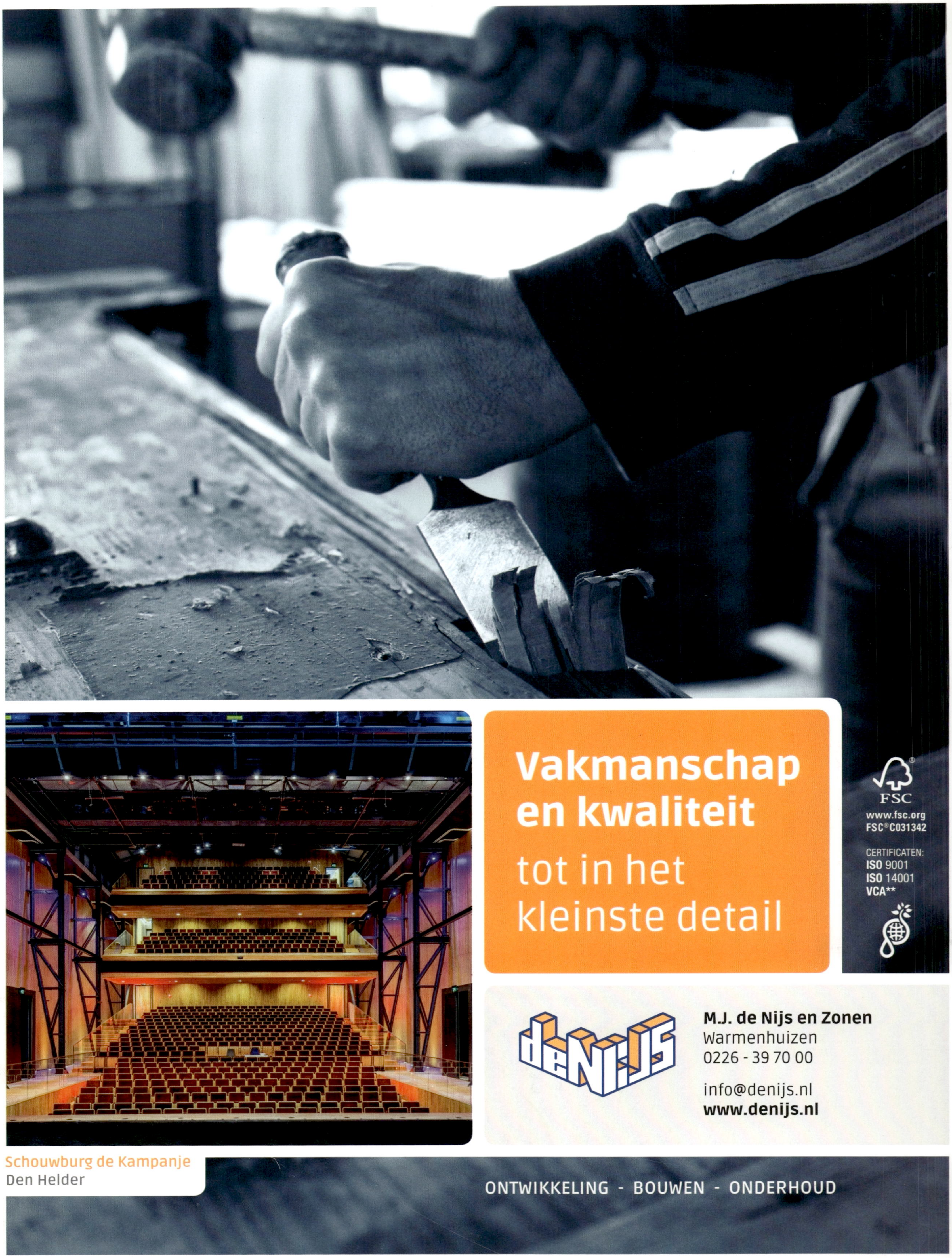
Vakmanschap
en kwaliteit
tot in het
kleinste detail
FSC
www.fsc.org
FSC® C031342
CERTIFICATEN:
ISO 9001
ISO 14001
VCA**
deNIJS
M.J. de Nijs en Zonen
Warmenhuizen
0226 - 39 70 00
info@denijs.nl
www.denijs.nl
Schouwburg de Kampanje
Den Helder
ONTWIKKELING - BOUWEN - ONDERHOUD